农超对接模式和实践探索

黄彬红　编著

ZHEJIANG UNIVERSITY PRESS
浙江大学出版社

图书在版编目(CIP)数据

农超对接模式和实践探索 / 黄彬红编著. —杭州：
浙江大学出版社,2013.1
ISBN 978-7-308-10900-0

Ⅰ.①农… Ⅱ.①黄… Ⅲ.①农产品－商品流通－研
究－中国 Ⅳ.①F724.72

中国版本图书馆 CIP 数据核字(2012)第 297355 号

农超对接模式和实践探索

黄彬红　编著

责任编辑	黄兆宁	
封面设计	十木米	
出版发行	浙江大学出版社	
	（杭州市天目山路 148 号　邮政编码 310007）	
	（网址:http://www.zjupress.com）	
排　　版	浙江时代出版服务有限公司	
印　　刷	德清县第二印刷厂	
开　　本	710mm×1000mm　1/16	
印　　张	20.75	
字　　数	384 千字	
版 印 次	2013 年 1 月第 1 版　2013 年 1 月第 1 次印刷	
书　　号	ISBN 978-7-308-10900-0	
定　　价	39.00 元	

　　本书和相关研究得到作者主持的浙江省社科联重点普及课题《"农超对接"简明读本》(课题号 112D16)、浙江省哲学社会科学规划课题(课题号 12YD12YB)和台州科技职业学院浙江省优势与特色专业园艺技术、高等职业学校提升专业服务产业发展能力项目(市场开发与营销专业)的支持。

　　特此致谢！

前　言

近几年来不断出现的农产品滞销严重影响了农民的增收，同时不断出现的农产品质量安全问题也造成了消费者的买难，为解决农产品"买卖难"问题，2009年"中央一号文件"把农超对接作为新任务提出来。2010年的"中央一号文件"再次提出，"全面推进农超对接项目的深入发展"。为此，商务部要求，各地商务主管部门要把推进农超对接作为当前重大工作任务，力争"十二五"期间大中型城市生鲜农产品经超市销售比重翻一番，达到30％。商务部部长陈德铭2012年3月7日表示，2012年农超对接的范围将扩大。在2012年各级政府报告中，都对农超对接给予了关注，如2012年浙江省政府工作报告中提出"加强城乡市场流通体系建设，推进农超对接，降低物流成本，切实改善城乡消费环境"。农超对接是指农户和商家签订意向性协议书，由农户向超市、菜市场和便民店直供农产品的新型流通方式，主要是为优质农产品进入超市搭建平台。

农超对接政策的初衷是通过缩短农产品的诸多流通环节，减少农产品的流通成本，进而增加农民所获利润，确保农产品的质量。但是，农超对接作为"扩内需、保供应、促进城乡统筹发展"的重大民生工程在全国，包括浙江实际运行中却存在一些因素制约了它的发展速度，依旧任重道远。为此，本书对农超对接的相关内容进行了总结和分析，为促进农超对接健康发展，进而促进农业增效、农民增收提供理论和实践层面的支持。

一次偶然的机会看到了中央电视台七套《每日农经》中的一个系列节目《探秘"农超对接"》后，想不到农超对接中包含着这么多奥秘，都是平时我教学和研究中感兴趣的问题，遂对农超对接产生了强烈的研究兴趣。本着追求实际，更进一步探秘农超对接的初衷，笔者跟随浙江省玉环县漩门湾果蔬合作社，直接参与了该合作社的多项农超对接活动，农超对接对接大会、"农商对接"大会、农博会等，均留下了笔者的足迹，积累了大量的农超对接第一手资料，综合网络上的新闻报道和电视台的视频专访录音剪辑，编辑了本书。

本书从农产品的"买卖难"着手，讲述了农超对接的好处、典型超市的农超对接模式、农超对接的标准、合格农超对接合作伙伴的寻找、农超对接协议签订以后的操作以及农超对接的发展等七方面的内容。对目前制约农超对接发展的一些因素，均结合案例进行了详细的讲述。对促进农超对接进一步发展的一些措施，如农产品可追溯体系、农产品冷链物流、全球农业良好操作规范 Global GAP、农民专业合作社的发展等也以较大的篇幅进行介绍。

本书力求联系农超对接实践，方法上尽可能采取规范规定和典型案例分析相结合。但由于受作者水平和资源条件的限制，书中的错误是难免的，敬请读者批评指正。

希望本书的出版能为农业增效、农民增收，为农超对接的健康快速发展带来一些启示。

作　者

2012 年 9 月 30 日

农超对接

模式和实践探索

目　录

第一章

农产品为什么"买卖难"

2011年以来,物价持续上涨,CPI从年初的4.9%涨到了6月份的6.4%,特别是蔬菜、猪肉等农副产品价格的上涨困扰着中国百姓。同时,2011年4月以来,我国部分蔬菜产地出现蔬菜大量滞销的现象。居民"买菜贵"的同时存在农民"卖菜难"问题,这同时出现的"买难卖难"局面究竟是由什么原因造成的呢?

第一节 农民为什么卖菜难

上海农民用拖拉机碾掉百万斤滞销卷心菜,温岭农户雇人踩烂百亩笋菜,山东历城卷心菜8分一斤,终于有人承受不住生活之重,选择了上吊,珠三角的芥菜长至1米而菜价却在创新低,河南中牟县芹菜5分钱1斤……"农民真苦、农村真穷、农业真危险!"2000年李昌平上书总理的话言犹在耳,农民之苦依然。

典型案例 1-1

土豆的悲剧①

从2009年0.5元一斤到2010年1元一斤,再到2011年的一斤0.35

---

① 资料来源:http://finance.sina.com.cn/nongyenygd20111026/095210692848.shtml

元左右,有着"中国薯都"之称的内蒙古乌兰察布市,土豆价格在 3 年内上演了过山车。

2011 年 10 月 19 日,内蒙古自治区乌兰察布市周边,土豆的痕迹随处可见——满载土豆的载重卡车呼啸而过;高速公路隔离墙上,不时闪过涂写着的"土豆"大字和后面长串电话号码;大片已空无一物的田旁,挖土豆储藏坑形成的土山绵延不绝……

2011 年 10 月 20 日,内蒙古卓资县卓资山镇六苏木村土豆滞销,短时间储存土豆的坑随处可见,村民坐在堆起的土豆上面休息。

2011 年 10 月 20 日,内蒙古卓资县大榆树乡狮子沟村土豆滞销。村民们正在挑选土豆。装好的土豆堆积起来有一人高。储存坑已放满无法再储存,只能将剩余的土豆露天储存在地里。

图 1-1　滞销的土豆露天堆积在地里

这些景象的背后,是"中国马铃薯之乡"乌兰察布市约 380 万吨土豆丰收带来的"灾难"。

截至 2011 年 10 月 26 日,经多方联系只有大约 100 万吨销出,入窖存储的有 150 万吨,除留种、自食外,还有 7 亿多斤散落在田间地头。

更严峻的现实是,最多不出 10 天,霜冻期将给这些土豆带来一场浩劫。

与此同时,土豆价格急转直下,不及去年最低价的一半,从每斤 0.8 元至 1.2 元跌至 0.4 元,甚至更低。

2 万余条微博留言、近 10 万次的转发,并没让土豆种植户李继文摆脱眼下的困境。10 月 13 日,这位乌兰察布市察哈尔右翼后旗大六号镇的"大户"开通微博推销土豆。虽然引起广泛关注,但目前收效甚微。880 亩土地上收成土豆 1200 吨,在大部分被贱卖后,至 10 月 20 日手中仍积压土豆 1400 吨,亏损预计超过 200 万元。

李继文的境况只是乌兰察布市 2011 年亏损的众多土豆种植户的缩影,在目前的情况下,即使当地土豆全部售出,损失也已无法挽回。

这样的事例不止在中国北方出现,在经济比较发达的东部沿海地区同样存在。

典型案例 1-2

温岭白菜再遭滞销①

2010 年在韩国泡菜危机等传言的推动下,大白菜的价格一度达到历史高位,尝到甜头的菜农,2011 年纷纷扩种。2010 年 12 月 20 日,0.75 元;2011 年 1 月 15 日,0.2 元;2011 年 2 月 20 日,0.05 元……台州温岭市箬横镇蔬菜种植大户江妙祥的卖菜记录本上,详细记载着每笔卖出的大白菜的价格。2011 年二三月间,浙江省台州市温岭箬横 15 万公斤大白菜滞销,成本近 2 角钱一斤的大白菜,即使只开 1 角多的价钱也没人要,菜农们甚至无奈地表示只能让菜烂在地里。而到了当年年底,当地农户们种的大白菜还是出现了滞销的现象。

在温岭其中一个白菜种植大村——下轩村。村里种大白菜的总共有六七户,总面积达到八九百亩。村干部江巨青说,今年他和村民江妙祥合种了 250 多亩大白菜,到 12 月底预计能有个 2500 吨的收成。可眼下大白菜每斤才卖到 1 毛 3,照这个价格,这些 12 月底收割的菜,卖出去每亩要亏五六百块钱,卖不出去每亩得亏上 2000 块。而从成本看,今年每亩地的地租 600 元,化肥 400 元,农药 200 元,菜子 40 元,拖拉机费用 100 元,运输费每斤 4 分钱,男工人 1 天人工费 150 元,加起来,每斤大白菜的成本是 2 毛钱。

以前他们的菜可以销到贵州、金华、上海等地,可这两年安徽、上海这些地区开始自己种菜,这些地方本地的菜都消化不了,就更不可能买他们的菜

---

① 资料来源:http://info. china. alibaba. comnewsdetail/v0-d1021963898. html

图 1-2　滞销的白菜在地里烂掉

了。年初他们种的 400 亩大白菜很多都烂在地里了。

　　既然年初都是硬卖的,怎么现在还种那么多? 江巨青说,他们包下这么大面积的地,很难种生长周期短的作物,要是每隔几天就收割一次,我们这几个人根本忙不过来。大白菜不一样,两三个月才能长成,长成了也能在地里待上两个月。而且他种大白菜已经五六年了,一下变过来有点难。

　　村民江妙祥介绍,其实他们 2011 年已经减少了种植面积。他包下的地里有两三百亩种的是西兰花,可西兰花今年碰到了同样的问题,市场价达不到成本价,来收购的人也不多。

　　要了解农产品为什么卖难,我们先来了解一下"菜篮子工程"。为缓解我国特别是主要大城市居民副食品(包括肉类、蛋类、奶类、禽类、鱼类、豆类和蔬菜等)供应短缺,农业部于 1988 年 5 月份提出以发展生产、搞活流通、统筹产销、改善供应为主要目标的"菜篮子工程"建设。20 多年来,"菜篮子工程"的发展经历了四个阶段:

　　第一个阶段(1988—1995 年)。第一次提出市长负责制,主要是依靠大中城市的郊区自己生产蔬菜,生产副食品,来满足本城市居民的需要。通过大规模基地建设,大中城市的副食品供应长期紧张的状况基本得到解决。

　　第二阶段(1995—1999 年)。将"菜篮子工程"扩展到城乡结合地区甚至城市郊区。通过大力建设批发市场和改造农贸市场,实现了菜篮子产品"买全国,卖全国"。1999 年 9 月，我国正式提出国内菜篮子的供求形势从长期短缺转向供求基本平衡。

第三阶段(2000—2009 年)。这个阶段，副食品供应非常充足，以致出现了过剩，但是质量很难保证，食品安全问题出来了。通过实施"无公害食品行动计划"等一系列措施来重点解决农产品质量安全问题。

第四阶段(2010 年以来)。再次提出市长负责制，主要是统筹构建菜篮子产品生产、营销、市场调控与质量控制。在强化产销衔接功能方面，提出支持大型连锁超市和农产品流通企业与农民专业合作社的农超对接，建设农产品直接采购基地。支持在重点集散地和交通枢纽地建设中继性冷藏物流中心，与城区冷藏配送中心形成对接。

从以上分析可见，我国农产品供给已经成功告别普遍短缺时代，农产品市场已经从卖方市场转向买方市场。农产品价格大起大落早在 20 世纪 90 年代就已经出现。近年来，随着商品化程度的加深，农产品价格"过山车"式大幅波动不断上演。如与 2010 年大蒜、生姜、大豆、蔬菜等农产品价格疯狂上涨的形势正好相反，2011 年以来，这些农产品价格均出现暴跌迹象。其中，2011 年 10 月份生姜价格与去年同期相比下跌九成以上，大蒜也跌去八成多。2011 年 4 月份的卷心菜、10 月份的土豆、11 月份的大白菜等价格都大幅下降。据商务部近几年的监测数据发现，大多数蔬菜品种价格的周期性明显，最高价格普遍要比最低价高出一倍，有的甚至 3 倍以上。如黄瓜 2011 年 3 月初的高峰价格为每公斤 4.23 元，而 2010 年 7 月的低谷价格仅为 1.6 元，最高价是最低价的 2.64 倍。生姜价格的波动更是达到 3 倍以上。纵观近年来农产品价格走势，已不再是三五年形成一个价格涨跌循环的频率。一些农产品几乎是两年甚至一年内就出现一次从高到低的转换。尽管一些农产品价格中间出现短暂波动，但总体趋势仍然显现出暴涨暴跌的现象。农户无法摆脱农产品价格的"忽涨忽跌"、需求"忽多忽少"、收入"忽高忽低"的情况，许多农民往往陷入"增收—减产—增收—减产"的循环怪圈。正如不少农业产业化龙头企业一再呼吁的那样：最大的市场风险在农业。农产品循环涨跌，正从一个侧面凸显了转变发展方式的紧迫性。

第二节　农产品价格为什么大起大落

从大蒜滞销到卷心菜滞销，从海南蕉农的哭声一片到广西北流荔枝龙眼的销量持续走低，再到内蒙古土豆滞销，近两年来，国内的农产品价格一再上演"过山车"行情,大起大落,令人揪心。虽然在市场经济环境下,农产品价格有涨有跌属正常现象,但农产品价格大起大落就不正常,这样的涨跌让许多农民摸不透其中的门道,"明年种些什么"这样的问题让一些农民很纠结,苦苦思索解决之道,这到底是怎么了?

农产品价格的大起大落的原因,主要有以下几点:

一、成本持续增加,推动价格上涨

据分析,近 10 年蔬菜生产成本平均涨幅在 10％以上,特别是人工费用上涨最快,年均涨幅达 18％。与此同时,运输成本和摊位费涨幅更大,这是农产品特别是蔬菜价格上涨的重要原因。

二、农产品价格的高低与农产品的供给与需求有关

农产品价格的高低决定于供给与需求数量的比较,当供给大于需求时,价格就会下降;反之,价格就会上升。2011 年土豆价大跌与滞销的主要原因是全国土豆种植面积急剧扩大,统计资料显示,全国土豆种植面积从 8000 万亩增加到上亿亩,南方主产区云贵地区土豆获得丰收,甘肃、内蒙古及东北地区土豆同样丰收,造成市场供过于求;而 2010 年南方遭遇干旱等自然灾害,土豆市场有大量的需求空间。

农产品价格的大幅度波动还与其自身的特性有一定关系。众所周知,许多农产品属于生活必需品,不管价格高低,必须得吃,因而在一定时期内,农产品的生活需求量是相对稳定的,并不会因为其价格上升而迅速减少,也不会因为其价格下降而迅速增长,也就是说农产品的需求对其价格的弹性很低,即价格变动对需求量的影响不大。由此导致,当供给相对小于需求时,价格可能快速上涨,但供大于求时,价格再低需求也大不了太多,这就造成了农产品的滞销。在需求的变化随价格的变化弹性低的同时,农副产品供给的变化却随价格变化弹性很大,如白菜价格高时,就很快有农民把稻田改种白菜,而当价格低时,白菜地又改种西兰花,从而导致供给大幅波动,继而价格波动,产生循环。供给的这种对价格变化的敏感性,在蔬菜、猪肉等农副产品作为农业劳动者主要收入来源的背景下,不难理解。因为种粮是农民基本收入保证,但要增收还得靠经济作物,并且农民经济承受能力差,很少有农户敢于在亏损的情况下继续种植。如 2010 年土豆价格高得反常,2011 年大量游资进入乌兰察布市搞土豆种植,当地有一部分职工、教师、干部也开始种马铃薯,投资者都想在高额利润下狠捞一把,大量种植

户的跟风盲种导致了土豆产量剧增。

注意，以往按农产品的价格涨跌来判断农产品的供需来进行种植还行，但是最近几年单纯依靠涨跌来判断种植什么，显然已经不合时宜了，如2011年的白菜连续滞销就是个典型例子，为此必须掌握信息，重视对农产品市场的分析和判断，这将在下面分析。

三、我国农产品市场信息、气象信息发布存在的问题

对于到底该种什么、种多少，其实很多专业人士都没有明确答案，更别说没有什么消息来源的农民。据山东金乡县农业局局长史为满介绍，全国的大蒜种植数量及产量只能是个估计数，没有明确的统计数。不仅是大蒜，目前大多数农产品的生产信息都很滞后，如生猪存栏量往往要等到几个月后才能发布，缺少信息的决策，养还是不养、种还是不种就只能靠带有盲目性的个人判断。[①] 近年出现的土豆、白菜等农产品丰收但滞销的现象，正是源于信息不对称，农民的生产经营未能及时得到正确的即期、远期信息而造成的。

同时，气象信息现在已经成为农业市场必须掌握的重要信息，由气象因素引起的一系列连锁反应可在农产品，特别是蔬菜市场中起决定作用，及时了解气象信息不仅能降低由于天气原因导致的减产，更重要的是可以及时把握市场供求，避免"菜贱伤农"。

典型案例 1-3

去年1元今年1毛　种菜怎么搞得像"赌博"一样了[②]

兰州市的榆中县是高原夏菜的主要产区，也是西北最大的蔬菜集散地，年外销蔬菜100万吨，全县适宜种植蔬菜的土地几乎全部用来种植高原夏菜。这种在6月至10月初上市的露天冷凉蔬菜，是上海、杭州、广州等东部地区和南方地区"伏缺"季节蔬菜的重要补充。

与2011年大白菜、娃娃菜等高原夏菜地头价动辄每斤二三元的"天价"相比，2012年兰州高原夏菜一上市便遭遇"倒春寒"。自6月底上市以来，

兰州市高原夏菜价格较去年同期下降 50％以上，有些品种的菜甚至出现卖难现象。兰州菜农的感受可谓"冰火两重天"，而造成这种状况的"罪魁祸首"，便是看得见、感受得到，但是摸不着的气象变换。2011 年，东部沿海地区和南方地区旱涝灾害交替，蔬菜减产，各地客商云集兰州收购夏菜，但由于上半年兰州气温较低，上市时间推迟了半个月，导致前期客商抢菜，抬高了价格。2012 年兰州高原夏菜一上市便价格大跌的原因也是上半年气温偏低，导致蔬菜上市时间推迟了半个月，但跟去年不同的是，东部和南方地区没有了 2011 年的气象灾害。2012 年偏冷的气候导致夏菜上市时间推迟了半个月，正好与山东及其他地区蔬菜的上市碰到了一起，高原夏菜的时间差优势没有显现；气温变化导致大多数品种的夏菜在两三天时间里集中上市没有了梯次，一时供大于求，导致价格下跌。"很多大城市蔬菜供应基地的蔬菜都在上市，在这边收多了卖不出去。"前来收购蔬菜的河南收购商邓鹏说。邓鹏介绍，预计等外地入夏的第一茬菜下去后，兰州高原夏菜的价格才可能会有所好转。

目前兰州高原夏菜没有统一的市场，销售主要基于榆中县 34 家蔬菜冷库，这 34 家库容量十几万吨的冷库各自分散经营，起着承接农户和收购商的"中间人"作用。由于没有统一的市场管理，针对菜农的全国蔬菜市场供求等信息发布几乎是空白，而气象对市场影响更是无从得知。

虽然我国已初步形成了以农业部门为主，其他涉农部门和社会力量为补充的农产品市场信息发布体系，但由于信息管理部门分割，缺乏信息资源共享机制。一家一户生产的农民需要及时了解市场供求、农产品及生产资料价格、新技术和新品种等信息，这些信息大量存在于政府农业部门、新闻出版部门及科研部门等，却忽视了向基层农户提供信息服务，现有的市场信息难以满足农户的需求。现在全国市场信息传递迅速，任何一个能影响价格波动的因素都会及时反映出来，推进市场信息化建设已经成为当务之急，尽快依托市场建立起全国性农产品信息服务平台，才能确保各种信息的及时接收，避免盲目种植。

四、农民的生产单元小，缺乏规模效应，掌握的市场信息少，很难与市场抗衡

怎样让农民获益，真正让农民的钱袋子鼓起来，这是我国长期以来追求的一个目标，但很难根本解决，原因很多，最基本的是我国农民一家一户的小规模生产，很难与市场抗衡。2006 年根据国土资源部公布的调查结果报告显示，我国

人均耕地只有 1.39 亩,已经不足 1.4 亩,很多耕地还分布在好几处地方,不利于规模经营。一家一户生产出来的农产品送到市场去,占的比重比较小,很难影响价格。另外,农民生产到城市消费者消费有很长的渠道,如山东农民种菜要到北京来销售,必须有中间商。中间商由于掌握的市场信息比较多,多年的市场闯荡积累了大量的经验,精明远远超过信息相对比较闭塞的农民,因此买卖中间价的大部分都被中间商赚走。由于种出来的产品数量小,如自己运到外地去销售又不合算,农民明知吃亏,也只能卖给中间商。如位于江苏太仓双凤镇的新湖村是远近闻名的蔬菜种植村。过去,每到各类蔬菜上市的时节,新湖村便云集了来自周边县市的菜贩。这些菜贩直接来到田间地头,以很低廉的价格把蔬菜收走。由于蔬菜因季节因素价格波动很大,因此不少菜贩收菜时只是记录下重量,直接拉到市场上卖完了才回来谈价格。通常,他们会留下自己较为固定的利润部分,去掉运费等各种成本,剩下的钱才会支付给菜农。菜农在这种交易中很被动,蔬菜密集上市的时候,由于不忍心蔬菜在地里白白烂掉,即便菜贩给很低的价格也不得不接受。2011 年,新湖的西红柿遇到高产丰收年,但西红柿大量成熟的季节正好撞上了 20 多天连续阴雨,菜贩给菜农的收购价格只有 2 毛钱一斤。这点价格连劳动成本都抵不上,许多菜农亏了钱。

典型案例 1-4

陕西菜农不知市场菜价　价格上涨农民收益无变化[①]

2010 年 4 月份,中国各地都掀起一轮物价上涨"旋风",陕西省鲜菜价格同比上涨 28.7%。

"今年的辣椒价还可以,但因气温低,产量没有去年高了。"对菜贩每斤辣椒给 2.2 元左右的收购价,阎良区菜农关淑芬觉得还比较满意。关淑芬并不知道,几小时后,她早上刚采摘下的辣椒,在西安一些农贸市场内已被标价每斤 4.5 元出售。

关淑芬所在的官路村以种植辣椒、茄子和西葫芦等蔬菜为主。据关淑芬介绍,他们把辣椒采摘下来后,送到村里的蔬菜销售经纪人处,菜贩从经纪人那里收菜。菜农不和菜贩打交道,也不知道现在市场上辣椒卖多少钱,菜价由菜贩和经纪人说了算。一般一周左右和经纪人结算一次菜款,有时

---

① 资料来源:http://www.vegnet.com.cnNewsDetail/404819

事先说好的菜价,到结算时还会少一点。

官路村民谷师傅说,看到报纸上说一年菜价上涨了近三成,可从当地菜农销售的情况看,收益基本和去年相当,并没有明显变化。两天前他家刚以每公斤0.4元的价格出售了300多公斤西葫芦。"价格是收购者定的,两毛钱价格卖出去肯定会赔钱,但如果不卖的话,赔得更多。菜价涨了三成,钱被谁赚了都不知道,但肯定不是让菜农赚了。"

再加上由于种植信息不对称,一些农民在种植中看价不看市场,导致丰产不一定丰收。

五、缺乏技术,缺乏求新求变的意识

我国农产品特别是蔬菜品种研发、技术创新与成果转化上还存在很多薄弱环节,耐贮运、适合加工、适应设施栽培的品种不多,难以满足生产需求。据统计,每年进口蔬菜种子占用种量的10%,占销售额的25%,这个问题引起了社会的极大关注。与此同时,良种良法不配套,生产中存在的问题越来越突出。如烟粉虱、根结线虫、番茄黄花曲叶病毒、十字花科根肿病等蔬菜病虫害发生面积越来越大、危害越来越重;过量施用化肥,有机肥施用不足,加上连作引起的土壤盐渍化、酸化不断加重,影响蔬菜产业的持续发展;农村青壮年劳动力大量转移,劳动成本大幅上涨,轻简栽培技术集成创新也亟待加强。

取消大部分农民重视传统种植,习惯于重复过去,对新技术、新市场多采取观望态度,缺乏市场意识和竞争观念。任何经营都有一定风险,而有的农民怕的就是风险,总是在观望、在等待,等别人成功了,才去随大流。即使有一部分农民观念先进,求新求变,产生了强大的技术需求,但由于长期计划经济体制下逐步形成的我国现行农业技术推广体制的各种弊端,也不能满足他们希望获得实用技术指导的需求。

江苏如东农民缺乏技术　50亩香瓜枯死①

2010年6月30日,据江苏省如东县长沙镇高效农业示范园区负责人刘乃兵介绍,他园区50亩香瓜在短短几天内不明原因全部枯死,经济损失近40万元,成本亏损约15万元。

香瓜价格比一般的蔬菜要高,当年刘乃兵拿出50亩地种植大棚香瓜。由于聘请不到专业的技术人员,只好找到当地的一个"土专家"担任技术员。每个星期,他还摘几片香瓜叶到县种子公司检测,确保适时防治病害。不料,瓜藤枯萎后,种子公司、农技人员都没有给出确切病因鉴定结果。

"这次香瓜失败的关键就是技术,"刘乃兵说,"土专家纯粹靠经验种植,对不同的品种、不同的地域如何防治病害,控制生长环境缺乏相应的技术。一旦'水土不服',就会造成较大损失。"因此,他希望建立高效农业技术队伍,引导他们学习技术,尽量少走弯路。

据刘乃兵介绍,园区成立两年来,他完全是"摸着石头过河",外地有不少经济价值较高的蔬菜、瓜果品种,但不知哪些适合本地种植。2009年下半年,他从山东引进的几个蔬菜品种因不适应如东的气候、土壤,都试种失败了。"希望我县能成立示范基地,对经济价值高的蔬菜、瓜果品种进行试种,通过对同类几十个品种的筛选,找到适合本地的品种加以推广,让高效园区体现出高效。"刘乃兵的话语间充满了期盼。

随着农业产业化的发展,农产品加工、冷藏、分拣、包装、品牌等环节都需要技术,而农民却掌握得太少。如在2011年内蒙古土豆滞销时,一家超市连锁企业的采购代表对种植户的土豆品质感到满意,但是对土豆的分类和包装标准提出了他们的要求。因为超市的货要统一,如果货物规格不一样,消费者就会挑三拣四,所以,要制定一个标准,种植户应该在一开始包装时,就对土豆进行分拣包装,将同等大小的土豆装在同一个包装袋里,这样的标准化包装有利于销售。但种植户听了不太接受,对种植户来说,北京客商的要求似乎有些高了,当地多少年来都是这样,分类标准包装这样的说法还显得有些陌生,一时半会儿还是很难转过弯来。在内蒙古土豆滞销的同时,陕西榆林市定边县的土豆进行分级卖,土

① 资料来源 http://www.cityphotos.cn/picture/albumpic.aspx? aid=52476

豆成"金"豆。虽然那里种出来的土豆品质都是一样的,但是大的更好做菜,3两以上的土豆每公斤卖1.2～1.6元,送到超市和农贸市场;3两以下的每公斤卖0.6～0.8元,送到薯片加工厂;畸形的过去都喂猪了,现在送到淀粉厂加工成淀粉和粉皮。定边的土豆,其中3两以上的占60%,3两以下的占30%,畸形的占10%。

六、农民的组织化程度低,缺乏跨区域合作

由于组织化程度低,农民在农产品市场中没有发言权,你不卖给我,你就没地方卖,所以中间商就尽可能地压低价格。农民很无奈,怎么才能让自己有发言权?方法就是让农民组织起来,组织专业合作社、组成专业协会。目前,全国各地都建起了各种各样的专业合作社,虽然这些合作社起到了规模经营、沟通市场的作用,但还是没解决农产品卖难的问题。自20世纪90年代开始,国内农产品从紧缺进入过剩状态,组织化不足的问题日益显现,组建农民专业合作社从一定程度上解决了这一问题,但农民专业合作社分布过于分散。我国幅员辽阔,很多农产品是多区域种植的,比如大白菜,辽宁、山东、浙江等全国多个省份都可以种植,区域间竞争厉害,这就导致一村一镇或一个区域的合作组织难以搜集到准确的市场供给信息,无法联合起来发挥规避风险、抱团议价的作用。如果有个比较好的突破行政区域、跨地区的行业组织,就能突破地区界限,根据整个地区、整个国家不同地区的比较优势进行合理区域分工、协调,就能联合起来发挥规避风险、抱团议价的作用。而要解决农民在整个流通环节议价能力低的问题,业内人士表示,农民首先要建立规模化的生产联盟,规避业内盲目竞争,发展到一定阶段时,再打通上、下游,把农产品加工和销售主动权抓在自己手里。

典型案例 1-6

浙江温岭:西瓜价格比白菜"淡定"[①]

一年伤两次,浙江温岭的白菜菜农的确伤不起,但是同样在温岭,同样是大规模的种植,西瓜价格的走势明显比暴涨暴跌的大白菜显得"淡定"得

---

① 资料来源:[温岭白菜卖难调查]专家:合作社多不代表"合作"农民需要跨区域合作,http://jingji.cntv.cn/20111210/108211.shtml

多,这是为什么呢?

浙江温岭市箬横西瓜专业合作社理事长彭友达也是箬横人,人称"西瓜大王",现在的他掌管着一支800多人的西瓜军团,这800多人分散在浙江温岭、海南、广东、湖北和江西等10多个省份的26个种植基地,种植面积达到2.3万多亩,一年四季,源源不断向各地市场供应合作社注册的"玉麟"牌西瓜。十几年了,除了遭受严重台风,他们种西瓜从来没有亏过。每年种西瓜种出2个多亿的产值,彭友达也因此成为劳动模范。在他看来,能够保证西瓜价格"淡定"的根本原因在于以西瓜合作社为载体的组织化运作。在该合作社,西瓜品种、农资、市场、品牌,都统一领导,不是说一个基地一个领导,去掉合作社工资、吃饭及开支以后,留下的钱按照合作社的投资额分红。

除此之外,西瓜在全国范围内规模化生产,保证市场上"玉麟"牌西瓜的持续供应,形成差异化竞争,即使某一时期、某一地区价格偏低产生损失,也可用其他时间、其他地区的收益加以弥补。彭友达说,种了这么多年农产品,不亏钱的秘密其实就是四点:一要有质量,二要有品牌,三要有规模,四要有自己的市场。有了这四点,种什么都会保丰收。海南、广东冬天卖,夏天一般是在上海卖,秋季沿海一带不行,内陆地方就可以,一年四季不断,这样市场就有了,品牌也就响了。

七、农产品质量安全市场准入机制不完善

20世纪90年代末期,随着农产品供求关系发生根本性变化,我国农业进入了一个全面提高农产品质量安全水平的新发展阶段。但是中国农产品市场良性发展的机制尚未建立,农产品市场出现了"劣品驱逐优品"的现象,按质论价的市场自我调节机制难以发挥作用。由于农产品是一种"后验品",只有在消费之后才可能知道农产品的质量及是否具有安全性(甚至在消费之后也无从知道),农产品的安全特性无法从其外表看出,消费者在购买农产品时,只能凭借经验来作出自己的判断和选择。近年来,农产品质量安全事件频繁发生,消费者看到媒体上大量被曝光的食品安全问题后,形成怀疑一切的思维定势,影响了消费信心。这些都将直接影响到相关农产品的销售价格和销售量,进而导致滞销。如2011年5月份,我国发生了疑与增甜剂有关的"爆炸瓜"质量安全事件,就直接引起了当季西瓜的滞销。

被膨胀剂害惨了　浙江西瓜销售量价齐跌①

　　前有香蕉使用催熟剂让海南香蕉价格大跳水，后有江苏西瓜使用膨胀剂影响西瓜销路。这回，四川瓜农首先跳了出来，发了一条微博，为自己的西瓜喊冤。"我是攀枝花市盐边县永兴镇新民村的农民，我们这里的红沙瓤西瓜味道甜、口感好，往年卖得都很好，今年那个膨胀剂把西瓜弄爆了的新闻把我们害惨了！几万斤西瓜都烂在地里，再拖下去要烂完！求好心人转发下，去年卖1块2一斤，今年我们三四角都卖，总比烂了好哦！多谢多谢！"博主自称"我的瓜要是有啥子添加剂膨大剂，我当场砸瓜！！"

　　四川瓜农网上喊冤，浙江台州、建德等地的西瓜同样受到膨胀剂事件的影响，销量和价格齐齐下跌，瓜农忙转市场。据温岭市吉园果蔬专业合作社负责人辛宏权反映，膨胀剂简直是给他们瓜农帮倒忙！说起前不久的膨胀西瓜的消息，他马上倒苦水。"现在销量下降50%都不止，价格也不好，之前到地里来拿货，我卖1.5元，现在才八九毛。这两天冷空气，简直是卖不动了。"辛宏权有1800亩西瓜地，在往年，一天要卖出二三十万斤西瓜。面对滞销的现实，他直埋怨"不管你用没用膨胀剂，人家都不买，影响太大了"。

　　建德瓜农徐准银也遇到类似的麻烦事。前段时间，他种植的大棚西瓜一天还卖出上万斤，现在只能卖出三四千斤。徐准银还做西瓜"转手"生意。"之前拿货2.5元/斤，一下子就掉到1.1元/斤，这才没几天就掉了这么多。"他说，因为现在西瓜不好卖了，只好采取保守进货，别人要多少他就进多少。

　　听说外地瓜农喊冤，辛宏权也有话说："使用膨胀剂、催红素的毕竟是少数。像我们这样的大面积种植户不可能用这些。一旦使用了膨胀剂，来不及摘，全部瓜都得烂在地里，风险很大。"

八、受突发重大天气的影响，造成供给减少，价格上涨

　　据统计，我国现在的2.85亿亩的蔬菜种植面积中，露地蔬菜占70%多，这部分受天气影响是最大的。近几年，设施蔬菜发展很快，但多数地方设施建设标准低，抗御低温、风雪等灾害的能力较差。

---

① 资料来源：http://zjnews.zjol.com.cn/05zjnews/system/2011/05/25/017546616.shtml

蔬菜价格波动表面上看主要是灾害性天气引起的,而根源在基础设施薄弱、抗御灾害能力差。从露地蔬菜看,由于大量菜田由城郊向农区转移,农区新建菜田基础设施建设没有跟上,致使高产稳产菜田减少,单产下降。如北京、天津、西安等九大城市,2009年露地蔬菜亩产量1.76吨,比2000年低11%。从设施蔬菜看,大部分建设标准低,抗灾能力弱。2008年初,南方冰冻雨雪灾害损毁大棚60多万亩,损失蔬菜904万吨;2009年10月末11月上中旬,北方大范围雨雪天气,损毁温室大棚接近90万亩,损失蔬菜213万吨,加剧了市场供需矛盾。从采后商品化处理看,冷链设施匮乏,贮运保鲜技术落后,致使蔬菜损失高达20%～30%,远远高于发达国家5%的水平。

九、受其他多种因素影响

在一个开放的社会中,信息传播快、影响大,一条不良的手机短信、一个不实的网络帖子或是一篇不当的新闻报道,都会引起蔬菜价格的剧烈波动。还有一些市场炒作等因素,也影响着蔬菜价格的稳定。

典型案例 1-8

传言有人吃了温岭滨海葡萄死亡　农业部门称纯属谣言[1]

近期,一条"葡萄吃死人"的消息在网络和社会上口口相传。没想到,就是这条消息,让温岭滨海葡萄种植农户"躺着也中枪"。

说起"葡萄吃死人"的传言,温岭滨海葡萄专业合作社负责人陈济林至今仍觉得气愤。"最早是在6月中旬的时候,江苏的客户给我打电话,问我是不是被关进派出所了!"陈济林说,那个客户听说滨海的葡萄打了草甘膦,江苏有人吃后中毒了。一直到6月底,陈济林陆续接到电话,询问滨海葡萄是否出事。

除了陈济林接到的电话外,网络上也有类似的传言。在温岭的虎山论坛上,记者看到一条帖子,内容为"听说苏州葡萄吃死一人,还有两人正在抢救,有谁知道吗?"在回帖中,有网友直指滨海葡萄出问题,并说有人被抓。

"草甘膦是一种除草农药,是毁灭性的,喷洒后葡萄也会死掉,所以这完

① 资料来源:中国台州网,2012-07-11。

全是谣言。"陈济林说。但正是这子虚乌有的谣言,对滨海葡萄产业产生了一定影响。陈济林说:"葡萄价格降得比往年都要早,而且来采摘葡萄的散客几乎很少,比去年起码少80％。"

7月9日,记者联系了滨海镇农业综合服务中心主任陈君正。陈君正介绍,目前滨海葡萄种植面积达2.2万亩,品种有巨峰、藤稔、欧亚种(提子)的京玉、美人指等,主要销往江苏、福建等地。"我们也听到了谣言,但这个是无稽之谈,请广大市民不要相信。"陈君正说,葡萄早在5月份就做过例行检测,结果显示符合标准。而在谣言发生后,温岭农业部门又对葡萄进行了紧急抽样检测。"抽检结果显示,我们的葡萄都通过检测,市民完全可以放心食用。"

近年来,水果受谣言影响,出现滞销、价格暴跌等现象屡见不鲜,像"毒香蕉"、"西瓜膨大剂"、"柑橘生蛆"等谣言,就曾误导了许多市民。对此,市农业局经济作物总站有关负责人表示:一方面,请广大市民不要轻信谣言;另一方面,农业部门会对农产品做好专业检测工作,让市民吃得放心。

以上因素造成了农产品价格的大起大落,因此,我们必须从这些方面入手,完善农产品的产前、产中和产后各措施的落实和建设,生产出满足消费者需求的农产品,防止农产品价格"过山车"现象的不断上演。

第三节　居民为什么买菜难

农产品消费关系到每个人的生存和健康。随着中国经济的发展,我国粮食、肉、蛋、乳制品、水产品和水果、蔬菜的人均消费量都有了快速的增长,已基本解决了食物短缺的问题。然而在农产品满足了人们数量需求的同时却出现了居民买菜难的问题。

居民买菜难在哪儿?依笔者看,主要是菜价贵、市场缺和农产品质量安全问题。

一、菜价贵

这一轮的蔬菜供大于求的周期与经济层面的通胀发生了碰撞,虽然有时蔬菜收购价格奇低,但流通环节的物流、租金等费用一直走高,也就形成了蔬菜价格走向。菜价关系到居民的菜篮子，关系到农民的钱袋子，还关系到政府管理通胀预期，是一个牵一发而动全身的关系。那蔬菜价格是否应该上涨？由于土地和劳动力成本实际上处于上升阶段，我国经过了30年的改革发展，经济已经达到了相当高的水平，人们生活水平不断提高，所以所有农产品都应该有个适度的上涨幅度和空间。但蔬菜几十块一斤，如大蒜16元一斤，姜8元一斤，这样就不行，农产品上涨总是有个上涨的幅度，应该跟我国GDP的增长速度，跟我们每个人的工资增长幅度相适应，让城市居民感觉不到菜价的上涨。所以，菜价不能突然涨得很快，像大蒜、生姜、绿豆等，如果突然涨得很快，涨得很高，居民感觉就不合理了。农产品涨价适度就是让各方面都感觉满意，但现阶段连生姜涨价，种姜的农民都没有赚到钱等现象的出现，除游资炒作以外，就是农产品流通中间环节太多，中间每一个环节都要赚钱，包括运输、储藏等，这些环节就不断推高了农产品价格。再加上过去9亿农民在农村，城市居民就两三亿人口，而现在由于城市化，大量农民到城市里从事各种行业，原来这些农民过去在农村种粮食、种菜，现在他们也要在城里吃菜了，这需求的增长必然是粮价、菜价上升的原因。另外，为了使菜价不要波动得太厉害，我国采取了一些措施，这也增加了成本。如我国要建蔬菜储备制，重要品种保证5～7天库存；我们要进行很多投资，如运输系统、物流系统要完善起来，我们要盖适当的仓库，进行冷链的建设。因为现在我国物流业冷藏系统不完善，每年要腐烂20％～30％的蔬菜，这些烂菜居民虽然没有拿回家，但是烂菜的成本却要付，已经包括在菜里了。所以必须进行冷链建设，将来菜就不烂了，你买的菜就没有摊进来的烂菜的成本了，而这必然会大大摊销其他成本的增加。

二、市场缺，摊贩少

目前城市居民买菜主要依靠超市、蔬菜批发市场、社区摊贩三种形式。但是，由于超市农超对接不完善，没有价格优势；批发市场不够方便，菜摊菜贩数量越来越少，各种方式并没有很好地搭配起来，城里人买菜难问题尚难从根本上解决。特别是随着城市拆迁改造加快，新建小区增多，居住人口增加，部分社区出现买菜不便、菜价偏高等现象。有些市民习惯了在马路小摊贩买菜，但由于其存在一些弊端，比如，一些菜摊占道进行交易，影响了交通秩序；有些菜贩乱扔菜皮、瓜皮等废弃物，影响市容市貌等，再加上无照经营和产品质量缺乏监督，一些地方进行了整改清除。但不可否认，摊贩在方便市民、平抑菜价方面发挥了重要作用。所以可以根据道路状况，有计划、分步骤地推进流动摊点疏堵结合工作，适当安排自产自销果蔬摊点，对流动菜摊进行集中整治，规范管理，让流动摊贩更好地发挥作用。目前要使居民买到便宜放心的蔬菜,还是要推行农超对接和"农社对接",并且这两种目前最新的蔬菜销售模式要各取所长。为此,农产品市场迫切需要政府部门建立起一个公共服务体系,以便让"农社对接"和农超对接一个完善服务,一个扩大销量、降低菜价,两者各取对方所长,让居民吃上最新鲜、最丰富、最便宜的蔬菜。

典型案例
1-9

十年早市取缔 老街坊联名挽留[①]

农超对接
模式和实践探索

2011 年 11 月,在海淀区八里庄核二院社区附近的路边早市被清理,居民们无处买菜,一时间陷入"菜荒"。

11 月 22 日,居民杨厚坤出示了一份居民们写给当地街道等部门的"联名签字函",签字函上留有 50 多人的名字。函件内容显示,社区附近街边早市有 10 多年历史,当地居民一直在此买菜,近日被取缔。由于周边三公里内没有菜市场,买菜远、买菜贵问题困扰居民。"联名签字函"呼吁恢复该早市。杨厚坤介绍,签字的多为社区老居民,行走不便,现在外出买菜,步行至少要半个多小时。另外,街边早市的菜价相对便宜。

10 多年来,大多数居民都在岭南路这个早市买菜,早市有上百商户,其中超过一半是菜贩,每天 7 点半到 10 点半期间销售。早市蔬菜新鲜、便宜,现在早市没有了,买菜要坐公交车去 2 公里以外的一家超市,很不方便。多位居民称家中果菜已出现"断档"。尽管小区有两个商店搭售少量蔬菜,但菜价太高,品种太少,他们接受不了。

核二院社区居委会主任赵志强说,游商在岭南路无照经营,令周围环境脏乱差,经常堵车。近日,城管部门对街头商贩进行了清理。核二院社区中老年人占三分之一,街边早市取缔后对老人而言的确不方便。但目前小区没有地方设置便民菜站。

据海淀区八里庄街道办事处民政科李国武介绍,该小区外的早市被取缔后,街道办工作人员已对核二院社区周边进行了走访。目前已与附近的首都师范大学沟通,协商能否腾出一间房作为便民菜站。"以零月租的形式引进卖菜商户,限定菜价比市场价便宜 10%～15%"。

---

① 资料来源:http://epaper. bjnews. com. cnhtml2011-11/23/content_294427. htm? div=-1

三、农产品质量安全问题

随着我国城乡居民消费水平的提高、人们消费观念的改变与环境健康意识的普及,居民对农产品的健康化、无害化要求愈来愈高。

我国蔬菜质量总体是安全的、是可以放心食用的,但是个别地区、个别品种农药残留超标等质量安全问题是存在的。主要原因:一是,生态栽培技术普及率较低,杀虫灯、防虫网、黏虫色板、膜下滴灌等有效控制农残的技术,推广面积不大。专家分析,露地蔬菜应用杀虫灯的比重仅 15% 左右,设施蔬菜应用黏虫色板 20% 左右、防虫网 10% 左右。二是,标准化生产水平较低,各地在标准化生产上有一套技术规程,但落实的力度不大,生产采标率低。即使在蔬菜优势区域的重点县,按照技术规程进行生产的也不到 50%。三是,质量监管的到位率较低,蔬菜生产规模小、环节多、链条长,基地准出、产品质量追溯等制度不健全,产地环境、投入品和产品检测等环节监管不到位,一些质量不合格的产品容易进入流通。

2001 年以来,农业部通过推进农业标准化,逐步规范农业生产行为,从农业投入品、农产品生产、市场准入三个关键环节加强管理,取得了较好的成效,农产品质量安全水平有了大幅提高。但由于我国农业生产分散、农产品流通环节复杂、市场准入机制不健全,农产品质量安全隐患依然存在,农药、兽药残留的现象仍无法杜绝,2006 年以来连续发生了"瘦肉精"、"红心咸鸭蛋"、"多宝鱼查出致癌物"、"陈化粮"、"毒韭菜"等多起农产品质量安全事件,对消费者、企业和社会造成了严重的伤害和影响,特别是 2008 年三鹿奶粉的三聚氰胺超标、2010 年年初海南有毒豇豆等事件,再次敲响了食品和农产品质量安全的警钟。

相关链接 1-1

2011 年食品安全事件大回顾(节选)[①]

1. 事件名称:双汇瘦肉精事件

爆发时间:2011 年 3 月 15 日

爆发源:瘦肉精

---

① 资料来源:http://js.people.com.cn/html/2011/12/10/54885.html/

具体事件：2011年3·15特别行动中，央视曝光了双汇"瘦肉精"养猪一事。瘦肉精可以增加动物的瘦肉量，使肉品提早上市、降低成本。但瘦肉精有着较强的毒性，长期使用有可能导致染色体畸变，诱发恶性肿瘤。

2.河南南阳毒韭菜事件

时间：2011年3月25日

地点：河南南阳

罪魁祸首：残余农药（磷）严重超标

具体事件：2011年3月下旬，本该补气健脾的韭菜却让河南南阳4个家庭的10口人中毒住进医院。中毒原因系在流动菜贩购买残余农药超标的韭菜。这些菜贩，以前他们就没有种过韭菜，就在一块庄稼地中间种了一点，也没有种植的经验。

3."毒生姜"事件

曝光时间：2011年4月15日

罪魁祸首：硫黄

具体事件：4月15日，湖北省宜昌市万寿桥工商所执法人员接到群众举报，在辖区一座大型蔬菜批发市场内，查获两个使用硫黄熏制"毒生姜"的窝点，现场查获"毒生姜"近1吨。据工商执法人员介绍，不良商贩将品相不好的生姜用水浸泡后，使用有毒化工原料硫黄进行熏制，熏过的"毒生姜"与正常的生姜相比，看起来更水嫩，颜色更黄亮，就像刚采摘的一样。

4.事件名称：沈阳查获25吨"毒豆芽"

爆发时间：2011年4月

爆发源：亚硝酸钠、尿素、恩诺沙星、6-苄基腺嘌呤激素

具体事件：2011年4月，沈阳市公安局皇姑分局端掉6个黄豆芽黑加工点，查获掺入非食品添加剂豆芽25余吨，据了解，这些豆芽中被检测出亚硝酸钠、尿素、恩诺沙星、6-苄基腺嘌呤激素等有害物质。

5.爆炸西瓜

曝光时间：2011年5月13日

地点：江苏镇江

罪魁祸首：干旱及其他因素

具体事件：2011年5月8日开始，江苏省镇江市丹阳市延陵镇大吕村，某瓜农种植的40多亩西瓜还没有成熟就纷纷炸裂开来。因该瓜农5月7、8、9三天，使用了膨大剂，各媒体纷纷把"膨大剂"推至风口浪尖。

6.事件名称：速冻食品病菌门

爆发时间：2011年10月19日

爆发源:金黄色葡萄球菌

具体事件:2011年10月19日"思念"三鲜水饺检出金黄色葡萄球菌;11月7日,三全白菜猪肉水饺也检出金黄色葡萄球菌;11月17日,湾仔码头上汤小云吞也检出金黄色葡萄球菌。三大冷冻食品品牌陷"细菌门"。

7.事件名称:立顿铁观音稀土超标

爆发时间:2011年11月9日

爆发源:稀土

具体事件:2011年11月9日,国家质检总局抽查结果显示,联合利华有限公司"立顿"铁观音稀土超标3倍多。稀土对人体健康的作用好坏取决于其浓度的高低,过量摄入将对人体会造成危害。

8.事件名称:可口可乐美汁源果粒奶优含杀虫剂

爆发时间:2011年11月28日

爆发源:农药残留

具体事件:2011年11月28日,长春市民饮用可口可乐美汁源草莓味果粒奶优中毒1死1昏迷。警方鉴定剩余饮料含有剧毒杀虫剂。当地已发生两起同类事件,共4人中毒。

总之,解决农产品质量安全问题,需要从源头开始抓起、严格监管,建立一套质量追踪、追查、追溯的机制和制度,才能保证农产品质量安全。

第四节　食品安全对农民的要求

随着工业化程度的加深,空气污染、土壤污染、水污染等对农业生产环境造成了威胁;农民片面追求产量目标,化肥、农药、兽药、饲料和添加剂、动植物激素等农资的使用,也给农产品质量安全带来了隐患。农民很可能因为一个产品的安全问题,遭受灭顶之灾,他的全部投入就泡汤了,所有产品只能当垃圾处理掉。比如江苏丹阳市西瓜"爆炸"事件发生后,虽然农技专家解释称适量膨大剂对人体无害,不过,当地西瓜依然滞销。随着消息传播发酵,膨大剂带来人们对西瓜的整体不信任,并波及各地。食品安全事件对社会来说可能危害更大,严重影响了广大消费者的身体健康和日常生活。

农民"化肥依赖症"危及东北"粮仓"安全①

黑龙江是我国第二个粮食产量超千亿斤的省份,粮食商品量和调出量位居全国第一,耕地资源丰富,粮食增产潜力大。就是在这个产粮大省,由于化肥施用量的不断增加,土壤基础肥力却越来越弱。

黑龙江土地虽然肥沃,但能提供给作物的营养却有限。粮食产量增长这么多,没有化肥支撑不现实,但化肥的施用比例、品种与土壤实际需要是否吻合,这是保证农产品安全最关键、最基础的环节,值得关注。现在国家十分重视粮食安全,但农民对低残留农药、无公害有机肥料的使用还认识不到位,每亩多投入三到五元,农民就不接受。另外,目前无公害农产品的市场销售价格偏低也是阻碍无公害肥料使用的重要原因,如果卖价提高,农民的生产积极性也会相应提高。

据了解,目前农民在化肥施用中存在的主要问题,一是化肥施用量增长的同时,施用结构不合理。氮、磷、钾肥配合施用和作物土壤实际需求不匹配,农民缺乏科学施肥的知识和技术,盲目使用。化肥没有产生实际效益,浪费资源,同时造成面源污染。氮肥的氮化,变成氮气弥散在空中,造成对空气污染,加剧了碳排放。

二是肥料生产企业,特别是销售环节,不科学的宣传、导向造成化肥施用结构的不合理。有些企业从五年前开始大力宣传所谓高磷肥,即在肥料配比中提高磷的含量,农民趋之若鹜大量使用,结果是作物生长不需要这么多磷,进入土壤后,形成难以溶解的磷化物,在土壤中积累,对土壤结构有负面影响,造成对其他营养成分的吸收障碍。

让我们感到忧虑的还有重金属的潜在危害,一些磷肥中含有重金属,大量进入土壤蓄累,没有别的途径消耗,只能被作物吸收,摆上人们的餐桌。

为了减少农民的"化肥依赖症",除建立耕地质量的监测网络、针对耕地质量保护进行立法外,还需加大测土配方施肥等科学施肥技术的普及,让农民真正科学用肥。目前耕地测土成本较低,配方也不是问题,关键是测完土、配完方没有肥料去供应,农民在市场上买不到科学配比的肥料,科学技术还是贯彻不到位。因此不仅要帮农民测土、配肥,还要指导农民科学施

---

① 资料来源:http://www.foodmate.netnewsguonei/2011/08/188299.html

肥。形成测、配、加工、指导一条龙服务，从根本上把住土地投入关。

随着经济的发展，农产品的生产和销售日益分离，质量安全信息的获取日益困难，无法准确追溯，从而使农产品质量安全"个别事件"往往引发"集体惩罚效应"，给社会带来许多不稳定因素。

中国的食品安全问题的解决，在很大程度上仰仗农产品质量安全水平的提升。解决农产品质量安全问题，需要从源头开始抓起、严格监管，建立一套质量追踪、追查、追溯的机制和制度。要科学地指导农民，改变农民片面追求数量的观念，树立追求质量与数量同等重要的观念，使农业生产方式从数量增长型逐步转变成质量效益型。使农业生产者既增产又增收，从而调动其生产积极性，促进农业持续发展。而在这过程中，农民专业合作组织能起到很大的促进作用。

在我国，除少数纯服务型的农民专业合作社（如机耕收割、灌溉、运销等）外，大多数合作社都是围绕一两个（类）主导农产品生产经营而建立的专业合作社，如蔬菜、养鸡、养猪、养鱼、瓜果、优质稻米等，这些都是食品的源头。与单个农户在市场上单打独斗相比，合作社在提高农民进入市场组织化程度上具有无可比拟的优势外，食品安全也是一大优势。合作社将分散农户组织起来，实行统一供种、统一技术指导、统一农资供应、统一对外销售，促进了农业生产向规模化、标准化和品牌化方向发展，提高了市场知名度和占有率的同时，也提高了农产品的品质和安全可靠性。再加上《农产品质量安全法》第二十六条规定，农产品生产企业和农民专业合作经济组织，应当自行或者委托检测机构对农产品质量安全状况进行检测；经检测不符合农产品质量安全标准的农产品，不得销售。所以对于农民专业合作经济组织来说，农产品生产时，要严格按照生产技术标准的要求，把好农产品的质量安全关，在生产环节、出厂检验环节要对农产品进行检测，防止不合格产品流入市场，损害消费者的利益，这些措施都促进了质量的提高。

相关链接 1-2

"问题食品"岂是农民"惹的祸"？[①]

虽然农户在种植和养殖的过程中，确实存在违规添加有害物质现象，比如瘦肉精事件，就是农民在饲养过程中违规添加瘦肉精所致。另外，农药的

---

① 资料来源：http://news.cntv.cn/20120114/118541.shtml

滥用，也导致一些农产品残留农药过多……但这并不表示生产企业就与问题食品完全没有关联。比如，最近几年影响最大的三聚氰胺奶粉事件，不就是企业为了节省成本，人为往奶粉里添加三聚氰胺吗？

退一步说，食品安全问题即便有农户和养殖户的因素，但作为直接向消费者提供产品的生产企业，对于原材料的安全健康也负有严格把关的责任。这种把关，实际上也是对农民种植（养殖）行为的一种积极引导。如果企业只想着自己的成本和利润，放松对原材料质量和安全的要求，农户当然会把安全标准降得更低。

食品生产企业作为整个食品生产链条上的一环，对保障食品安全负有重要责任。把食品安全问题简单推给农户，自己却置身事外，这既不符合客观事实，也有推卸责任之嫌。

农产品质量安全问题的根源很大程度在于农产品生产、经营的责任主体难以落实，为此，应建立我国农产品质量的可追溯系统，即建立一个覆盖农产品（食品）从初级产品到最终消费品各个阶段资料的信息库，从而一旦发现质量问题就能立即找到在何处是谁出了问题，这不仅有利于控制农产品（食品）质量，而且有利于及时、有效地处理问题，追究责任，最终提高农产品（食品）安全水平。

小规模分散的农户生产现状，使农产品质量安全保障体系的功能难以充分发挥。因此，要积极扶持和发展农村专业合作经济组织，引导农户按照市场要求调整生产方式，提高生产的规模化和组织化程度。充分利用各种培训方式，增强农户的质量安全意识、知识和生产技术水平。通过完善农产品质量分等分级管理，逐步规范市场秩序，保障优质优价，增强农户安全农产品的供给意愿。通过开发、推广实用的安全农产品生产技术，尤其是投入低成本、高效率、无害化技术，保障农户从事安全农产品生产获得合理的收益，调动农户安全生产的积极性。[1]

① 王可山，王芳：《质量安全保障体系对农户安全农产品生产行为影响的实证研究》，《农业经济》2010年第10期。

第二章

农超对接的好处

第一节　什么叫农超对接

为了减少农产品流通环节,促进农民增收,商务部从 2007 年开始,着手探索农产品流通新模式,组织山东家家悦、家乐福等国内外大型连锁超市与农产品专业合作社直接对接,建立农产品直接采购基地,开展农产品农超对接。2007 年 10 月,安徽省砀山县良梨镇农民专业合作社的第一车砀山梨送进了家乐福超市,从此揭开了农超对接这一农产品生产与流通领域中新模式的帷幕。5 年来,农超对接从默默无闻逐渐成为令人关注的话题,但对于农超对接的内涵却有着不同的理解。下面将主要罗列商务部的有关活动或文件中提到的农超对接的含义进行描述。

家乐福中国区全国生鲜采购总监赛伯认为,超市做农超对接就是为了减少采购农产品的中间环节,降低农产品的采购成本。因此,从字面解释,农超对接的含义是:农产品的生产者(农)直接把自己生产的产品出售给超市(超),或超市直接向生产者采购他们生产的农产品。

商务部姜增伟副部长 2009 年在山东威海全国农产品农超对接现场会上的讲话中指出:农超对接是我国农产品流通方式的一次创新,其实质是农产品供应链条的优化。在这个新的模式中,超市利用自身在市场信息、管理等方面的优势参与农业生产、加工、流通的全过程,为农业生产提供生产技术、物流配送、市场信息咨询、产品销售等一整套服务，从而成为农户与市场的纽带，将农户的小生产与大市场有效地联结起来，发挥流通带动生产的作用，促进农民增收。

《商务部办公厅关于做好农产品"农超对接"试点工作的意见》（商建字〔2009〕33 号）中要求试点地区的商务主管部门准确把握农产品农超对接的内涵，选择有实力、信誉好、责任心强的大型连锁超市和农产品流通企业与农业合作社进行对接。同时指出，农超对接的本质是农产品生产和销售的直接对接，也就是从事农产品生产的农产品专业合作社、农户与从事农产品销售的超市直接对接。相对于农产品流通企业，超市在市场营销方面更具有优势，因此，"超市＋专业合作社＋农户"模式是目前农超对接支持发展的主要模式。

商务部关于 2012 年开展农超对接试点有关问题的通知中指出：本试点所称农超对接，是指大型连锁零售企业向农产品基地（年总产值 200 万元以上的农民专业合作社、农业产业化龙头企业、种植养殖大户，下同）直接收购鲜活农产品，并组织配送到门店销售的流通方式。鲜活农产品包括未经加工或经挑选、清洗、切分、晾晒、包装、冷藏、冷冻等工序加工的蔬菜、水果类产品。

总之，农超对接一般指的是农户和商家签订意向性协议书，由农户向超市、菜市场和便民店直供农产品的新型流通方式（见图 2-1），在目前，主要是为优质农产品进入超市搭建平台。

图 2-1　农超对接中农户与超市的直接对接

商务部部长:农超对接将扩大至大学和社团机构①

十一届全国人大五次会议新闻中心 2012 年 3 月 7 日举行记者会,针对记者提出的"目前流通成本严重影响了中国经济运行和中国普通消费者生活质量,对此您如何看待"问题,商务部部长陈德铭认为:"我们的流通确实存在着很大的问题,特别是环节多、成本高、效率低。去年和前年我们国家的物流成本占了 GDP 将近 18% 左右,这是一个比较高的比例,大部分发达国家这个比例在 8%~10% 左右。另外一方面,也说明我们这个新兴国家还有很大的潜力,如果我们实行信息化覆盖下的现代流通体系的话,在流通领域我们还有一半左右的费用可以降下来,所以这是一个辩证的问题。"

陈德铭接受媒体采访时还表示农超对接将不仅仅局限于超市,还将延伸至大学以及大规模的社团机构。

第二节 为什么要推出农超对接

商务部从 2008 年开始推动农超对接的试点,到 2011 年年底,中央财政总共安排了 7 亿元的资金,在 19 个省市支持 1000 多个农超对接试点项目,目前开展农超对接的连锁经营企业已经有 800 家左右,从业人员已经有 200 多万。与超市对接的农民专业合作社已经突破了 1.56 万个。我国要推出农超对接,主要有以下原因:

一、我国农产品流通环节过多、流通成本过高

国家统计局公布的 2010 年 11 月 CPI 年内首度破"5",其中食品类价格同比上涨 11.7%,蔬菜价格更是上涨 21.3%,水果上涨接近 30%。专家分析果蔬价格大幅上涨诱因,主要还是集中在流通环节过多、流通成本过高上。传统农产品流通模式中间环节繁多,从菜农→菜贩子→产地批发市场→批发商→销

---

① 资料来源:三农直通车,www.gdcct.gov.cn,2012-03-15。

地批发市场→供货商→超市等多个环节,每一环节至少要加价5％～10％。农超对接,由于实现了合作社直采、原产地直供,省去了诸多中间环节,成为一种"从田间到餐桌"的新型流通方式。通过这种新模式采购农产品,超市平均可以节约20％～30％的采购成本,有效地维护了蔬菜价格的稳定(见图2-2)。

图2-2 农超对接省去诸多中间环节

典型案例 2-1

上海:农超对接确保蔬果低价新鲜①

青翠欲滴的黄瓜、红彤彤的西红柿、新鲜抢眼的绿叶菜……春节前夕,遍布上海各区县的世纪联华、联华超市和华联超市内,货架上的新鲜低价、丰富多样的蔬菜和水果吸引着采集年货的市民们。

为了保证蔬菜等主要农产品的质量,联华超市建立并依托生产基地,将原来流通领域中的多个采购环节转变为产销对接。以往,蔬菜从"菜园子"到"菜篮子",需要经过地头经纪人、产地批发商、销地批发商、农贸市场商户、超市等多个环节。实现农超对接后,现在只需要三个环节:产地、联华生鲜配送中心和门店,消费者就能买到价格相对低廉的蔬菜和水果。

时至今日,联华已经与全国众多专业合作社、龙头企业建立了对接关系,并与合作期较长的农民专业合作社实施了订单农业。2011年,仅在上海地区的生鲜经营,就拥有48家蔬菜直采基地,采购量17981吨,农超对接商品销售额1.2亿元,占蔬果整体销售近40％,综合收益率达23.5％。

① 资料来源:人民网,http://finance.people.com.cn/GB/70846/16940514.html? prolongation＝1,2012-01-21。

2012年,上海联华等企业还将派业务员到基地监督,从源头控制生鲜产品的质量与价格,同时,在各个配送点继续对生鲜商品进行质量验收和质量管理,坚决杜绝不合格的商品进入超市。

二、消费者对高品质和安全的农产品的追求

随着收入的提高,消费者在满足对农产品数量需求的同时,对农产品的品质(包括安全性)的需求也逐渐提高。农产品的品质除了受气候因素和生产因素影响外,还与对生产者的监控力度有关,监控力度越强,农产品品质越高,此外,对于生鲜农产品来说,其品质同送到消费者餐桌的物流配送时间也有紧密的联系,配送时间越短,新鲜度越高,品质越好。因此,要满足消费者对高品质和安全的农产品的追求,需要缩短农产品供应链的距离,把从田间到餐桌之间的一些中间环节如经纪人、批发商等请出去。而农超对接作为一种"从田间到餐桌"的新型流通方式,可以直接介入农产品生产过程的监管工作,即减少了中间流通渠道,节约了配送时间,又能提高农产品的安全性,所以受到消费者的欢迎和支持。

三、超市面临经营生鲜农产品的巨大压力

首先,超市竞争压力增强。我国在20世纪90年代引入以超市为首的现代化农产品供应链。进入21世纪后,迅速发展的经济和日益富裕的消费者为超市的发展迎来了前所未有的时机。2010年,仅连锁百强销售规模就达到1.66万亿元,同比增长21.2%,百强企业门店总数达到15万个,同比增长9.8%。值得注意的是,拥有182家门店的家乐福年销售规模为420亿元,但拥有143家门店的大润发年销售额却达到了502亿元之多,明显领先家乐福。[①] 超市门店的增加,使得商圈叠合,竞争压力不断增加。

其次,生鲜农产品在超市经营中的地位越来越突出。生鲜经营是连锁超市竞争的焦点所在。面对经营业态多元化,商品雷同化和消费需求多样化的现实环境,要想赢得市场,做好生鲜是最好的切入口。只有优化商品结构,加大生鲜经营力度,降低采购和销售等环节的成本,更准确地对接消费者的需求,就可以先胜一筹。随着消费者对超市经营农产品的品质和价格的认可,生鲜农产品成为超市主要的聚客手段,超市需要采购到具有竞争力的生鲜农产品。超市原来的采购模式从初期的通过农产品批发市场甚至农贸市场采购少量的农产品发展

---

① 资料来源:中国连锁经营协会2011年度报告。

到超市出租生鲜农产品柜台,收取扣点,再发展到超市把租赁者请出,自己直接经营生鲜农产品,或向城市的农产品批发市场采购,或由供应商供货(主要还是通过农产品批发市场采购)。这些采购模式难以同环境相适应。

再次,超市食品安全压力加重。近年频发的食品安全事件,引发了政府部门与消费者对农产品的安全性的关注与重视,特别是 2009 年 6 月 1 日起实施的新的《食品安全法》,零售商需要对食品安全背负很大的责任,使得超市有必要掌握农产品的产地信息。但超市通过农产品批发市场或者供应商供货,农产品的来源不清楚,安全性无法得到保证。要想知道谁在生产农产品、用什么样的投入品生产农产品的最好途径是抛开中间环节,直接采购农民的产品。

最后,超市降低生鲜农产品的采购成本的压力增大。超市规模的扩大与农产品采购数量的增加,使得超市需要并有能力降低在农产品主产地采购农产品的运输成本和交易成本。连锁超市之所以如此热衷于农超对接,主要源于对掌控定价权的向往。对接剔去繁复的中间环节,零售商就可获得定价自主权,这对于以价格制胜的大卖场来说是至关重要的。

四、外部条件已经在一定程度上具备也促进了农超对接的发展

首先,我国基础设施建设不断投入,物流体系日益完善。在目前冷链运输还没有得到普及的前提下,要达到生鲜农产品的"鲜",必须把采摘下来的农产品尽快地从产地运输到消费地以缩短采摘到食用之间的时间间隔。我国高速公路网络的形成以及近年多次的火车提速,缩短了长距离农产品物流配送的时间。日益完善的物流体系既可便捷地运输农产品,又可降低途中损耗。

其次,农产品集中产区的大量形成。随着城乡居民收入的增长,人们对农产品的品味、观感、营养、保健和安全性等个性化特殊功能需求逐步增加,超市成为多样化、细分化、优质化农产品的主要销售渠道。因此,特色农产品产区逐渐成为超市采购农产品的主要目标指向地区。我国快速形成的农产品集中产区,如黑龙江五常和佳木斯的大米,山东栖霞、陕西洛川等地的苹果等,与国家农业部门推行的"一村一品"政策有一定程度的联系。在农产品集中产区中间,有不少地区的主打农产品的种植面积达到耕地总面积的 50% 以上。这为超市大规模采购农产品、节约成本提供便利。

全国蔬菜产业发展规划(2011—2020)将全国
蔬菜产区划分为六大区(节选)

综合考虑行政区划、各地区主要时节调出品种等因素,全国蔬菜产业发展规划(2011—2012)将全国蔬菜产区划分为华南区、长江区、西南区、西北区、东北区和黄淮海与环渤海区六大区,重点建设 580 个蔬菜产业重点县(市、区),提高全国蔬菜均衡供应能力。其中,华南区、长江区是保障元旦、春节期间全国蔬菜供应的重点区域;西南区、西北区、东北区是保障夏季和中秋、国庆期间全国蔬菜供应的重点区域;黄淮海与环渤海区是均衡全国全年蔬菜供应的重点区域。

1. 华南区。该区包括广东、广西、福建、海南 4 省(区)共 74 个重点县(市、区)。本区域冬春季节气候温暖,有"天然温室"之称,适宜喜温果菜露地生产。外销品种主要是豆类、瓜类、茄果类,外销时间主要是 12 月至翌年 3 月,主要销往"三北"、长江流域及港澳地区。

2. 长江区。该区包括四川、重庆、湖北、湖南、安徽、江西、江苏、浙江、上海 9 省(市)共 188 个重点县(市、区)。本区域冬春季节气候温和,适宜喜凉蔬菜露地栽培。外销品种主要是甘蓝类、白菜类、根茎类,外销时间主要集中在 11 月至翌年 4 月,主要销往"三北"、珠江三角洲和港澳地区。

3. 西南区。该区包括云南、贵州 2 省共 47 个重点县(市、区)。云南北部、贵州北部地区适宜蔬菜生产的多为海拔高度 800～2200 米的高原、平坝和丘陵山区,夏季凉爽。外销品种主要是根菜类、绿叶菜类、白菜类、茄果类,外销时间主要集中在 7—9 月,主要销往华南、长江下游、华北地区。另外,云南南部、贵州西南部等地区冬春气候温暖,适宜发展豆类、茄果类、瓜类蔬菜生产。

4. 西北区。该区包括宁夏、甘肃、山西、陕西、新疆、青海、西藏等 7 省(区)共 57 个重点县(市、区)。本区域适宜蔬菜生产的多为海拔 800 米以上的高原、平坝和丘陵山区,夏季凉爽,适宜露地种植甘蓝类、绿叶菜类、根菜类、茄果类、豆类、瓜类等多种品种,外销时间主要集中在 7—9 月,主要销往华北、长江下游、华南及港澳地区。其中,西藏、青海 2 省主要用于保障本地供应,满足外来游客消费需要。

5. 东北区。该区包括黑龙江、吉林、内蒙古 3 省(区)29 个重点县(市、区）。本区域纬度较高,夏季凉爽,适宜露地蔬菜种植。外销品种主要是茄果类、瓜类、豆类等,外销时间主要集中在 6—10 月,主要销往京津、长江中下游地区。

6. 黄淮海与环渤海区。该区包括河北、河南、山东、北京、天津、辽宁等6 省(市)共 185 个重点县(市、区)。本区域冬春光热资源相对丰富,交通便利,适宜发展设施蔬菜生产,夏秋季可种植露地蔬菜。外销品种丰富,产品销往全国各地。

再次,农业生产组织化程度增强,为超市大规模地集中采购农产品提供便利。截至 2012 年 3 月底,全国依法注册登记的农民专业合作社达到 55 万多家,其中最近 5 年的发展量相当于之前 28 年各类合作经济组织总量的 3.7 倍。农民专业合作社已经覆盖全国 91.2% 的行政村,覆盖全国 17.2% 的农户。目前,农民专业合作社正在从横向合作向纵向合作深化,从单一功能向多种功能拓展,从传统合作向新型合作演变,从农户间合作向社际间协作迈进。农民专业合作社正在带动越来越多的农民从"小生产"走向"大市场",从一家一户分散经营走向专业化经营,从贫困落后迈向富裕小康,成为发展现代农业、促进农民增收、繁荣农村经济的重要力量。对于农民专业合作社来说,通过参加农超对接可以使农产品卖更好的价格,可以获得相对稳定的市场,可以提高管理能力和生产技术,同时还能获得政府部门的政策与资金支持。这使得他们非常愿意同超市合作。农产品进入超市不仅是对他们产品的认可,也有利于对农民专业合作化及其产品的宣传。同时,农民组织化程度的提高,也为超市大规模的集中采购农产品提供便利。

最后,各级政府部门的高度重视。当前,我国政府急于解决三农问题、农产品销售问题和农产品的食品安全问题。开展鲜活农产品农超对接,是减少流通环节、降低农产品流通成本的有效手段,是解决鲜活农产品卖难的根本途径,能实现农产品质量从农田到餐桌的全过程控制,提高农产品质量安全水平,对建立农产品现代流通体制、增加农民收入和促进城乡统筹协调发展具有重要的现实意义。农超对接跨越政府的两个行政管理部门——商务部和农业部门,这两个部门均充分认识到农超对接对于扩大和优化农产品市场、帮助农民专业合作社发展、促进农村经济,可以起到积极的推动作用,因而,对农超对接持积极态度,对农超对接的发展起到了很大的推动作用。

国家对农产品流通环节支持政策中涉及农超对接的意见

时间	政策或意见	涉及内容
2008.12.5	商务部、农业部《关于开展农超对接试点工作的通知》	对农超对接试点工作进行部署。到 2012 年,试点企业鲜活农产品产地直接采购比例达到 50% 以上,减少流通环节,降低流通费用,并建立从产地到零售终端的鲜活农产品冷链系统
2008.12.18	商务部:大力推动农产品流通体系建设	开展农产品农超对接试点,探索农产品流通新途径;商务部组织编写了《农产品"农超对接"经营指南》,开展了面向农产品流通企业和基地农民的农产品市场流通及质量安全免费培训
2009.2.1	2009 年中央 1 号文件	加强农产品市场体系建设,支持大型连锁超市和农产品流通企业开展农超对接,建设农产品直接采购基地
2009.5.30	商务部八大举措搞活流通扩大消费促进增长	健全农村流通网络,拉动农村消费。在农产品生产地建设鲜活农产品直采基地,到 2010 年支持 500 个农超对接项目
2009.6.12	三部委《关于做好农产品"农超对接"试点工作的通知》	推动 15 个省市开展农超对接试点工作,加快农产品现代流通体系建设,进一步促进农民增收,扩大农村消费
2009.9.8	商务部《关于做好农产品"农超对接"试点工作的意见》	优选项目实施主体,并规范农超对接项目的四个要点,进一步推动对接项目的发展,扩大农超对接的示范功能,积极为全面推进奠定良好的基础
2009.12.31	2010 年中央 1 号文件	发展农业会展经济,支持农产品营销。全面推进双百市场工程和农超对接,重点扶持农产品生产基地与大型连锁超市、学校及大企业等产销对接,减少流通环节,降低流通成本

时间	政策或意见	涉及内容
2010.3.19	商务部发布会:力拓农超对接扩大试点	扩大农超对接试点范围,支持有实力的大型连锁超市及农产品流通企业与农产品基地建立更紧密、稳定的农产品购销关系,增加对接品种和数量,提高基地直接采购农产品数量,探索建立有效的农超对接模式,推进"订单农业"发展
2010.9.15	商务部办公厅、财政部办公厅关于农产品现代流通综合试点指导意见的通知	打造现代化农产品流通链条。支持大型连锁超市与从事鲜活农产品生产的农民专业合作社或农业产业化龙头企业开展农超对接。支持农超对接双方建设和改造冷藏保鲜设施、配置冷藏运输工具、检验检测设备等;支持农民专业合作社、农业产业化龙头企业开展产品质量认证,培育农产品品牌;支持大型连锁超市建设改造冷链物流配送中心。优先支持大型连锁超市与农民专业合作社对接
2011.3.4	《商务部农业部关于全面推进农超对接工作的指导意见》	部署 2011 年农超对接工作。要求各地商务、农业部门主抓农超对接,不断推进农超对接,打造安全、高效的流通链条和舒适便捷的消费环境,使超市成为城市居民购买农产品的主要场所之一
2011.4.28	财政部、商务部关于 2011 年开展农产品现代流通综合试点有关问题的通知	支持农超对接双方建设和改造冷藏保鲜设施、配置冷藏运输车辆、检验检测设备等;支持开展农超对接的大型连锁超市建设改造冷链物流配送中心,与农民专业合作社对接的优先支持
2011.10.13	商务部、农业部发文:开展"全国农超对接进万村"行动	于 2011 年 10—12 月在浙江、陕西、辽宁、湖北、四川、河北分六个片区开展"全国农超对接进万村"行动。建对接平台,推动大中城市连锁超市与农民专业合作社建立稳定的产销链条,扩大农超对接规模,促进农产品流通现代化,保障农产品市场供应

农超对接
模式和实践探索

时间	政策或意见	涉及内容
2012.6.15	商务部关于 2012 年开展农超对接试点的通知	2012 年度农超对接在北京市、天津市、河北省石家庄市、辽宁省沈阳市、浙江省杭州市、福建省福州市、河南省郑州市、广东省广州市、重庆市、贵州省贵阳市、甘肃省兰州市、青海省西宁市、宁夏回族自治区银川市 13 个城市进行试点。试点重点支持大型连锁零售企业建设改造与农超对接相适应的专业生鲜配送中心、产地集配中心等农产品流通设施，改造扩大鲜活农产品经营区，形成规模效益，并与农超对接交易额挂钩

农超对接的本质是将现代流通方式引向广阔农村，将千家万户的小生产与千变万化的大市场对接起来，构建市场经济条件下的产销一体化链条，实现商家、农民、消费者共赢。它带来了广泛而深刻的经济社会影响，受到了各界的欢迎。农超对接是未来发展的必然趋势。

第三节　农超对接的意义

一方面是市场菜价的上涨，另一方面则是农民卖菜贱、卖菜难，这一对非常"刺眼"的矛盾，引起了全社会的关注，农超对接这一商务部、农业部大力推进的营销行动进入了百姓的视野。具体来说，农超对接有以下几方面的意义。

一、有利于建立农民与零售商之间稳定的购销关系，促进农产品销售

据商务部调查，目前，我国有 66% 的农户认为目前农产品销售渠道不稳定，希望通过合同收购的农户比例达到 35%，希望企业收购的农户比重达到 27%。发展农超对接，可以推动超市和农产品生产者建立更加紧密的关系，以市场需求为导向，并且按照合同条款规定，在农商利益互惠的基础上，各自承担相关法律、经济责任。一方面，稳定农产品销售渠道，解决农产品产销信息不衔接问题，让农民能够从农产品销售的市场风险中解脱出来，专心致力于农产品生产，有利于促进农产品生产的专业化和规模化；另一方面，超市获得了数量稳定、质量可靠、

卫生安全的农产品货源,经过分拣、加工、配送将物美价廉的商品通过自身网络销售出去,促进农产品销售。2008年,四川橘子炭疽虫病事件发生后,江西吉水的橘子大量积压,江西国光公司及时与自己基地果农联系,派车到基地农户逐户收购,每天收购量在10吨以上,有效解决了基地橘农的燃眉之急。

二、有利于对农产品生产进行全程监管,提高农产品质量安全水平

农超对接与农产品传统流通模式的最大区别在于超市直接参与了农产品生产过程的监控和管理。超市按照食品卫生和质量安全标准提出产品生产要求,农民按照超市要求进行生产,超市和专业合作社给予技术指导,并提供统一的种子、农药、化肥等农业生产资料,确保了农产品质量。如麦德龙在选择基地时,选聘第三方机构对基地的环境、工艺等方面进行评估,制定了家禽、猪肉、活鱼、蔬菜和水果等各种农副产品的生产与加工质量标准体系,监督和指导基地按照标准进行生产,从而有效地保证了进入麦德龙超市销售的农产品的质量安全。

三、有利于促进农民增收,扩大农村消费

发展农超对接有助于增加农民在农产品生产、农业专业合作社、农产品运输仓储等环节的就业。家乐福在全国发展的农产品基地项目带动农户4000户,山东家家悦带动农户6万多户。农产品销售好了,农民就业机会多了,农民的收入也就增加了。只有农民收入增加了,才能为扩大农村消费奠定坚实的基础。家乐福湖北公司从农民手中直采的蜜橘收购价每斤提高了0.3元,山东家家悦发展的玉米直采基地,平均每亩为农民增收750元。

四、有利于降低农产品流通成本,让利于农民和消费者

由于物流设施长期落后,我国农产品交易时间长、成本高、损耗大,流通效率不高。发展农超对接,能够有效减少农产品流通环节,降低农产品流通成本,让利于农民和消费者。同时,还能够促进社会物流,特别是第三方物流,包括冷链物流的发展和综合利用,形成包括包装、分拣、加工、配送在内的庞大物流网络,促进农产品流通效率和效益的提高。家乐福通过直采,农产品流通成本降低30%,在内蒙古直采的土豆收购价格比市场平均价格高出了15%,零售价格却比市场平均价格低了15%。家家悦实施农超对接后生鲜农产品损耗率降到了4%。

农超对接降低超市成本　社员年均增收 4000 元[①]

商务部 2012 年 2 月在北京召开了例行新闻发布会。商务部新闻发言人沈丹阳在会上表示，开展农超对接，可以使超市降低约 10% 的生鲜农产品经营成本，使合作社社员年均增收 4000 元。

在介绍农超对接发展情况时，沈丹阳指出，从 2008 年起，商务部、财政部、农业部大力推广农超对接，目前已取得阶段性成果，整体发展态势良好。

一是农超对接覆盖面不断扩大。截至 2011 年年底，全国开展农超对接的规模以上连锁经营企业已逾 800 家，从业人员 200 余万人，与超市对接的合作社已突破 1.56 万个，社员总数超过 100 万。

二是农超对接水平不断提升。经过几年的探索和发展，大部分超市已经和对接合作社建立了利益互惠、风险共担的长效对接机制，农超对接水平有了很大提升。为满足超市要求，越来越多的农民专业合作社建立了自己的检测室，对农残等指标严格把关，同时加快建设自有农产品品牌，据不完全统计，参与农超对接的合作社自有农产品品牌已超过 7000 个。农超对接机制不断升级，如山东家家悦超市为农民建立风险保障机制，先后对 5 万亩基地的 15 个蔬菜品种建立了最低收购保护价，同时还以合作入股的形式帮助合作社建设冷库，并对合作社的生产和经营活动进行指导，对接双方形成了紧密的利益共同体，推动了订单化农产品生产机制的建立。

三是农超对接形式不断创新。大型连锁超市自建农产品生产基地。河北惠友商业连锁发展有限公司租赁土地 2000 亩，自建农产品标准化示范园区，实施批量采摘和流通全过程封闭管理，进一步降低流通损耗，节约流通成本。农超对接不断搭建新型长效性对接平台，如浙江省在各地建设名特优农产品展示展销中心，以此作为农超对接的长效性平台，克服了以往洽谈会、展销会等持续时间短、随意性强的弱点，有利于农超对接的持续深入开展。政府有关部门不断探索网上对接和农产品电子商务。如陕西省以信息、引导为抓手，在商务厅网站上建立了"陕西蔬菜产销对接平台"，组织各市、县商务主管部门及时发布当地蔬菜供求和价格信息，开展网上对接撮合，开辟网上蔬菜销售渠道。

---

① 资料来源：人民网，http://finance.people.com.cn/GB/70846/17131110.html，2012-02-16。

"下一步,商务部将会同有关部门创新财政支持政策,扶持力度与农超对接规模直接挂钩,鼓励企业建设生鲜物流配送中心、产地集配中心等设施,不断扩大农超对接规模,提高农超对接比重。"沈丹阳说。

五、有利于树立农产品的品牌,提高农产品市场竞争力

在传统的农产品生产方式下,不同村、不同农户使用的种子、化肥不同,生产出来的产品质量、规格也不同,不能形成品牌,卖不出价钱。在农超对接模式中,超市将指导农民按照消费需求进行生产,不仅品种丰富,而且质量也有保证,容易形成市场自有品牌。家家悦超市在经过市场调查后,与农科所、植保站等部门合作,培育出城里人爱吃的鲜嫩、短小茼蒿。新品种虽然价格高,但符合城里人口味,市场反响非常好,逐步形成了自己的品牌,产品市场竞争力大大增强。

六、有利于减少农产品进超市的费用

现在的商业已经进入渠道为王的时代,为了保证农产品销量,必须依靠连锁超市这个强大的销售平台,而超市经营方也正好借助自己的这种强势地位,用各种名目的收费扩大利润空间。国外大型综合超市利润来源主要是购销差价。但是通过中国很多大型综合超市的企业财务报表你会发现,它的其他收入包括进店费、上架费、促销费、宣传推广费,或者应付账款、应付的利息等等,这些费用已经超过它的利润了。这些不合理的收费不仅会损害供应商的利益,也会使消费者不得不承受与价值不符的虚高价格。农超对接,超市与农户直接对接,从基地直接进货,超市降低了门槛,"进场费"等诸多费用几乎都被取消了,双方形成了相互支撑、共同发展的利益共同体,这是零售业提高商品经营水平、创新营销模式的有益探索,更是零售业践行企业社会责任的有效方式。

相关链接 2-4

重庆大力扶持农超对接　农产品进超市不收进场费[①]

为鼓励农民专业合作社与流通环节对接,重庆市将出台一系列利好政

---

① 资料来源:中财网,http://www.cfi.net.cn/p20120630000033.html,2012-06-30。

策,降低农产品流通环节成本,包括农产品进超市不收进场费。

为降低农超对接的门槛,重庆市严禁超市、餐饮企业等向供应鲜活农产品的农民专业合作社、农产品生产企业等收取进场费、赞助费等费用。收购种养大户等散户的产品,必须现货现款,收购农民专业合作社、农产品生产企业等的产品,必须 24 小时内转账。

此外,农业生产组织申请无公害、绿色食品、有机食品、原产地标识、地理标志商标注册等缴纳的费用,在认证或注册后由区县财政适当补贴。

该市 2012 年元旦起已经对从事蔬菜批发、零售的纳税人销售的蔬菜免征增值税,对经营确有困难的,还可按照有关规定和程序申报减免房产税和土地使用税。

鉴于农产品流通环节腐损率居高不下、物流成本上升,重庆市对农民专业合作社、农业生产企业、农产品第三方物流企业新建百吨以上冷冻冷藏库的,每百吨容量补贴 10 万元。批发市场、超市新建千吨以上冷冻冷藏库的,每千吨容量补贴 50 万元,并纳入市级冷链物流专项资金统筹安排。购置冷冻冷藏车的,则参照执行农机具补贴政策,给予财政补助支持。

同时,对各类农产品生产、流通企业建设配送中心所购置机械设备及建设信息化系统,将按不超过投资额的 50% 给予补贴。

今后该市所有收费公路对整车合法装载鲜活农产品的车辆,免收通行费。24 小时内返空或装载鲜活农产品达整车载重 2/3 以上的车辆,享受"绿色通道"优惠政策。经相关部门核准的农产品运输货车,每天可在 7:30—9:30 以及 17:00—19:30 之外的时段在城区通行。

此外,开办社区直销连锁菜店的龙头企业、农民专业合作社,将给予每店一次性设备补助 2 万元。

第四节　谁最适合做农超对接

凡是有能力的农产品生产者都可以做农超对接,这是明确无误的。但中国农超对接总体上还处于起步阶段,从对接规模不够大、对接面不够广、对接关系不够稳定的现状看,还是重点推荐农民专业合作社。毕竟中国农民专业合作社的发展为推进农超对接提供了良好的基础,再加上农业部也大力帮扶中国农民专业合作社实现农超对接,最重要的是农民专业合作社能带动农民致富,带动更多的农户参加农超对接。

一、组织起来的农民

农产品超市经营的基本需求是规模化,保证不断档脱销,但国内农业生产环节组织化水平较低,仍以"一家一户"的分散生产为主,农民人均只有1.3亩地,如此有限的耕地面积,单个农民家庭无论种什么,都难以满足超市采购的数量需求,再说一家一户的种植水平不一样,商品化率低,超市收起来比较困难,影响农超对接拓展。一些超市出于结算考虑,要求农产品生产者必须有营业执照和税务登记证并开设专门的账户,一家一户的农民无法符合这一条件。

农产品要顺利进超市,在生产规模上,除必须具备连续性和有组织性,货源能充分满足超市经营需要外,在规格上,农产品要达到标准化要求,大小、外表、内在品质大致相当,在包装上,要注明产地、生产日期、保质期、净含量等内容;在运输上,物流运输工具要保障农产品的新鲜和运输链的完善。然而,少数几个农产品生产者无法做到这些。

目前农户的组织化程度低,制约了进超市的步伐,而解决这一问题最有效的办法是将众多农户共同组建成农民专业合作社。组织化的农民,不仅可以在数量上满足超市采购数量要求,而且也可以在合作社社员之间进行合理分工,由有管理能力和经营头脑的人负责经营,懂得营销的人负责市场,精通种植技术的人做质量管理。另外,合作社的加工车间、运输部门也需要很多的劳动力,社员可以在生产时间之余参与各项工作。社员农民可以把剩余资金拿出来作为股份投入合作社的公共设备和设施建设,建设包装车间、冷库。但目前,由于人才保障不到位、管理跟不上、资金缺乏,不少农民合作社仍停留在合伙型、契约型等"原生态",规模都比较小,组织相对松散,并且缺乏必要的设施,生产随意性较大,生产的鲜活农产品种类少,也难以满足超市多品种、常态化、品牌化的销售需要,为此,农民专业合作社必须修炼内功,适应农超对接的需要。

典型案例 2-3

农超对接对接错位①

洛川苹果很有名,但也难以摆脱销售难。商务部希望类似沃尔玛这样

---

① 资料来源:《经济观察报》,http://www.jrj.com,2009-01-10。

的超市可以和当地有效对接，由超市直接采购苹果，减少流通环节。不过现在沃尔玛却发现，自己不知道应该去找谁。"毕竟不能单独去联系农户。"沃尔玛的李洪（化名）发现没有人联系他，而这已经是商务部帮助他们和陕西洛川县牵线10多天后。而且遇到类似问题的不只是沃尔玛。这很可能受到中国农村农业合作组织依然弱小的牵制。

为了解决陕西省卖苹果难的问题，李洪2008年年底随家乐福、麦德龙和一些批发商参加了商务部组织的与陕西省洛川县的对接活动，也留下了联系方式，但是十几天过去了，一直没有人联系他。

洛川全县优质苹果面积达50万亩，人均3.1亩，居全国之首。前些日子，这个有名的苹果产区还为"卖难"困扰。不过上周李洪说："不知道该找谁。"他说，"我昨天刚刚去了商务部，正好遇到了家乐福的人，我们遇到了相同情况。让相关领导帮忙联系一下。"

李洪说，农超对接目前操作起来有不少困难，比如直接收购时票不好开，一个地区农民生产单个产品的量往往也达不到超市要求，果蔬进入超市需要品质鉴定，而鉴定报告对农民来讲是有经济负担的。

商务部相关官员说："主要原因还是目前农民专业合作社的建设相对落后，生产关系和营销方面的要求不相适应，农民专业合作社的作用发挥不出来，利益也得不到体现，没有能力把果农吸纳进来。合作社的发展也仍然需要一个过程。"他打了个形象的比喻，现在两者还是一条腿长、一条腿短的关系。企业发展相对快一些，而农民专业合作社刚刚起步。

中国农业大学的李秉龙教授说："现在合作社之上又出现公司，与很多合作社和农户挂钩。又多了一道环节，但是没有办法，目前合作社都很小，主要集中在本村，它的弱势是不如公司灵活。"不过他说："农产品从生产开始，需要按照不同的市场要求、不同的订单要求，把农户组织起来，企业目前做不到这一点，企业只是产品和市场对接的一个桥梁，真正要把农产品从生产环节到市场整个连起来，农民专业合作社不可替代。"李秉龙认为，目前农超对接的鲜活农产品停留在一些高档或者有机产品，"要想完成大规模的对接，就要把产品过度包装和超市的占地费用降下来，这样才能吸引广大的消费者走进超市消费。不然消费的少了，基于鲜活农产品的储存问题，超市也不会大规模与合作社签单。"

二、农产品具有市场竞争力

农产品的市场竞争力的形成除了资源上有比较优势外，还包括价格竞争力、质量竞争力和信誉竞争力。由于有些决定价格竞争力的因素,如生产成本结构又会影响质量竞争力的水平,所以通常情况下价格竞争力被看做农产品竞争力的核心因素。目前,农产品消费多样化和优质化越来越明显,消费者从原来的"吃得饱"转变为"吃得好,吃得安全"。如叶菜是"生鲜"中最难做的一类产品,对消费者来说,叶菜每天不可或缺,但购买时也最为挑剔:既有数量、价格、品种上的要求,更有安全、质量、保鲜上的要求。因此,超市有句行话:"做好叶菜,等于成功一半。"所以说,农产品成本相对低、质量相对优、科技含量相对高,则市场竞争力也相对强,也更受超市欢迎。所以超市在选择农超对接合作对象时,势必要对合作社进行比较,看看谁更适合,特别是价格,毕竟价格是超市的生命线。

同时,要提高农产品市场竞争力,除提高农产品的质量安全性外,还需提高农产品的营销能力和品牌竞争力,即组织起来的农民还需依托品牌优势提升农产品市场竞争力。长期以来,农户各自为政,农产品因为没有品牌、缺乏包装,难以卖个好价钱,也进不了超市。所以,农产品不仅要在种植上下工夫,还要创立品牌。因为有了品牌,农产品的质量和声誉都有了提升,也就有了更高的附加值和经济价值,才能有更有利的条件参与农超对接。

三、农产品生产过程的监管能力

超市对农产品货源有一定要求,如对农产品的品质要求必须是安全、健康、无污染,达到无公害、绿色或有机食品的认证标准,符合政府实施的"放心菜"、"放心肉"等食品放心工程要求,以及无公害、绿色、有机认证标志等。特别是《食品安全法》中规定,只要生产或销售了不符合食品安全标准的食品,并不要求人身损害后果,即可要求赔偿损失,并可获得 10 倍赔偿。这对经营农产品的超市,无疑是增加压力。但我国一些农民在农产品生产过程中,为了追求经济效益,向农作物使用一些化学药剂和肥料,由于农业生产者对药物性能缺乏了解,对农药残留的危害性认识不足,使产品质量安全受到影响。因此,在选择农超对接的合作对象时,超市会把农民专业合作社对农户社员生产过程的监管能力作为重要的评选标准之一。超市在同农民专业合作社签订农超对接合同前,会对社员农产品的种植土壤、水源等,以及产品进行抽样检测,只有合格者才与其签订合同。所以,在农超对接中,农民专业合作社不仅要帮助农民解决销售问题,更重要的是利用组织化的优势,对社员农民的生产过程进行监督和管理。

四、农产品初加工能力

农产品初加工是指只改变农产品的外规、清洁卫生程度或物理形态,加工品基本保持原料本身固有的特征,主要包括产后净化、分类分级、干燥、预冷、储藏、保鲜、包装等环节。如粮食烘干,各类果品、蔬菜(含马铃薯)储藏、保鲜、分级、包装等,制干果蔬(包括红枣、枸杞、葡萄干、食用菌、辣椒、黄花菜等)的干制、分级、包装等。由于初加工农产品从外观和口感上很容易辨认它的真假、评价它的质量,容易得到消费者的信任,所以优质的初加工产品易于占领市场。而传统的农产品销售模式是从地里收获回来的农产品,大大小小、好好坏坏统在一起卖出去,价格随行就市。农超对接中超市对农产品进入有一定的标准要求,如对农产品规格标准,包装袋、包装盒尽量透明化,包装均注明生产日期、保质期、净含量等标志均有要求,为此,农超对接必须对农产品进行分级和包装。

我国农产品产地储藏、保鲜、制干、分级、包装等初加工环节的设施设备简陋、方法原始、工艺落后,导致了产后农产品的大量损失,不仅影响到农产品的有效供给、农业增效和农民增收,甚至给农产品质量安全带来了严重隐患,成为当前农民最迫切需要解决的突出问题。广大科技人员为解决这些问题,在多年实践中,已研发、集成、改进了一批经济实用、简单易操作、深受农民欢迎的产地初加工设施设备和配套技术,并在局部地区的示范推广中取得了良好效果。为促进这类设施设备和配套技术的推广应用,农业部已决定向全社会广泛征集农产品产地初加工设施设备和配套技术。[①] 农民专业合作社应该树立分级意识,建立农产品初加工场所,并对分级工作人员进行专人管理。有条件的应该购置设备、扩充场地,这样,农民专业合作社在满足超市的农产品分级和包装要求的同时,也可以促进自身和当地产业的发展。农业部、财政部 2012 年实施农产品产地初加工补助项目,具备条件的可以去申请补助。

---

① 资料来源:农业部办公厅关于征集农产品产地初加工设施与技术的函。

农业部财政部 2012 年实施农产品产地初加工补助项目[①]

针对我国农产品产后损失严重、质量安全隐患突出的问题,2012 年中央财政安排专项资金,补助农产品产地初加工项目,通过财政"以奖代补"方式,扶持农户和专业合作社建设储藏、保鲜和干制设施,改善产地初加工条件,实现减少产后损失、增加有效供给、促进农民增收、提高农产品质量安全水平等目标。

农产品产地初加工,主要包括产后净化、分类分级、干燥、预冷、储藏、保鲜、包装等环节。多年来,由农户和专业合作组织自行完成的比重超过农产品产量的一半,有的品种甚至高达 80% 以上。由于设施简陋、方法原始、工艺落后,导致农产品产后损失严重,品质下降。据专家测算,我国粮食、马铃薯、水果、蔬菜的产后损失率分别为 7%～11%、15%～20%、15%～20% 和 20%～25%,远高于发达国家的平均损失率,折算经济损失达 3000 亿元以上,相当于 1 亿多亩耕地的投入和产出被浪费掉。大量的产后损失,不仅严重侵蚀了农业增效、农民增收的基础,也给农产品的有效供给和质量安全带来了压力和隐患。

项目采取"先建后补"方式。实施程序是农户或专业合作社自愿提出奖补设施建设申请,经乡镇政府审核,县级农业、财政部门审批同意,在村级公示 7 天后,开始施工建设;工程竣工,并经县级农业、财政等部门组织验收合格后(验收工作需实地见物,确认新建,并符合工程验收标准,方可认定为合格),再在村级公示 7 天后,由县级财政部门兑付奖补资金。

五、农产品配送能力

农超对接成为化解"菜贵伤民、菜贱伤农"难题的新模式,不过,随着农超对接规模和范围的扩大,越来越多的超市感到,物流配送问题成为目前农超对接中面临的最大难题。还有,超市方面在挑选农产品种植基地对接的过程中,还面临诸多增加采购成本的问题,物流问题就是其中之一。所以,超市在做农超对接的时候,不可能自己派车前往田间地头收购农产品(这样将增加人力和运输成本),

---

① 资料来源:中央政府门户网站农业部网站,www.gov.cn,2012-05-22。

都会要求农民专业合作社自己配送,把产品从产地送到超市在各大城市的物流配送中心。还有,为了降低管理成本,很多超市希望把配送中心直接建在农民的地头上。而建设一个中小型配送中心需要投资 30 多万元,并且还要不断投入人力、物力和财力,大部分合作社显然没有这个能力,这就使农超对接陷入了两难境地。

其实,目前我国物流产业已经非常发达了,全国各地都有专业的运输公司,只要找到可靠的运输公司,委托他们办理就可以执行了。要使农超对接健康发展,更需要政府对农产品配送进行资源整合。例如,可以由政府统一调配配送车辆,从产地运至城市,各超市再拆分货物,这对降低中小农民专业合作社物流成本起到很大的帮助。

典型案例 2-4

诚信服务　质量第一——上海浦远合作社蔬菜配送越做越大[①]

上海浦远蔬菜园艺合作社位于松江区石湖荡镇。2010 年 4 月成立以来,依托上海志强食品配送公司,实现"公司＋合作社＋基地"的营销方式,为本市 16 所高校、160 多所中小学配送新鲜蔬菜,日供达 20 多吨。去年共配送蔬菜 7000 多吨,年销售额近 8000 万元。

浦远合作社建立了严格的蔬菜监测制度。每天由基地送来的各种蔬菜,都有"身份证"和检测报告。不仅如此,合作社又购置了两台监测仪,对送来的蔬菜再定额定量地进行检测,经检测合格后才能整理分装。

合作社建立了一套快捷的配送程序。每天下午 3 时,基地和各路外来的蔬菜都集中到配送中心,经过检测,由工人进行分拣包装。在配送中心的车间,我们看到了各配送客户的号牌,通过定点定量分区域包装,秩序井井有条。为了蔬菜保鲜,合作社还建有 2000 平方米的冷库。全部配送的蔬菜装进周转箱,光周转箱每天要送出 7000～8000 箱。到第二天早晨 6 时前,20 多吨蔬菜全部送到各学校食堂。不仅如此,合作社还建立了生态循环链,每天配送后整理下来的蔬菜下脚料通过加工成有机肥还田,增加了地力,减少了化肥施用量,提高了蔬菜质量。

就是这样一种"白加黑"的工作量,合作社理事长刘尧军几乎天天亲临

---

① 资料来源:《上海农村经济》,2011 年第 8 期。

现场安排指挥。因为，刘尧军知道，每一根蔬菜，与客户的安全，与合作社的生命，都息息相关。从刘尧军配送蔬菜和合作社创办以来，从未发生过一起因蔬菜安全而引发的事故。刘尧军说，合作社配送的不仅是蔬菜，更是合作社的诚意和诚信！

六、拥有敏感的市场意识

市场意识通常是指以市场或消费者需求为导向或中心来安排和开展企业生产经营活动的指导思想。新型农民市场意识主要包括市场参与意识、市场竞争与合作意识、市场经济法律意识、市场风险意识以及经营意识、诚信意识、质量意识和信息意识等等。

阻碍不少农民专业合作社参加农超对接的主要原因是超市的付款方式，因不少超市的农超对接采用银行转账的方式。蔬菜"落地给钱"，对于喜欢一手交菜、一手收钱的农民来说，并不只是习惯问题。种菜、摘菜雇用工人都是一天一结账，有些超市15～45天的"结账周期"，让合作社不得不先借钱垫付开支，这是他们很难接受的。如哈尔滨道外区永源镇春雨蔬菜合作社的负责人李春雨介绍说，他们合作社给超市送过菜后，得到的不是现金，而是票子，满15天后，合作社要派专门的会计去超市对账，对好账，超市将其报到设在上海的总部，总部核算无误后再向哈尔滨分店转账，农户拿到菜钱就得35天以后。要应对这35天的间隔，合作社就得举债。因为，春雨合作社的摘菜工有15人，35天的开支共计约10万元。这10万元平时都是用前一天卖菜的钱逐天支付，而如果要对上超市的节奏，合作社就得垫付。[①] 实际情况是，合作社没能力垫付，菜农自己也不想垫付，宁可降低菜价，也要立即拿到钱。可见，超市结账时间的漫长，成为蔬菜"嫁入"超市的最大阻碍。但农超对接属于现代化的经营模式，作为参与这一模式的农民专业合作社必须要打破故步自封、安于现状、不求改进的传统，要勇于学习新生事物，要树立现代化的商业意识，因为在农超对接初期，超市可能会做些让步，给农超对接特批一些结算"政策"，但随着农超对接的逐渐普及，越来越多的农民专业合作社会接受超市的付款方式，所以农民再不改变就会落后于社会和时代。

农民要致富，就要走市场；走市场，就要讲诚信。中国农民的市场意识特别是诚信意识还是很薄弱的，尤其是菜农。农超对接后，一些超市反映如果某一天某种蔬菜突然涨价，到地里收菜的菜贩给出了比超市高的价格，农民很现实，谁

---

① 资料来源：《哈尔滨日报》，2012-07-12。

给的价格高就卖给谁,超市的货源保障就会出现问题。所以,现代农民要跨越诚信之"坎",从活在当下变成着眼于未来,从一拍脑袋的感性变成透彻清晰的理性,更快地适应市场。

由于合作社都是由农民组成的,大多欠缺对相应法律知识的了解,签订合同时个别超市玩文字游戏,导致合作社和农民经常吃哑巴亏。无论是农民还是合作社,在面对超市时大都处于一种弱势地位,所以必须用法律武器保护自己,这也利于农超对接的长远发展。

典型案例 2-5

农超对接成功的关键词之一:及时诚信供应[①]

农超对接试水中,双方都发现了问题。菜农认为问题在超市结账时间太长,超市则认为菜农保证不了每天的蔬菜供应量。

哈尔滨乐买超市为实现农超对接特批了"政策":蔬菜的菜款每周结一次,而其他商品的结账时间还分别是 30 天、45 天或 60 天。正是这个政策,让乐买超市找到了位于香坊区、道里区和双城市的几个合作社。

从 2012 年 4 月份开始的"对接"实践中,超市发现了问题。"从合作社进菜比我们直接到蔬菜批发市场进菜还贵。"乐买超市业务负责人说,"我们和多家合作社都谈过,价格就是降不下来。因为目前多数的合作社规模还是小,成本高,大约每公斤蔬菜价格比批发市场高 0.2~0.4 元钱。其实,很多超市都想搞农超对接,但因为价格方面的问题,超市承担的压力大,看不清前景。另外,合作社规模小、比较分散,日供应量没有保障。我们知道受天气等因素影响,蔬菜每天的采摘量都会不同,因此,在签订合同时,没法注明每天必须保证多少数量。现在就发现,如果某一天某种蔬菜突然涨价,到地里收菜的菜贩给出了比我们高的价格,农民很现实,谁给的价格高就卖给谁,超市的货源保障就会出现问题。"

"合作社内部欠缺约束。"这位负责人头疼的这个问题,合作社也在"头疼"。哈尔滨建国绿地田野蔬菜农民合作联社理事长杨承泰就说:"想让农民统一想法太难了。""农民图快,最好摘下来就卖出去。谁给的价高卖给谁。"杨承泰也犯愁"立规矩"的问题。他的合作联社虽然包括 30 多家合作

---

① 资料来源:《"农超对接"样本启示录》,《哈尔滨日报》,2012-07-10。

社,但对于他的"规模化连片种植,统一管理、统一销售"的想法,还有一部分菜农不认可,还是习惯于谁来收的价高就卖给谁。

去年秋天,杨承泰看到周围合作社众多,十户八户农民合在一起也叫合作社,他就萌生了把这些合作社联合起来的想法。目的就是给蔬菜找到好销路。也正是"联合的力量",让他一举与北京华联超市"对接"成功。"单一的合作社很难干起来,但把合作社组合起来统一管理也不容易。"杨承泰说,联社包括三四百户菜农、1000多亩地,进超市的只占联社每天蔬菜产量的1/10,大约2500公斤左右。因此,即使一些菜农不受约束,随便把菜卖了,联社也能保证超市需要的量。

一些超市对农超对接并不感兴趣。有的超市就表示,他们既解决不了合作社要求的"现金日结"问题,也不能承担供货量的风险。

七、专业合作社是真正的农民"代言人"

合作社的规模与实力体现在合作社与农户是否能形成紧密的利益共同体方面。由于多种原因,本来是农户自主发起、主动参与的合作社变成了简单的交易关系,从而对合作社做大做强形成制约。目前农户只是将合作社视为其农产品销售的一个渠道而已,当农产品走俏,当地批发市场价格高于通过合作社的订单采购时,农户自然倾向去当地批发市场销售。根据相关规定,合作社利润的60%应该返还给农户,剩余40%才考虑到发起人的分红。不过现在很少有合作社严格按照这样的规定执行,合作社与农户之间只是简单交易关系。目前一些专业合作社缺乏具有素养、有能力的农民来领导,大部分都是由当地供销社或者农业部门官员来担任领导,因此,在市场反应方面比较迟缓,此外也不一定能很好代表农户的利益。

农超对接不仅仅是商业活动,而且是社会活动。真正的农民专业合作社是为了社员大众谋取利益的,他们盈利后会按照与社员的交易额来返还给社员。从超市的角度看,超市引进农超对接模式的宗旨之一是缩短农产品采购链条。如果跟一些"翻牌的"农民专业合作社(指一些公司借助于注册登记农民专业合作社门槛较低的机会,找了几个农民注册成为"农民专业合作社"。其中不乏是原来的超市供应商)合作,特别是城市内的农产品供应商合作,实质上没能够实现采购模式上的创新。

合作社乱象:"空壳"盛行,80％无实质业务[①]

"如果农民专业合作社能够真正发挥其作用的话,'菜贱伤农'情况可在一定程度上得到缓解。"日前,针对近期发生的各地蔬菜滞销事件,中国农业科学院教授胡定寰对《中国经营报》记者表示。

合作社过度注册使得一些专家对此感到担忧。"政府鼓励办合作社,最后就会冒出大堆合作社,而成立起来的合作社很多徒有虚名,没有什么实质性活动,80％都是假的。"中国农业大学经济管理学院教授、博士生导师何秀荣在一次会议上表示。

生鲜采购经理之惑

自 2010 年 3 月份上任以来,山东某大型超市生鲜采购经理姜先生频频受到这样的"骚扰"。"我是××合作社的,签约农户有××家,拥有基地××亩,并且能够提供农产品增值税发票。"这些登门拜访,名片上印着××合作社理事长头衔的说客无一例外表达其合作社的规模强大以及与超市合作的强烈意愿。

然而,当姜先生提到"都供给哪些超市"、"产品规格怎么样"等实质性问题时,这些能言善辩的说客开始变得迟疑甚至有时候顾左右而言他。"他们很可能就是'空壳'合作社,大多是一些蔬菜批发商,只是拿到了合作社的执照,甚至没有签约农户和自己的基地,"姜先生对记者表示,"与这样的'合作社'进行交易往往产品的数量、品质甚至价格都无法得到保障。"

姜先生的困惑可反映出我国目前农民专业合作社的发展状况。自2007 年《农民专业合作社法》实施以来,在有关部门政策鼓励下,我国农民专业合作社如雨后春笋般兴起。数据显示,2009 年年底,全国农民专业合作社数量比 2008 年年底翻了一番左右,到 2010 年 6 月底,在工商部门登记的合作社已达 30 万家。而农业部农村经济体制与经营管理司司长孙中华将其称作"全国平均每两个行政村就有 1 家合作社"。

过低的准入门槛使得合作社数量激增的同时,容易出现鱼目混珠的情况。而这为农超对接带来困惑。"去年 10 月,在一次农超对接的会议上,我们接触了河北一家农民专业合作社。他们号称自己有上千亩的基地,并且

[①]　资料来源:中国经营报—中国经营网,2011-05-07。

能够以低于当地批发价5分钱的价格给我们供应胡萝卜。但我们考察时发现,他们的自有基地不超过300亩,在农产品的价格方面与农户也没有达成一致。"姜先生告诉记者。

事实上,并非只有姜先生所在的超市一家感到困惑。北京一家超市生鲜采购经理告诉记者,他们在山东尝试蔬果类产品原产地直采的时候也"走过一些弯路"。

对于合作社"空壳"现象,青岛广大果蔬专业合作社主任赵立国认为合作社自身亦有"难言的苦衷"。"农户成立合作社的积极性很高,但问题是缺乏资金。与超市合作,运输、人工、包装甚至账期都需要大量的资金,但农户很难拿出这些钱。因此,有些时候合作社注册成立之后便不了了之了。"赵立国告诉本报记者。

"要什么有什么"与"要什么没什么"

2011年年初,中国社会科学院学者苑鹏针对北京郊区的农民专业合作社进行了一次调查。她发现农民专业合作社普遍存在的问题是,合作社种植品类齐全,但是规模和数量少,造成了"要什么有什么,但又要什么没什么"的状况。

换而言之,由于合作社种植的农产品品类齐全,各种蔬菜都有,不过由于数量少,实际无法满足超市的需求。"甚至一个合作社都无法满足一家超市某个单品的需求量",因此,苑鹏认为规模太小亦是目前合作社的主要问题所在。

合作社的规模与实力还体现在合作社与农户是否能形成紧密的利益共同体方面。据记者了解,由于多种原因,本来是农户自主发起、主动参与的合作社变成了简单的交易关系,从而对合作社做大做强形成制约。"有些时候容易出现这样的情况,当菜价上涨,农户就不履行订单合约,而将农产品卖到价格高的地方。"苑鹏表示。

姜先生曾亲历过这样的情况。2010年,姜先生与内蒙古某合作社就采购300吨洋葱达成协议。双方谈好的价格是每斤4角5分钱。当姜先生到实地收货时,当地一些蔬菜经纪人故意扰乱价格,以5角1分钱的价格收购,于是,该合作社的农户便将价格提高到了5角1分钱。考虑到运输成本以及损耗,最终,姜先生不得不放弃了这次采购,空手而回。

从此例可以看出目前农民专业合作社与农户之间的微妙关系。据记者了解,目前农民专业合作社帮助农户销售蔬菜,从中收取千分之几到十几不同的费用。而农户只是将合作社视为其农产品销售的一个渠道而已,当农产品走俏,当地批发市场价格高于通过合作社的订单采购价格时,农户自然倾向去当地批发市场销售。

而在每个合作社运作过程中，不乏企业的影子。"一些合作社是由蔬菜经纪人发起成立的。根据相关规定，合作社利润的 60% 应该返还给农户，剩余 40% 才考虑到发起人的分红。不过现在很少有合作社严格按照这样的规定执行，合作社与农户之间只是简单交易关系。"苑鹏告诉记者。

第五节　农超对接的好处实践

农超对接是 2007 年年初由商务部提出，得到农业部支持的一种新型超市采购的模式。2009 年"中央一号文件"把农超对接作为新任务提出来。2010 年的"中央一号文件"再次提出"全面推进农超对接项目的深入开展"。2011 年 1 月 22 日，温家宝总理强调："我国农产品流通环节最薄弱，实行组织化经营、农超对接，可以解决流通环节薄弱的问题。这项工作今年要下大力去做。"为此，中央电视台第七频道"每日农经"栏目于 2011 年 3 月 14 日到 3 月 16 日进行了三期的《探秘"农超对接"》报道。本案例就是作者根据 2011 年 3 月 14 日《探秘"农超对接"(1)：农超对接的好处》视频录音记录而成的，该片从一个信息不畅的河北农民种植 100 亩的蔬菜，结果却因为找不到好的通路而出现卖难的真实案例入手，引出农超对接这一话题。为读者观看参考的方便，基本按视频语音原型编写。①

探秘"农超对接"(1)：农超对接的好处

农超对接意义大，记者展开大调查，农民、超市、消费者皆大欢喜利大家。

这两年，在农产品流通领域出现了新名词，叫农超对接，这农超对接，可是大事，党中央国务院三令五申地要求搞好这一项目，在社会各界也引起了广泛关注。

（场景一）2010 年 10 月，在河北省大城县南赵扶镇小店子村承包了 100 亩蔬菜大棚的孙炳庆和刘俊红夫妇却怎么也不敢相信，自己种的辣椒居然会卖不出去。

刘俊红（种植户）：一开始价格还行，每斤能卖 1 元多，后来降到 8 角，再

---

① 资料来源：http://sannong.cntv.cn/program/meirinj/20110315/100432.shtml

后来 5 角。

孙炳庆(种植户):就是发愁卖不出去,没有出去找销路,自己开车赶集去。

刘俊红:糟蹋了不少,可心疼了。

这么被扔掉的辣椒大约有 3 万多斤,全部都是按无公害的标准种植的,质量好,但销售困难,这引起了当地政府的高度重视。

赵爱征(河北省大城县南赵扶镇人民政府副镇长):我们及时联系县城周边的超市、批发市场,以及北京新发地蔬菜批发市场,帮助他们打通销售渠道。

在政府的帮助下,农民的损失降到了最低,种植技术也得到了提高。春节刚过,他们又在大棚里种上了芹菜和黄瓜,再过一个月,将有 600 吨的蔬菜进入采摘期,时间越来越紧,这些蔬菜又该怎么卖呢?

(场景二)在记者张苑的办公室,电影演员杜旭东拿了一篮蔬菜,有辣椒、黄瓜、青菜和西红柿。他说有个朋友包了几百亩地,都建起了大棚,这蔬菜都已经成熟了,就是不知道怎么卖,让张苑想个办法。张苑建议去超市卖,但是要具体地去了解情况。于是他们俩兵分两路,记者张苑对农产品进超市的政策进行了解,老杜则走进了北京的一家超市,来看看这儿的蔬菜卖得怎么样。

(场景三)在超市里,消费者说,这里的黄瓜只有 2.38 元/斤,外面要卖 3 元,比外面稍稍便宜一些。还有的消费者说这里超市的蔬菜比较新鲜,比较好。

据说这家超市里比市场便宜的蔬菜大部分是基地直供的。一理货员问杜旭东需要什么,需要的话打个招呼。杜旭东说不需要什么,随便看看。

杜旭东:我听你的口音像是山东人,你是这超市的吗?

理货员:我不是,我是山东一家蔬菜基地的,都是昨天刚摘的新鲜黄瓜,你看,这个价格,比我们山东的批发价还要低。

杜旭东:那你为什么不在山东卖,上这儿卖。

理货员:赚的钱多,一个店一天就能卖 2～3 吨。

这位理货员告诉老杜,他来自山东淄博,在这个超市负责 5～6 个蔬菜品种的销售,这些菜每天早上上架,到了晚上基本都能卖光,销售情况非常好。

杜旭东接到张苑的一个电话说:我在超市转了一个上午,真是不错,这个地方买菜的人特别多，销量也特别大，还有一个基地直采。我觉得在超市卖菜确实是个好办法。你那边情况怎么样？……那你赶紧回来，咱们好好商量。

（场景四）在张苑办公室，杜旭东很着急，说：不是我着急，是大棚里的那些蔬菜着急，马上就要上市了，你说这些蔬菜怎么才能卖到超市。

张苑：我整理的这些资料，正好跟农超对接的新模式有关。

杜旭东：农超对接？

张苑：这农超对接已经好几年被写入中央一号文件，中央非常重视。

杜旭东：那你赶紧说说吧。

张苑：好了，资料已经准备好了，杜老师，你看：

（播放资料）农超对接是今年（2010 年）两会期间热议的话题之一，简单地讲是超市直接到农产品的产地采购农产品，生产者将自己的农产品直接销售给超市的一种新模式。

胡定寰（中国农业科学院农业经济与发展研究所研究员）：农超对接真正的意义就是农民和超市直接合作，这叫农超对接。

农民和超市直接合作，和传统的流通体制相比，至少省掉了三四个流通环节。

张旺波（北京物美集团采购部副总监）：它避免了对农产品的几道致命翻身，对商品的鲜度是一个很好的保证，我们的采购成本会低 20%～30% 左右。

（字幕）2007 年，农超对接在政府的推动下开始起步。

2009 年，中央一号文件……支持大型连锁超市和农产品流通企业开展农超对接。

2010 年，中央一号文件……提出全面推进双百市场工程和农超对接。

2010 年 12 月 29 日，农业部、商务部共同召开全国农超对接现场会，提出，力争"十二五"期间，大中型城市生鲜农产品经超市销售比重翻一番，达到 30%。

2011 年 1 月 22 日，温家宝总理强调……农超对接，可以解决流通环节薄弱的问题。这项工作今年要下大力去做。

杜旭东：等等，超市要是直接到基地去采购，那跟菜贩子自己贩菜有什么区别？

53

张苑:这种对接,与传统蔬菜供应链是不一样的。你知道以前大棚的菜是如何卖到你手里的吗?这以前农民种出来菜,经纪人会到田头来收菜,各个经纪人收的菜会集中到批发市场的批发商,再统一运到北京的批发市场,比如像新发地,然后批发到小的农贸市场,或者是菜市场,最后才卖到消费者手里。即:种植户→地头经纪人→批发商→批发市场→农贸市场→消费者。

杜旭东:不就吃个菜,搞这么复杂。

张苑:可不是吗!层层加价,本来在地头只有2块钱1斤的西红柿,倒腾几次,到你手里就四五元钱了。要不这样吧,您再去看看超市。我嘛,您不是说超市有卖山东的菜吗?我就去那里。

(场景五)按照老杜的提示,张苑去了山东淄博,老杜直接去北京的超市找到生鲜部门负责人。

杜旭东:你好,我听说你们的蔬菜都是从基地直接采购过来的?

北京某超市新街口店生鲜部门负责人:对啊,我们的采购价略高于基地的采购价,我们的销售价低于本地的零售价。

杜旭东:那你们为什么花这么多钱,从外地进呢?你看,收得贵,卖得便宜,能赚钱吗?

生鲜部门负责人:看着我们花了很多钱,其实我们省了很多中间环节,我们的利润反倒提高了。

杜旭东:有点道理,怎么能相信你的话?

生鲜部门负责人:您可以随便拿一筐菜,我就能告诉您,它是从哪儿产的。

杜旭东:那还用说,标签上不都写着吗?

生鲜部门负责人:不光这个,您拿这菜,我们可以知道它是哪个大棚、哪个基地产出来的菜。

杜旭东:有这么玄乎吗?

生鲜部门负责人:我们还可以告诉您,这菜是什么时候种的,浇过几次水,施过几次肥,都可以查得到。

杜旭东:你越说越玄乎,我马上打个电话。

(场景六)记者张苑接电话:喂,我现在已经到了刘家营村,而且我还找到了胡永利本人和他家的大棚里种的西红柿。

一般来说,这西红柿在采摘下来以后,被装到统一的物流筐里,在每个筐里放入一张小纸条,按照纸条上的签名(淄博众得利蔬菜专业合作社检验员:1号)和在反面签上名字(3号:XXX)、供货日期,超市就很容易查到蔬菜的采地。

在大棚里,还发现了这样一个小册子(专业生产资料经营商众得利示范田档案本),这册子实际上是蔬菜的生长记录。这上面记录了种植之前的测土配方的结果,还有每次用肥的情况以及农作物的生长情况和田间管理,可以说,非常详细。凭着这本小册子和物流筐里的纸条,超市的蔬菜不但能查到产地,而且还可以查到生产环节。农超对接使可追溯制度建立起来容易。不但保证了质量安全,农民朋友每亩地也可多赚4000多元。

胡永利(山东淄博众得利蔬菜产销专业合作社负责人):比方说,就西红柿来说,现在超市来收是2元/斤,小商贩来收是1.8元/斤,超市的收购价高出2角,但是到北京以后,小商贩的菜卖3元,我们的销售价格是2.5元。

7:00　蔬菜采摘完毕

11:00　集中装箱

12:00　发车

18:00　抵达北京

(场景七)张苑:经过5个多小时的车程,终于回到北京。这是物美集团的华北配送中心,占地6万多平方米,你看,够壮观!

走进物流基地的恒温库,张苑找到了刚从淄博运来的西红柿,在这里,人们根据从超市300多个门店汇集来的信息,将蔬菜分配到相关的地点,和其他地区的品种集中装车。第二天凌晨2点配送车从物流基地出发,前往各大门店。凌晨5点,新鲜的蔬菜及时摆上了超市的货架供顾客挑选。那么,农民朋友种的菜怎样才能进入超市呢?

张旺波(北京物美集团采购部副总监):其实我们的本意,是想通过农超对接来建立一条稳固、持续的供应链。对老百姓来讲,他虽然有蔬菜,但他的种植规模和持续稳固的供应可能会有问题。所以这一块,我们现在优先选的,还是具有一定规模的合作社来进行合作。

为了鼓励农超对接,国家不但规定相关的合作社开具免税的增值税发票,而且农业部和商务部每年的扶植资金都会超过20个亿直接用于农超对接。

宋振波(山东省淄博市临淄区人民政府区长):区政府专门设立了1000万元的基金,专门用于设施建设、基地建设。

(字幕)2010年,在中央财政和地方财政的支持下,超市和农民专业合作社签订协议金额 50 多亿元。推动农产品流通成本平均降低 10%～15%,参加对接的农户年均增收 4000 多元。

杜旭东:这下,你可帮我大忙了。

张苑:可是您朋友的蔬菜还没找到具体的超市。

杜旭东:没关系,这都需要一个过程。不过,起码咱们了解了农超对接。

张苑:这倒是。农超对接首先解决了一些农产品由于信息不畅产生的卖难问题,不用倒来倒去,也减少了不少中间环节,而且还可以追溯到原产地,吃着也放心。

杜旭东:我应该把这消息告诉更多的朋友。

张苑:对,到超市去买菜。

杜旭东:超市这要是菜卖贵了,咱就不买;超市收农民的菜收得便宜了,咱也不卖了。

张苑:这招够绝的。

杜旭东:这都是国家的政策好,咱老百姓一定要给力!

张苑:共同督促超市做好农超对接。

杜旭东:我马上就打电话。

张苑:这样行吗?

杜旭东:行!

主持人李冰:您瞧见没有,这农超对接实在是太好了,难怪这老杜这么上心啊!不光知道农超对接好还不够的,这农产品到底怎么进超市,还有什么样的资质等等,还有一系列的问题还没搞明白,所以,老杜的任务还没完成。帮人要帮到底,所以明天老杜还要跟着我们记者一块去考察考察,关心农超对接的朋友们一定要关注老杜的行踪啊!(后续见第四章第四节)

第三章
农超对接的模式

　　2008 年商务部、农业部下发《关于开展农超对接试点工作的通知》，中国进入了农超对接广泛实施的新时代，开辟了中国农产品流通的新阶段。在超市和农民专业合作社对接的过程中，根据各个地区的不同情况，再加上由于各家超市的经营理念、发展历史以及竞争优势存在着差异，各种农超对接模式也逐渐产生，如家乐福的"直采"模式、麦德龙"源头"模式等。本章将介绍几种有代表性的农超对接模式。

第一节　家乐福"直采"模式

　　早在 2007 年，从安徽省砀山县的第一个直采项目开始，家乐福就已经开始在部分城市试点推出"农民直供"的采购模式。2008 年，商务部把家乐福列为首批农超对接试点企业。为借鉴在欧洲业已取得的农民直供经验，家乐福让在西班牙拥有成熟"农民直供"运作经验的管理人员负责中国直供项目，以对农超对接项目进行更专业的管理。

一、农超对接主要业务模式

　　家乐福农超对接主要业务模式采用"直采"模式，依据采购半径的不同，设计了两个采购系统。家乐福农超对接的核心是通过农民专业合作社来组织农民的产品,即"超市＋农民专业合作社＋农民"模式。家乐福农超对接项目由总部和城市采购中心（即CCU）分别负责,总部直采小组负责采购的产品供应全国门店,主要采购水果和适合于长距离运输的蔬菜;城市采购中心采购的直供产品主要供应当地市场,重点采购城市周边的蔬菜和当地名优水果。至2011年9月,中国总部已与全国24个省的398家农民专业合作社进行合作,直采苹果、土豆、胡萝卜、梨、橙子、橘子、荔枝、菠萝、猕猴桃和柚子等54个单品。城市采购中心已经与30个城市的219个合作社建立合作,采购西红柿、黄

图 3-1　家乐福的农超对接

瓜、卷心菜、茄子、萝卜、花椒、西兰花、叶菜等26个单品。

2011年3月,家乐福中国区总裁兼CEO罗国伟在京表示,家乐福积极响应商务部、农业部联合印发的《商务部农业部关于全面推进农超对接工作的指导意见》,将扎实落实农超对接工作的三项承诺,包括农超对接产品进入家乐福超市实行零费用,绝不拖欠货款(付款要在收到发票后5个工作日完成),设置专门的24小时服务热线(021-56354911)并及时收集和解决有关问题。

截至2012年6月,家乐福已与国内32个省、自治区、直辖市的约455家农民专业合作社展开合作,101万余户农民从中受益,采购总额近11亿元人民币。如今,家乐福位于北京、上海两地的门店直采比例已经率先突破50%,其他城市的家乐福也正在以此为目标,大力推进农超对接项目。广东的荔枝、海南的芒果、山东的大蒜、新疆的哈密瓜,在家乐福任何一家门店,消费者都可以买到来自正宗产地的果蔬。

二、开展农超对接活动

家乐福为推动农超对接的进展,举办了一系列主题活动和展销会等。2009年,家乐福在南京和武汉分别举办"安全供应、合作共赢——家乐福合作伙伴日"大型主题活动,对优秀的中小企业供应商和农民专业合作社给予表彰。为了支持新疆农业的发展,家乐福2010年在北京和上海举办"新疆直供产品展销会",从新疆采购近200吨价值约300万元的产品,共12个单品。2010年,家乐福在上海率先推出"农民直销日"活动,让农民能够直接面对消费者,及时获得市场动态,了解消费者需求,并为消费者提供新鲜价优的农产品,该活动已经向家乐福全国门店推广。

2011年,全国各地的农产品陆续面临滞销问题。依靠成熟的农超对接经

验,家乐福屡次伸出援助之手,奔赴滞销产地进行紧急采购。在内蒙古马铃薯价格下跌、滞销卖难的背景下,家乐福紧急赶赴包头市达茂旗,与当地马铃薯种植户签下135吨的采购协议。这批马铃薯运往家乐福位于上海、北京、天津、山东、浙江地区的门店销售。目前,在上海、北京两地,家乐福生鲜品的直采比例已经突破50%。

与此同时,家乐福还在各地卖场开设卖难菜专区,通过"平价"促销扩大销售量,解决农民卖菜难、消费者买菜贵的难题。从湖北卷心菜、山东大白菜滞销开始,家乐福的采购部门已经启动多次紧急采购,采购范围涵盖了海南香蕉、大连苹果、新疆辣椒、云南东川梨、内蒙古土豆、黑龙江秋菜等滞销果蔬。

2011年6月22日,在重庆,由中国连锁经营协会(CCFA)授予的首批"百个农超对接示范项目"中,家乐福的"辽宁成大"农超对接项目列入其中,获得了中国连锁经营协会颁发的先进奖项。该项目的双方采取了"超市＋龙头企业＋农民专业合作社＋农民"的合作模式,根据直采提出的价格、质量要求、到货时间等各项要求发货至指定的收货区,由家乐福根据事先书面约定的质量标准验货收货。从2009年5月开始合作到2011年9月,总采购金额达到3500万元,交易价格平均比批发市场相比提高了10%,直接帮助农民人均年增收7200元。2010年合作社社员人均收入达31200元。①

典型案例 3-1

周末到家乐福逛农超对接大集

2012年7月14、15日两天,来自辽宁沈阳新民、海城和凌海的三个农民合作社将在家乐福沈阳金牛店和沈阳文化店广场举办"农超对接农民直供"蔬菜大集。在蔬菜大集上,有"顶花带刺儿"的黄瓜、带着露珠的西红柿以及来自新民甜脆的地雷瓜、营养丰富的土豆、新鲜的苞米,还有凌海的西兰花、西葫芦、卷心菜等16个品种的蔬菜和水果,它们将在家乐福广场上唱主角,成为消费者竞相购买的绿色蔬菜和水果。

据了解,此次新民、海城和凌海三个农民合作社为本次农超对接大集准备的蔬菜和水果将超过40吨,这些蔬果绿色无污染,绝大部分将在7月13日采摘装车,第一时间直接运送到家乐福,直供消费者购买。

---

① 资料来源:http://www.linkshop.com.cn/web/archives/2011/168118.shtml

对此，家乐福辽宁区食品采购总监金瓯表示，家乐福每年都会借助农超对接这个优势平台为农民合作社推广绿色、新鲜、无公害的蔬菜和水果，从而让更多的蔬菜种植户和市民受益。[①]

三、家乐福农超对接的特点

（一）家乐福农超对接的核心是通过农民专业合作社来组织产品

家乐福农超对接采购模式也称为"农民直采"，意思是家乐福超市不通过任何的中间环节向农产品生产者采购农产品。

家乐福对参与农超对接农民专业合作社的选取标准为：

①农民专业合作社必须遵守相关法律法规以及合法经营的必要条件，相关文件必须完备；

②农民专业合作社的所有收益必须保证至少60%回馈给农民；

③农民专业合作社必须设在生产基地；

④农民专业合作社必须销售社员生产的农产品；

⑤农民专业合作社必须从产地发货，而不是批发市场发货。

（二）举办针对农民的培训

培训对象包括农民专业合作社负责人、社员代表、负责农民专业合作社的基层干部。家乐福更加注重理念方面的培训，除了教授农民与超市合作的具体步骤和注意要点外，2010年的培训内容又增加了农产品质量安全及风险防范，进一步加强农民对食品安全的重视，确保供应超市的食品安全。培训一方面帮助农民专业合作社进一步提高食品安全观念，提升农超对接的专业知识和概念；另一方面也希望借此机会发掘更多优质的农产品和寻找有潜力的农民合作社，加大家乐福农超对接采购力度，让更多的优质农产品进入家乐福的全国卖场。

至2011年12月，家乐福中国食品安全基金会已在全国21省（市、区）组织了36期农超对接培训（部分培训见表3-1），共有2390多个农民专业合作社的代表参加。自2007年以来，已经在全国30个省（市、区），与410多家农民合作社合作，累计采购金额达9亿元。

---

① 资料来源：《华商晨报》，2012-07-13。

表 3-1　家乐福农超对接培训情况(部分)

时间	地点	培训专家	被培训人员	培训内容
2009-07-23	河北省赵县	中国农科院农业经济与发展研究所研究员、博士生导师胡定寰教授;家乐福(中国)全国生鲜总监赛伯;河北省林业科学研究院研究员吴炳奇;家乐福(中国)食品安全基金会副秘书长林靖	林业、农牧、县社、工商、商贸、质监、环保、药监等县直部门,梨区乡镇(办事处)乡镇长(办事处主任),梨区各村支部书记或村主任以及全县各梨果专业合作社和出口公司负责人等 200 余人	"农业革命 vs 零售革命——论农民与超市合作新模式";就"超市农产品直采项目"介绍;梨果业的发展趋势与提质增效技术;"如何向消费者提供安全的农产品"
2009-11-05	湖北省秭归县	中国农科院博导胡定寰教授、家乐福(中国)全国生鲜总监塞伯、华中农业大学博导彭书昂、家乐福(中国)食品安全基金会林靖	秭归县 32 个柑橘专业合作社和宜都、枝江、当阳、长阳、兴山、夷陵等部分县(市、区)柑橘类合作社的 130 多名理事长及社员	农产品进入超市的流程、专业合作社产品进入超市要做的准备工作、柑橘种植技术;如何向消费者提供安全的农产品等
2010-03-23	江苏盐城	中国农科院博导胡定寰教授、家乐福(中国)全国生鲜采购总监赛柏、家乐福(中国)食品安全基金会林靖	盐城市 9 个县(市、区)近 100 名农民专业合作社负责人	政企怎样加强合作推进农超对接、农民与超市合作有哪些新模式、超市农产品直采流程标准是什么等
2010-07-22	上海	中国农科院胡定寰教授;家乐福中国食品安全基金会副秘书长林靖;家乐福(中国)生鲜总监赛伯	上海市 150 多家蔬菜和水果类农民专业合作社负责人	论农民与超市合作新模式;如何向消费者提供安全的农产品;超市农产品直采项目介绍
2010-09-09	江西南昌	家乐福(中国)食品安全基金会林靖;江西省植保局副局长钟玲;中国农科院农业经济与发展研究所研究员胡定寰;家乐福(中国)全国生鲜总监赛伯	全省 11 个地市 100 家农民专业合作社负责人	如何向消费者提供安全的农产品课程;农产品的质量安全;农超对接的机遇与挑战;超市的直采项目介绍

时间	地点	培训专家	被培训人员	培训内容
2010-10-20	浙江杭州	农业部经管总站调研员候美茹、中国农科院农业经济与发展研究所研究员胡定寰、家乐福总部生鲜采购总监赛伯、家乐福食品安全基金会副秘书长林靖	全省130多家农民专业合作社的负责人	农超对接的挑战、超市农产品直采项目、如何向消费者提供安全的农产品、农产品质量安全
2010-12-08	广西桂林	家乐福中国食品安全基金会副秘书长林靖；农业部农业环境质量监督检验测试中心肖志勇；中国农科院农业经济与发展研究所研究员胡定寰；家乐福中国区生鲜总监赛伯	100多名全省各地农民合作社的代表	如何向消费者提供安全的农产品；农产品质量安全（关于果蔬农药残留）；农超对接的机遇和挑战；超市直采项目
2011-03-10	广东东莞	中国农科院农业经济与发展研究所胡定寰教授；家乐福中国区生鲜总监赛伯	全省各地100家农民合作社代表	农民与超市直接对接的农产品销售新模式；超市农产品直采项目介绍
2011-03-29	安徽合肥	中国农科院胡定寰教授；家乐福（中国）生鲜总监赛伯；家乐福中国食品基金会副秘书长林靖	250名来自安徽合肥、淮南、安庆、六安和巢湖五大城市的农民专业合作社代表及部分来自各地市商务、农委的负责人	"农加超"的新模式；家乐福超市在农产品直采项目上的计划和成果；家乐福的食品安全管控流程
2011-04-28	四川成都	中国农业大学、中国农科院的专家教授，以及家乐福的产品质量经理、直采总监	全省近100家农民专业合作社理事长、相关市县农业部门、商务部门的管理人员以及部分农产品流通企业	农产品质量安全、风险控制，以及农超对接的产品标准、质量管控、对接要求

时间	地点	培训专家	被培训人员	培训内容
2011-05-25	湖北孝感市	家乐福（中国）直采总监赛伯、华中农业大学副校长李崇光教授、食品安全专家胡小松教授、家乐福中国食品安全基金会副秘书长林靖	湖北各地的100余名合作社代表	食品安全、农超对接、产品标准、质量管控等
2011-06-26	北京	中国农业大学胡小松教授、中国农科院的胡定寰博士	北京、天津、河北、山西、内蒙古五省区市的150余名专业合作社负责人	合作社如何做农超对接；食品安全和农产品质量安全的风险如何防范
2011-08-18	辽宁沈阳	家乐福中国区副总裁吕仲立、家乐福生鲜总监赛伯	农民专业合作社代表为主的180余人	食品安全、如何与家乐福超市进行对接、超市采购合作社产品的标准、家乐福选择合作社的标准与合作社需要具备的条件等
2011-09-07	内蒙古呼和浩特	内蒙古农业大学张美莉教授、沈阳农业大学的翟印礼教授、家乐福生鲜总监赛伯	内蒙古的100余名专业合作社负责人	农产品质量安全、风险控制、质量管控、对接要求以及家乐福农超对接产品的标准等
2011-09-28	江西南昌	家乐福中国区副总裁施德明、中国直采总监赛伯	江西各地的100多名合作社代表	食品安全、农超对接、产品标准、质量管控
2011-11-24	重庆	中国农业大学胡小松教授、家乐福中国质量和食品安全总监柏韦亚、华中农业大学副校长李崇光教授、家乐福中国生鲜采购总监赛伯	重庆100余家农村新型股份合作社负责人	农产品质量安全的风险防范、如何开展农超对接
2011-12-06	贵州贵阳	中国农业大学、沈阳农业大学的教授；家乐福中国区质量和安全总监柏韦亚	贵州省内的130多名农民专业合作社代表	农产品质量安全风险防范、新型采购模式

时间	地点	培训专家	被培训人员	培训内容
2012-03-30	山东潍坊	家乐福中国生鲜采购总监赛伯		赛伯首次向农民合作社介绍了蔬果茂(SOCOMO)。
2012-06-13	山西太原	沈阳农大教授翟印礼、家乐福（中国）生鲜采购总监赛伯先生	山西省水果、蔬菜、干果、小杂粮四类120个农民专业合作社的负责人	农超对接怎么做、家乐福农超对接项目讲解

资料来源：根据网络收集整理编制

（三）家乐福采取"一高一低"的价格框架，专设1元直采蔬菜区

在农超对接实践中，价格显得非常关键。"每件商品必须低价出售"，这个家乐福的经营理念一直延续到今天。家乐福的"直采"取消一切中间的隔离，直接从农民到超市再到消费者，由于少了收购商、批发商、二级批发商、本地供应商的层层利润的盘剥，至少可以节约20%的成本，这部分成本一半用于提高农民的收入，另一半可以使得消费者享受更低的价格。通常情况下，家乐福从农户手中收购产品价格要比地头收购商高10%～15%，而最后卖到消费者手里时价格要比批发商低10%。在家乐福位于上海的门店，在生鲜区还专设"1元直采蔬菜区"。2012年3月份，家乐福上海22家门店对传统的"1元直采蔬菜"项目进行了全新升级，不仅丰富了1元以下的蔬菜品种，而且也扩大了直采产地的范围。如采购菜的品种既有来自内蒙古的土豆，也有来自山东的洋葱。目前，该平价蔬菜项目已在苏州、上海、安徽、浙江等地得到广泛推广。

（四）注重食品安全

在备受关注的食品安全问题上，家乐福严格挑选产地，只有产品符合采购标准的合作社，才会与之签订长期订货合同。通过培训来提高农民的技术管理，家乐福还给每家每户农民分发质量手册，并与农民合作社一起合作严把质量关。由于能够直接通过合作社来控制生产流程，并实行了家乐福可追溯体系，所以农产品的质量和新鲜度得到更好的保证。

（五）结款账期短，支付方式灵活

家乐福的门店采取了多种多样的方式，包括统一设计产品标志和产品专区，让消费者放心选购，以此来推动农超对接产品的销售。为了能够更好地推动农超对接，家乐福还与农民专业合作社加强了交流，相互增加了解，互相适应。比如，家乐福与普通供应商的结款账期通常为60个工作日，而为了适应农村地区

的实际情况,特别加快了与农民专业合作社的结账时间,目前从 15 个工作日缩短到 5 个工作日。同时,支付方式也更具灵活性。

(六)将中国农民直供产品纳入跨国采购业务,把更多的中国农产品推向国际市场

蔬果茂(SOCOMO)是家乐福农超对接项目成绩单上另一大亮点。除了全国遍地开花的农超对接,家乐福集团旗下的"蔬果茂(SOCOMO)"项目也已经在中国落地生根,蔬果茂项目不仅为农民专业合作社提供向家乐福集团的销售机遇,也为中国农产品提高质量、确保食品安全等方面提供了持续的咨询支持。据悉,截至 2012 年年初,蔬果茂在山东省采购量达到 400 吨,涵盖苹果、姜、大蒜等多种农产品,总金额达 26 万欧元,销往欧洲市场、迪拜以及东南亚。据了解,蔬果茂是家乐福集团旗下负责生鲜货品采购的公司,总部位于西班牙瓦伦西亚,拥有 25 年专业的采购经验。2011 年 11 月,蔬果茂在上海正式设立了"蔬果茂"中国办事处,并迅速投入运营。项目的采购人员从 400 多家与家乐福农超对接项目长期合作的农民合作社入手,逐一开始考察,物色合适的采购对象。将福建蜜柚出口到欧洲市场就是一个成功的尝试。福建蜜柚对欧洲消费者来说很新奇,感觉很新鲜,运到欧洲后,各超市反响很好,于是销量不断增加。[①]

典型案例 3-2

家乐福:蔬果茂首批农产品"出国"[②]

2011 年 12 月 8 日,45 吨山东栖霞的苹果和梨通过家乐福水果和蔬菜采购中心的下属机构——蔬果茂(SOCOMO)运往欧洲,这是其在国内出口的"第一单"。

家乐福方面表示,蔬果茂上海办事处正式成立后,就从 400 多家已与家乐福展开农超对接合作的农民合作社入手,逐一考察,并选择合适的采购对象。蔬果茂今年在中国的采购以苹果、蜜柚等 5 种蔬果为主,明年的品类将可能增加一倍,达到 10 种左右。

资料显示,蔬果茂成立于 1987 年,总部位于西班牙,是欧洲家乐福水果和蔬菜的采购中心。蔬果茂在全世界的 16 个国家和地区运作,国内农产品

---

① 资料来源:《城市信报》,2012-06-27。
② 资料来源:《家乐福网站》,2011-12-9。

将通过蔬果茂特有渠道出口至法国、西班牙、波兰、罗马尼亚、阿联酋、马来西亚等地。

四、对我国农超对接项目实施所起的作用

家乐福作为探索农超对接的超市,对我国该项目的实施起到了重要的作用,主要体现在以下几点:

第一,在我国引进了一种全新的农产品流通模式:"超市＋农民专业合作社＋农户"模式;

第二,通过遍布全国的超市终端以及强大的采购能力,把全国各地,特别是西部欠发达地区的农产品带进了发达的东部市场,比如新疆、海南、甘肃和云南的特色农产品;

第三,利用自己对消费者市场的了解和渗透能力,为我国农民专业合作社的产品建立自己的农产品品牌;

第四,为提高产品的标准化和无害化,以及推广"家乐福品质体系",家乐福把超市的农产品标准带给合作社和农民,为我国加快实现农产品标准化作出贡献。[1]

第二节 沃尔玛"源头"模式

沃尔玛最早介入农超对接项目,自 2007 年年初开始农产品直接采购的尝试,主动与农户和农民组织对接,到田间地头为农民提供食品安全管理、种养技术等实用培训,帮助农民提高市场适应能力、增加收入,鼓励和引导标准化和规模化的科学种养,促进产业链的优化,提高食品安全水平。同时,也为顾客推荐更多质量安全、性价比高的新鲜农副产品。2008 年 12 月,沃尔玛被商务部和农业部选定为国家首批农超对接试点企业。截至 2011 年 6 月 30 日,沃尔玛中国已先后在全国 19 个省市建立了 67 个直接采购基地,面积超过 80 万亩,项目惠及超过 76 万农民。沃尔玛中国的目标是到 2015 年底,将带动 200 万农民受益于农超对接项目,将 15% 的农超对接产品从绿色食品认证升级到有机食品认证。较 2009 年相比,至 2015 年为农民增收 20%,减少鲜食浪费 15%。

---

[1] 胡定寰:《"农超对接"怎么做?》,中国农业科学技术出版社 2010 年版。

一、农超对接主要业务模式

沃尔玛农超对接的主要业务模式有三种：产地直接采购，建设合作农场、农超对接基地，特别采购。

（一）产地直接采购

产地直接采购是由沃尔玛采购部和质量审核部门经过实地考察，选择合适和可靠的农产品生产基地，委托第三方加工配送服务商按照商品采购计划定时定量采摘农产品、检测农残、包装并配送到门店销售。基地采购主要包括蔬菜、水果和肉类三个类别（见图3-2）。

产地直接采购对农产品生产基地的基本要求（包括但不限于）：

①规模较大，能够供应较多门店的促销需求；

②符合国家相关标准，产品质量优良。

图 3-2　沃尔玛农超对接农产品

（二）建设合作农场、农超对接基地

建设合作农场是由沃尔玛质量控制部门及第三方检测公司通过实地考察及资质核查，确定某农场/生产基地为沃尔玛合作农场。沃尔玛与合作农场建立长期固定的采购协议。合作农场在沃尔玛质量控制部门及第三方检测公司的指导和监督下，以现代化的管理方式负责农产品的种植、检测、采收、冷藏、包装、配送等生产加工程序，并且通过专用配送设备从生产农场直接将农产品送往商场销售，真正做到"从农场到餐桌"的一体化管理。在这过程中，合作农场需通过生产基地的相关认证;空气、水质、土壤等需符合沃尔玛质量检验标准。沃尔玛建立的部分农场/生产基地如表3-2所示。

成为合作农场、农超对接基地的基本条件(包括但不限于):

第一,农场、基地达到一定的规模;蔬菜、水果基地总面积在1000亩以上,其中最小的连片面积应在200亩以上,或蔬菜水果单品种植面积50亩以上;猪养殖场年出栏1万头以上;牛养殖场年出栏5000头以上;羊养殖场年出栏2万头以上;鸡养殖场年出栏5万只以上;鱼类、蟹类的养殖面积500亩以上;海产类加工能力年产5000吨以上。

第二,取得无公害、绿色认证或者有机认证等,产品质量优良;

第三,具有一定的加工、冷藏和配送能力;

第四,具有完善的食品安全管理体系,产品可追溯;

第五,具有良好的耕地配置、农耕机械配置、农残检测能力等,可通过自检或送检定期进行农残检测和土壤检测;

第六,农场设立标志标明四周界限、面积及防污染警示。农场/生产基地周边应无污染企业,无"三废"污染等。

在这种模式中,沃尔玛负责提供销售平台和稳定持续的订单、先进的企业管理经验以及可持续发展理念。同时为合作对象提供专业的农产品种植养殖技术和资金。在合作过程中,沃尔玛把自己的标准告知对方,比如种植技术、外观、农药残留、环保等方面的要求,并对合作方进行生产、加工、包装、物流及市场运作等全方位的专业培训与咨询,以便从生产源头开始保障食品安全。这是目前农超对接项目主要的操作模式,相对而言,政府在此模式上支持力度大,农户也比较容易接受。

表3-2 沃尔玛农超对接基地(部分)

日期	基地名称	地点	合作对象名	性质	产品	基地面积(亩)
2008-09-18	沃尔玛清镇蔬菜直接采购基地	清镇市红枫湖镇大冲村	贵阳裕东农业发展有限公司	公司	蔬菜	1400
2008-12-16	沃尔玛绿色水果转换有机水果直接采购基地	辽宁省瓦房店市许屯镇东马屯村	大连兴业源集团	公司	苹果	5000
2009-07-03	绿色葡萄直接采购地	大连市瓦房市土城乡	大连兴业源集团	公司	葡萄	2000

日期	基地名称	地点	合作对象名	性质	产品	基地面积（亩）
2009-07-15	沃尔玛有机杂粮直采基地	辽宁省朝阳市建平县	深圳市瑞利实业有限公司	公司	杂粮	5万
2009-09-11	北京密云蔬菜水果基地	北京市密云县太师屯镇太师庄村	北京密之山水果菜有限公司	公司	蔬菜和水果	1.3万
2009-09-25	沃尔玛沾化冬枣直接采购基地	山东省滨州市沾化县黄升乡	鑫荣懋实业有限公司	公司	冬枣	1500
2009-10-14	安亭炬阳葡萄直采基地	上海安亭镇	安亭炬阳葡萄生产合作社	合作社	葡萄	680
2009-10-16	沃尔玛平和琯溪蜜柚直接采购基地	福建平和县霞寨镇	平和琯溪蜜柚专业合作社	合作社	琯溪蜜柚	3200
2009-10-21	江苏通州景瑞蔬菜基地	江苏南通市通州区	通州景瑞蔬菜合作社	合作社	蔬菜	2500
2009-10-22	通州蔬菜直采基地	江苏南通市通州区	通州景瑞蔬菜专业合作社	合作社	有机蔬菜	3060
2009-11-05	赣南脐橙基地	江西省安远县三百山脐橙基地	安远县鹤仔镇赣州王品果业有限公司	公司	脐橙	2000
2009-11-06	沃尔玛绿色蔬菜直接采购基地	大连市瓦房店市炮台镇	大连绿嘉侬农业发展有限公司	公司	黄瓜、番茄、芸豆、甜瓜、苦瓜、香菇等	9000
2009-11-10	沃尔玛贵州清镇市红枫湖镇直采基地	贵州省清镇市红枫镇太冲庄	裕东公司	公司	蔬菜	518
2009-11-10	沃尔玛农超对接绿色水稻基地	黑龙江绥化市庆安县	庆安县鑫利达米业有限公司	公司	水稻/大米	1万

第三章 农超对接的模式

69

日期	基地名称	地点	合作对象名	性质	产品	基地面积（亩）
2009-11-11	沃尔玛宁波九龙湖镇蔬菜基地	浙江宁波镇海区九龙湖镇	宁波飞洪生态农业发展有限公司	公司	蔬菜	1000
2009-12-19	重庆市潼南太安赐康蔬菜基地	重庆市潼南太安赐康	重庆市潼南太安赐康蔬菜基地	公司	蔬菜	2000
2010-04-27	北京平谷大桃基地	北京平谷区夏各庄镇陈太务村	兴业源运启发果品产销专业合作社	合作社	桃子	3000
2010-05-13	沃尔玛—洪家畜牧公司农超对接基地	大连市旅顺口区洪家畜牧有限公司	大连市旅顺口区洪家畜牧有限公司	公司	鸡蛋	
2011-05-14	辽宁海城食用菌基地	辽宁海城三家堡村	食用菌合作社	合作社	食用菌	200多栋温室大棚
2010-05-18	黑美人西瓜农超对接项目	江西省九江市永修县	赣北"黑美人"西瓜种植专业合作社	合作社	西瓜	1500
2010-05-23	沃尔玛鄞州蔬菜直采基地	浙江宁波鄞州区	五龙潭蔬菜食品有限公司	公司	豆芽等蔬菜	31
2010-05-26	北京平谷区镇罗营镇北四道岭村鲜桃基地	北京平谷区镇罗营镇北四道岭村	深圳鑫荣懋实业有限公司	公司	鲜桃	1000
2010-06-10	大连大樱桃基地	大连市金州区大魏家镇荞麦山村	大连兴业源集团	公司	大樱桃	3000
2010-06-13	全南高山蔬菜基地	江西省全南县南迳镇	深圳市合众农业开发有限公司	公司	蔬菜	1000
2010-06-17	江西全南县南径镇蔬菜基地	江西省全南县南迳镇	全南县高山蔬菜发展有限公司	公司	蔬菜	2000
2010-06-18	沃尔玛惠东无公害猪农超对接基地	广东惠东县白花镇莆田村	东进农牧集团公司	公司	猪肉	2600

日期	基地名称	地点	合作对象名	性质	产品	基地面积（亩）
2010-06-22	大连油桃基地	大连市瓦房店市复州城镇八里村	大连兴业源农产品有限公司	公司	油桃	2000
2010-06-23	沃尔玛青岛平度马家沟蔬菜农超对接基地	山东青岛平度马家沟	青岛琴园现代农业公司	公司	芹菜、黄瓜、生菜、油菜、番茄	2000
2010-06-24	沃尔玛禽类产品农超对接基地	山东青岛平度市	三统万福（青岛）食品有限公司	公司	鸡肉产品和调理产品	30余处农场，年出栏多毛鸡2000万只
2010-06-30	沃尔玛宾川红提农超对接基地	云南大理宾川县金牛镇罗官营村	深圳鑫荣懋实业发展有限公司	公司	红提	2200
2010-07-21	福清龙田海产品农超对接基地	福建省福州市福清市龙田镇	福清兆华水产食品有限公司	公司	南美白对虾	8000
2010-07-22	福清蔬菜农超对接基地	福建省福州市上迳镇土堡洋	福清天源农业开发有限公司	公司	蔬菜	3500
2010-07-29	沃尔玛米易绿生蔬菜农超对接基地	四川攀枝花市米易县攀莲镇	米易县绿生农业开发有限责任公司	公司	蔬菜	2000
2010-07-30	沃尔玛攀枝花芒果农超对接基地	四川攀枝花盐边县桐子林镇	攀枝花市锐华农业开发有限责任公司	公司	芒果	1500
2010-08-04	沃尔玛疏勒天山一号哈密瓜农超对接基地	新疆喀什疏勒县罕南力克镇玛伽村	深圳鑫荣懋实业发展有限公司	公司	"天山一号"哈密瓜	1498
2010-08-05	沃尔玛阿克苏香梨农超对接基地	新疆阿克苏市实验林场园林站	深圳市鑫荣懋实业发展公司	公司	香梨	3000

第三章 农超对接的模式

71

日期	基地名称	地点	合作对象名	性质	产品	基地面积（亩）
2010-08-17	沃尔玛库尔勒香梨农超对接基地	新疆库尔勒市	库尔勒盛裕泰果品有限公司	公司	香梨	3000
2010-08-19	沃尔玛哈密哈密瓜农超对接基地	新疆哈密市南湖乡	哈密天山瓜业南湖农民合作社	合作社	哈密瓜	3000
2010-08	沃尔玛吐鲁番无籽露葡萄农超对接基地	新疆吐鲁番市			无籽露葡萄	5000
2010-08-23	沃尔玛—皓月农超长春（牛肉产品）直采基地	吉林省长春市绿园区	吉林省长春皓月清真肉业股份有限公司	公司	牛肉	5个肥牛养殖基地，备案饲养场150个
2010-09-02	沃尔玛锦州鸡产品农超对接基地	辽宁锦州北镇市	辽宁金实集团	公司	鸡产品	14个肉鸡养殖基地、8个在建的养殖等基地
2010-09-06	沃尔玛监利大闸蟹直供基地	湖北荆州市监利县	湖北监利县利群农工贸有限公司	公司	大闸蟹	3.4万
2010-09-20	沃尔玛恩施州"大山鼎"蔬菜农超对接基地	湖北恩施市土家族苗族自治州	大连绿嘉依公司农业发展有限公司	公司	高山蔬菜	10万
2010-10-19	沃尔玛平和蜜柚农超对接基地	福建漳州市平和县南胜镇糠厝村	深圳市鑫荣懋实业发展有限公司	公司	平和蜜柚	3000
2010-10-27	沃尔玛伊春食用菌农超对接基地	黑龙江伊春市美溪区	深圳市鑫辰达贸易有限公司	公司	食用菌	1.4万
2010-11-03	沃尔玛德阳东升农场蔬菜农超对接基地	四川德阳市旌阳区孝泉镇	德阳东升农场绿色蔬菜有限公司	公司	蔬菜	4000
2010-11-04	沃尔玛绵阳蔬菜农超对接基地	四川绵阳市涪城区关帝镇字库村	绵阳市佳昊农业开发有限公司	公司	蔬菜	1000

农超对接 模式和实践探索

日期	基地名称	地点	合作对象名	性质	产品	基地面积（亩）
2010-11-05	沃尔玛合川农产品直接采购基地	重庆市合川	深圳星光科建投资有限公司	公司	肉类、禽蛋、蔬菜	蔬菜示范基地 4000
2010-11-18	沃尔玛寿光燎原蔬菜农超对接基地	山东省潍坊市寿光市稻田镇张前地图	寿光市燎原无公害果菜生产基地	公司	有机蔬菜	2000
2010-11-23	沃尔玛大连绿晨蔬菜农超对接基地	大连市旅顺口区三涧堡镇土城子村	大连市绿晨果蔬合作社	合作社	蔬菜	2万
2010-11-25	沃尔玛大连獐子岛海产品农超对接基地	大连市长海县獐子岛镇	大连獐子岛渔业集团股份有限公司	公司	海产品（海珍品）	海域约100万亩
2010-12-03	上海奉贤庄行景鲜农超对接基地	上海奉贤区	上海景瑞农业科技发展有限公司	公司	蔬菜	7100
2010-12-17	沃尔玛翔安胡萝卜直接采购基地	福建厦门市翔安区新店镇坂山村	翔安胡萝卜出口质量示范区	合作社性质	胡萝卜	3000
2010-12-29	沃尔玛昆明鸡蛋农超对接基地	云南省昆明市官渡区小哨乡小哨	昆明华曦牧业集团公司	公司	鸡蛋	1500亩100万只蛋鸡
2011-04-21	汉南蔬菜直供基地	湖北省武汉市汉南区	武汉济洪农业发展有限公司	公司	绿色蔬菜	2700
2011-05-22	沃尔玛金乡大蒜农超对接基地	山东金乡县化雨镇	金乡县信合农贸有限公司	公司	有机大蒜	2万
2011-07-06	大连沃尔玛宏嘉蓝莓农超对接基地	大连市庄河市大营镇	大连兴业源农产品集团	公司	蓝莓	2000
2011-07-13	科左后旗杂粮产品农超对接基地	内蒙古自治区通辽市科左后旗甘旗卡镇塔布呼嘎查	旗沣弘农牧专业合作社	合作社	有机杂粮	1万

日期	基地名称	地点	合作对象名	性质	产品	基地面积（亩）
2011-07-22	嘉定安亭葡萄直接采购基地	上海市嘉定区安亭镇	上海中大果品有限公司	公司	巨峰、醉金香等多品种的优质葡萄	1100
2011-08-03	烟台红富士苹果农超对接基地	山东省烟台栖霞市观里镇	大连兴业源农产品有限公司、深圳鑫荣懋实业发展有限公司	公司	苹果	6000
2011-08-04	沃尔玛烟台红富士苹果农超对接基地	烟台蓬莱市大辛店镇藏家夼村		公司		
2011-08-23	沃尔玛肇源福兴棚室蔬菜农超对接基地	黑龙江大庆肇源县福兴乡	兴福蔬菜生产专业合作社	合作社	棚室蔬菜	3900
2011-08-24	石家庄市深泽县皇冠梨农超对接基地	河北省石家庄市深泽县	大连兴业源农产品有限公司合作	公司	皇冠梨	1.2万
2010-09	沃尔玛"巴路"大闸蟹农超对接基地	江苏昆山市	昆山市巴路阳澄湖大闸蟹有限公司		大闸蟹	1300
2011-09-08	东莞市塘厦镇昶裕隆林村蔬菜生产基地	广东省东莞市塘厦镇昶裕隆林村	深圳市昶裕隆实业有限公司	公司	无公害蔬菜	3300
2011-09-24	陕西杨凌秦宝牛肉农超对接基地	陕西省杨凌区	陕西秦宝牧业发展有限公司	公司	牛肉	8个基地养殖中心、512个基地示范村
2011-09-29	湖南隆平高科蔬菜基地	湖南长沙县金井镇金龙村	湖南隆平高科蔬菜有限公司	公司	蔬菜	2800

资料来源：部分根据胡定寰的《"农超对接"怎么做？》，部分通过作者网络收集整理补充。

（三）特别采购

特别采购是由沃尔玛专门的采购小组，针对特殊时期部分地区农产品"卖难"问题采取的特别采购行动，其目的在于快速直接向面临困难的农业产区提供支援，通过特别采购，协助政府缓解当地农产品卖难问题，保障农户蔬菜收益。

二、开展农超对接活动

中国并不是沃尔玛首先尝试农超对接的地区。在南美和中美地区,沃尔玛已经实施过很成熟的类似项目。

2008 年 9 月 18 日沃尔玛在贵州建设的首个蔬菜直接采购基地——贵阳裕东农业发展有限公司贵阳市清镇蔬菜基地正式挂牌。贵阳裕东农业发展有限公司贵阳市清镇绿色蔬菜基地于 2007 年建立,主要从事蔬菜种植和销售业务。目前,该基地已经种植绿色有机蔬菜 518 亩,辐射带动周边农户种植蔬菜近千亩。这个蔬菜直接采购基地建立后,从 11 月份开始,中国西南地区 17 家沃尔玛超市将陆续供应基地的绿色有机蔬菜。[①]

2008 年 12 月 16 日,"沃尔玛绿色水果转换有机水果直接采购基地"揭牌仪式,在辽宁省瓦房店市许屯镇东马屯村绿色水果基地隆重举行。这是继 9 月在贵阳设立蔬菜直采基地以来,沃尔玛中国在直采农场项目和可持续发展征程上的又一个新实践。瓦房店市 5000 亩果园的绿色水果将被首次进行有机转换。此项目还将为当地农民提供专业种植技术指导和销售渠道保障,增加农民收入,将预计直接和间接使 8000 多户果农受益。同时通过缩短中间流通环节,加强食品安全把关,给顾客提供更加优惠和优质的果蔬产品,实现农民、消费者和超市的"三赢"业务增长模式。[②]

2009 年 9 月 11 日,沃尔玛设在北京密云县太师屯镇太师庄村的蔬菜直采基地揭牌,这是这家全球第一大零售商在北京启动的首个农超对接项目。沃尔玛此次与北京密之山水果菜有限公司合作,从后者设在密云县的 3 万亩蔬菜、水果基地中精选 1.3 万亩基地作为其农超对接基地。通过为当地农民提供专业的种植技术指导和销售渠道保障,沃尔玛预计将为 1.2 万个当地菜农带来收益。[③]

2009 年 10 月 28 日,沃尔玛(中国)投资有限公司(简称沃尔玛中国)首届农超对接论坛在北京召开。会上,沃尔玛中国与商务部和农业部分别签署了《共促"农超对接"的合作备忘录》。论坛上,陈耀昌先生宣布了直接农场的三项新计划以推动备忘录的执行,包括:

第一,沃尔玛成立鲜食配送中心以保证生鲜产品的新鲜度和质量。沃尔玛已经在深圳和广州成立了两个小规模的鲜食配送中心并将在此方面继续努力。

[①] 资料来源:http://www.chaoshi168.comhydtshownews.asp? newsid=13031

[②] 资料来源:http://info.tjkx.comNewsFFFFFFFFFF/2008-12-17/000085103912097.html

[③] 资料来源:http://www.foods.com/content/842473/

第二,沃尔玛鲜食配送中心将具有食品安全检测功能用以保证食品安全。食品安全检测中心将会根据国家标准和规定配备所有必需的设备。第一个食品检测中心将于今年在广东投入运行。

第三,沃尔玛将不断提高对农超对接培训师的培训,以保障项目的可持续性。计划今明两年培训200名农超对接培训师。通过商业流通专家、农业生产专家、食品安全专家对农民合作社和农产品生产企业代表的培训,使他们成为培训师去培训更多的农民,不断提高整个农超对接项目的水平。

该论坛进一步增进了农超对接项目的经验推广和交换,对于提升整个项目的可持续性起到了重要的作用。①

2010年10月15日,沃尔玛宣布了新的全球农业可持续发展承诺,以帮助中小农户扩展业务,增加产品收入,减少农业生产对环境的影响,同时促进当地经济,为全球消费者长期提供新鲜、质优价廉的食品。为了农民、社区和消费者的利益,沃尔玛通过倡导农业可持续发展,专门在食品生产方面谋求突破。努力帮助农户增加收入,引导更科学地使用杀虫剂、肥料和水,为顾客提供更新鲜的农产品。沃尔玛公司的农业可持续发展战略由三大部分组成,即支持农民及其所在社区;降低资源消耗,减少浪费,生产更多食品;实现主要农产品可持续采购,各有具体的支持目标帮助公司跟踪并报告其进展。②

2010年10月23日,沃尔玛中国在上海世博会美国馆举行了农超对接优秀合作伙伴颁奖仪式,为在该项目中表现突出的农民及合作方代表颁奖。同时,沃尔玛公司重申其全球农业可持续发展的最新承诺,包括:将全球采购中小农户的更多产品;减少食品浪费;实现主要农产品可持续采购。并发布沃尔玛中国农超对接的新目标,即到2015年年底,带动200万农民受益,并减少鲜食浪费15%,同时将15%的农超对接产品从绿色食品认证升级到有机食品认证。农业可持续发展也是沃尔玛未来发展方向之一,未来沃尔玛将在全球开展农超对接项目,"到2015年年底,沃尔玛将在全球采购并销售来自100万中小农户的食品,价值10亿美元。同时向100万农户和农场工人提供技术,帮助中小供应商增加收入10%~15%。"沃尔玛中国总裁及首席执行官陈耀昌说。③

2010年12月3日,沃尔玛中国在上海奉贤区启动上海首个农超对接项目。今后,上海奉贤庄行景鲜7100亩农超对接基地将为长三角地区的沃尔玛商场提供各类优质平价的绿叶蔬菜。该基地是沃尔玛在全国的第63个农超对接基地。

---

① 资料来源:http://news.bgo.cn/beijing/200910/59038.html
② 资料来源:http://finance.qq.com/a/20101018/002445.htm
③ 资料来源:http://www.wal-martchina.comnews2010/20101104.htm

沃尔玛通过和上海景瑞农业科技发展有限公司合作,从当地选择 7100 亩优质农田作为直接采购基地。该项目帮助农户稳定经营,从而带动当地蔬菜业向高标准、规模化生产转型。[①]

2011 年 9 月 29 日,沃尔玛在湖南长沙县金井镇金龙村举行挂牌仪式,启动其在湖南建立的首个农超对接项目——沃尔玛长沙蔬菜直供基地。通过农超对接,隆平高科蔬菜产业有限公司在金井规划建设的 2800 亩蔬菜种植区,将作为沃尔玛的直接采购基地,直接为长沙沃尔玛超市提供各类有机蔬菜等产品。金井镇金龙村隆平高科蔬菜基地不仅是沃尔玛在湖南的首个农超对接项目,也是沃尔玛在全国建立的第 76 个农超对接基地。该项目不仅帮助当地 200 多户增收,带动当地蔬菜业向高标准、规模化生产转型,还将指导当地农民在生产中推进环境保护,在优化产业链的同时建立起农产品可追溯体系,提高食品安全水平。[②]

在 2012 年国际"三八"妇女节来临前夕,沃尔玛宣布由沃尔玛基金会捐赠约 220 万人民币(合 35 万美元),与商务社会责任国际协会(BSR)共同创建的农业可持续发展项目沃尔玛"绿色惠农"项目正式启动。该项目 2012 年将推广到 30 个农场,计划到 2013 年推广到 68 个农场,其中受益人群中半数为女性。沃尔玛"绿色惠农"项目的目标与沃尔玛的全球农业可持续发展目标完全一致。通过这个项目的开展,希望帮助供应商和农民采取更可持续性的农业生产措施,推动沃尔玛实现其可持续发展目标。实现女性经济自立是沃尔玛全球可持续发展战略的重要组成部分。而沃尔玛农业可持续性战略的推进与中国社会关注的环境与农业发展及食品安全问题相得益彰。"绿色惠农"项目有利于农民、社区和消费者。[③]

2012 年 4 月 18 日,沃尔玛中国山姆会员商店(www. samsclub. cn)被中国电子商务协会授予"中国互联网电子商务诚信示范企业"荣誉。2010 年年底和 2011 年 5 月,山姆会员商店先后在深圳和北京对会员顾客推出网上购物服务,以更好地满足中国市场快速增长的消费者在线购物需求。山姆会员网上商店凭借深厚的品牌积累、优质优价的商品保证、贴心周到的会员服务等方面很快地受到会员顾客的欢迎。山姆会员网上商店的北京与深圳会员购物只要满指定金额,即可市内免费送货。专人送货上门,货到付款,会员在收货时选择现金或 POS 机支付,避免网上支付的潜在风险。山姆会员网上商店顾客同样享有山姆

---

① 资料来源:http://sh. people. com. cn/GB/138654/13393265. html

② 资料来源:http://www. csxnews. com/xingshaxinwenwang/SheHuiXinWen/9819. html

③ 资料来源:http://roll. sohu. com/20120305/n336767612. shtml

实体店的优质服务,包括:无忧退换货服务,即100元及以内的商品,无论有无质量问题,只要顾客不满意即可无忧退换。

沃尔玛遭遇农超对接困惑 农民未必真受益[①]

在成为商务部、农业部农超对接首批试点企业3年半后,沃尔玛开始感到困惑。

"最大的问题是农超对接是否对农民真有帮助。从短期来看,直接在田间地头给付现金对农民有好处,但背后却是产品不能走出初级化的风险,如果不通过清洗、包装、统规、定级,将农产品商品化,在市场上将永远没有品牌,其价值永远是低的。"沃尔玛中国有关负责人说。

这是一个已经执行了7年的战略,名为"可持续发展360"战略。从2005年开始,沃尔玛将可持续发展作为其全球至关紧要的使命,并为此制定了三大努力目标:百分之百使用可再生能源、"零"浪费、出售利于资源和环境的商品。

其商业逻辑是:这样做不但可以帮顾客省钱,还将带动产业链上下游的升级,实现多方共赢。

沃尔玛希望以此来影响农业生产,其可持续农业目标就包括至2015年底向全球中小农民采购10亿美元左右的农产品,同时培训100万中小农民,具体实现这个目标的就是"直接农场"项目。

从2007年到现在,沃尔玛在中国建立了80多个农产品直采基地,包括蔬菜、水果、大米、杂粮、肉制品、鸡产品等,其货架上销售的果蔬、肉类、水产有10%来自这些基地。

沃尔玛所做的努力受到了有关部门的高度关注,2008年12月,商务部、农业部联合下发《关于开展农超对接试点工作的通知》,将其确定为国家首批农超对接试点企业。

"在实际操作中,我们也发现了诸多困难,首先是我们不可能跟成千上万个农民直接打交道,目前的模式是'公司加农户',由龙头企业去组织单个农民,有的提供土地让农民耕种,有的是提供种子、农药进行统一管理,生产

① 资料来源:http://www.linkshop.com.cn/web/archives⑫208314.shtml,2012-5-10。

78

出特定规格标准的产品卖到商场。"上述负责人说。

同时，农超对接也受困于配套设施和物流问题，比如到产地找龙头企业和合作社，采购产品要送到全国 300 多家店，可能很多小企业一个省都覆盖不了。如果没有物流系统，很多设想将一事无成。

在国务院参事、全国政协常委任玉岭看来，政府需要转变思维，不能只是用补贴的办法，应该从商业的角度来解决问题。"中国农业发展的阶段不像国外，零售业很分散，没有稳定的信息渠道，政府要真正做到集约化，才有实行以销定产的环境。而以销定产牵扯到整个行业模式的转变，需要联合起来做，在产地集中的地方，估量来年大概的产量。"任玉岭说。

三、沃尔玛农超对接的特点

(一)通过农业产业化龙头企业(农产品公司)为中介来同农民合作

针对合作社或者农民的水平参差不齐，沃尔玛在基地建设过程中，较多地通过农业产业化龙头企业(农产品公司)为中介来同农民合作。与传统合作相比，表面上农超对接可以降低超市的采购成本，但是由于合作社没有配送中心，就变相增加了超市的物流运输成本，因此，超市更倾向于和流通体系健全的农产品公司进行合作。农产品公司可以对产品的质量安全负责，产品包装和运输也不需要超市来做，产品到了超市经过检验合格后，就可以直接上架销售。并且这种做法可以充分发挥龙头企业自身的农场管理经验技术。

如 2010 年 10 月 23 日，沃尔玛中国为在农超对接项目中表现突出的农民及合作方代表颁奖，其中大连兴业源农产品有限公司、深圳市鑫荣懋实业发展有限公司、大连绿嘉侬农业发展有限公司、江苏景瑞农业科技发展有限公司分别获得沃尔玛农超对接最佳运营合作奖、最佳培训实践奖、最佳惠农实践奖、最佳示范基地奖。

(二)提高农民市场适应能力和收入

沃尔玛自 2007 年年初开始农产品直接采购的尝试，帮助农民提高市场适应能力、鼓励和引导标准化和规模化生产、指导农民在生产中推进环境保护。沃尔玛通过自己的销售渠道、物流渠道等资源优势，帮助农民逐渐地改变小农意识，提高生产力水平，从而取得农业现代、农民增收、环境保护。主要通过组织技术培训和制定程序化的种植作业管理流程来提高农民生产水平；通过控制病虫害、降低次品率、实现增产增收；推动产品质量升级(绿色升有机)增加收入；按订单种植，缓解农民销售压力；执行保护收购价，保证和增加农民收入等方面。

同时,沃尔玛公司在帮助合作社提高市场适应能力,把农产品质量安全标准和技术规程传导到农户,把农业标准化知识和农产品质量安全控制技术的推广普及、教育培训延伸到农户,为完善和建立现代农产品流通方式,促进合作社发展农产品'从田间到餐桌'做了积极努力和富有成效的工作。

(三)制定可持续发展战略,推行可持续种植模式

沃尔玛对进入中国超市的农产品严格执行国际通行的 GAP 标准,GAP 是 Good Agricultural Practices 的缩写,中文意思是"良好农业规范"。从广义上讲,GAP 作为一种适用方法和体系,通过经济的、环境的和社会的可持续发展措施,来保障食品安全和食品质量。该标准主要涉及大田作物种植、水果和蔬菜种植、畜禽养殖、牛羊养殖、奶牛养殖、生猪养殖、家禽养殖、畜禽公路运输等农业产业等。

从 2005 年开始,沃尔玛将可持续发展作为其全球至关紧要的使命,制定了"可持续发展360"战略,并开始为三大目标努力,包括:百分之百使用可再生能源、"零"浪费、出售利于资源和环境的商品。其商业逻辑是:这样做不但可以帮顾客省钱,还将带动产业链上下游的升级,实现多方共赢。农超对接项目是沃尔玛中国的可持续发展战略最具代表性的可持续发展项目之一,沃尔玛把全球在可持续农产品方面的经验带入中国的供应链,推动科学种植,环境保护,加强食品安全监控,最终给中国的顾客提供质优价廉的商品。

沃尔玛的农超对接做法推动了农业标准化和规模化,推广可持续种植模式和建立农产品溯源体系,提高农产品食品安全,促进订单农业发展和改变农民落后意识,促进农民增收,发展空间大。可持续种植模式是指:严格控制农药化肥的使用;鼓励施用有机肥来改善土壤,活化土壤有益菌,提高土壤有机质含量;推行采用物理、生物、化学、合理轮作等科学的方法进行病虫害的防治;在农场周围建立隔离带,防止外界的各类污染;对空药瓶药袋、肥料袋、地膜等垃圾进行集中回收及处理,减少对周围环境的污染和破坏;建立科学的灌溉系统,节约水资源。如推行微喷灌溉技术可以节约用水 60% 以上,同时可以减少水土和肥料流失。

(四)对农民进行可持续农业方面的培训

沃尔玛美国总部提供相应资金,对农超对接基地的农民做一些可持续农业方面的培训,比如化肥的使用、环境保护。2012 年上半年已经对 12 个蔬菜基地进行了相应的培训。但技术方面资源不够,培训只能灌输可持续发展的理念,通过长时间互相渗透的影响,来提升农民可持续农业发展的一个水平。

沃尔玛 2012 年 3 月宣布由沃尔玛基金会捐赠约 220 万人民币(合 35 万美元)、与商务社会责任国际协会(BSR)共同创建的农业可持续发展项目——沃尔

玛"绿色惠农"项目正式启动。沃尔玛将邀请可持续性农业领域的专家和农产品供应商深入田间地头,为农民进行现场培训,帮助他们采用新的种植方法,从更科学的角度管理水、土壤、农药、肥料等的应用。从 2011 年 9 月开始,沃尔玛和 BSR 邀请了 40 多位专家组成一个可持续发展农业培训专家库。这些专家分别在山东寿光蔬菜基地和贵州贵阳蔬菜基地对 50 多位农场人员进行了试点培训,包括农场总经理、技术员、农民等。专家们对参加培训人员传授了各种各样的可持续发展农业技术,包括土壤测试、可持续的农药和化肥管理、废物回收处理等。该项目今年将推广到 30 个农场,计划到 2013 年推广到 68 个农场,其中受益人群中半数为女性。

(五)借力农超对接,完善食品安全控制

沃尔玛建立了食品安全监督体系和农超对接基地自身的食品安全体系。食品安全体系能够使农超对接基地质量管理体系的有效运作,有效提高对接基地的农产品安全度和质量。食品安全监督体系主要指:确立农超对接基地准入制度、复检制度、抽样测试制度。

准入制度是指在签订合作协议前,需要对该基地的生产管理系统进行必需的质量检查,以验证农超对接基地质量管理体系的有效运作,保证其提供的农产品安全、具备良好的质量。检查需要涉及农场的种子采购、土地质量管理、水源控制、灌溉系统、采收、包装、储运、农药化肥管理、农残检验、产品追溯制度、技术支持、资格认证等所有环节。

复检制度是指定期对已合作的直接采购基地进行完整细致的复检工作。每次检查都产生一个对应的评级,分别是优秀、合格、有条件合格及不合格。这四个评级对应的复检时间间隔是一年、半年、三个月以及立即停止合作。

抽样测试是指对农超对接直接采购基地供应的农产品抽样检测,检测由第三方独立检测机构执行。如抽取的农产品检测结果异常,将立即对第二份对比样本进行复检,如结果仍然不合格,将责令整改,暂停合作。①

四、沃尔玛的农超对接的"五赢"效应

沃尔玛农超对接,带来了消费者、农民、沃尔玛、地方经济、环境的"五赢"效应。

一赢:消费者尝到新鲜安全的食品。农超对接项目有效地帮助沃尔玛为消

---

① 胡定寰:《"农超对接"怎么做?》,中国农业科学技术出版社 2010 年版。

费者提供新鲜、安全、可口和实惠的农产品,将沃尔玛"从农场到餐桌"的食品安全概念落实到产品上。沃尔玛称:"这是帮助沃尔玛提高产品质量和安全的一个重要因素。"

二赢:农民直接受惠,收入提高。农超对接项目使农民受益。沃尔玛直接从农户采购农产品让他们有更多的获利空间。农民的收入通过先进的技术和有保障的销售渠道的支持得到有效的提高。仅在 2009 年内,就有 17.5 万农民受益于农超对接项目。沃尔玛帮助农民提高市场适应能力、鼓励和引导标准化和规模化生产、向农户介绍最新的环保种植方法,这样会帮助农民打开更大的市场,而不仅仅是跟沃尔玛合作。

图 3-2 沃尔玛关于农超对接的宣传

三赢:对环境有益。沃尔玛通过指导农民在生产过程中注重环境和湖泊等周边资源的保护,包括设备、土壤、种子储备和加工处理等环节和要素,从而降低企业以及消费者所购买的每件商品的综合碳排放量。

四赢:有利于地方经济发展。沃尔玛借助供应链规模的优势进行本地和全球采购,对中国经济带来积极的影响,同时也对政府加快发展地方经济提供了支持。由于在大力推广农超对接项目,开展农超对接培训,加强农产品质量安全监控,培育农产品品牌,摸索促进农产品流通的国际交流与合作,及带动地方经济发展等方面所作出的突出贡献,沃尔玛获得"建国六十周年带动地方产业经济发展特殊贡献奖"。该奖项是在商务部的直接指导下由各农贸主管部门、协会、院校及研究机构、企业组成的评选委员会评选产生的。

五赢:沃尔玛降低采购成本。当然,最大的赢家还是沃尔玛,沃尔玛通过监控"从农场到餐桌"的过程,减少中间流通环节,直接连接农民和市场,减少运输过程中由于食物腐烂而造成的经济损失,最终沃尔玛降低了采购成本,直接获利。[①]

第三节　麦德龙模式

作为全球自助式批发业务的领导者,麦德龙于 1995 年来到中国,与锦江国际(集团)有限公司合作,建立了锦江麦德龙现购自运有限公司。1996 年,麦德龙在上海开设了它在中国的第一家现购自运批发商场,给中国带来了全新的商对商批发理念和业务模式。麦德龙的现购自运(Cash & Carry)是现代商业领域最为成功的业态之一,公司在其 40 多年的成功发展中,一直坚持为专业客户提供量身定制的高质量产品组合。麦德龙服务于专业顾客,而一般超市卖场则满足家庭所需。它的专业客户包括酒店、餐馆、中小型零售商、食堂、企事业单位等;其产品系列以品种多样、高品质和高性价比而著称。与其他贸易零售商相比,麦德龙现购自运商场在生鲜食品方面拥有更高的专业性。

一、农超对接主要业务模式

麦德龙的农超对接的操作模式是从教农民种田开始。麦德龙主要通过麦咨达农业信息咨询公司实现农超对接,从"教农民怎么种田"、"怎么包装蔬菜"这些最基本的问题入手,探索农副产品生产基地新模式。保证农产品从基地、农场、加工、物流到销售符合消费者最安全的要求,建立鲜活农产品质量可追溯体系。麦德龙农产品基地创立了全新的供应链,由麦德龙提出科学的标准化生产流程,引入农技咨询公司指导企业、农民养殖、种植,委托第三方机构对农产品质量进行检测,通过麦德龙平台销售。为此,麦德龙还在中国投资设立了首家专门从事农技指导、咨询和培训的麦咨达农业信息咨询公司,向合作企业和农民提供生产、加工、包装、物流及市场运作全方位的专业培训与咨询,实现"农场到餐桌"的全过程产品质量控制及可追溯。

麦德龙的农超对接理念是"能让农产品与麦德龙的专业顾客需求直接对接"。顾客需要什么,农民就生产什么,既可避免生产的盲目性,稳定农产品销售渠道和价格,同时还可减少流通环节,降低流通成本。麦德龙农超对接的目标:

---

① 资料来源:http://news.51zjxm.com/tourongzi/20100515/3017.html

到 2012 年,麦德龙中国鲜活农产品产地直接采购比例达到 70% 左右,减少流通环节,降低流通费用,并建立从产地到麦德龙商场的鲜活农产品冷链系统。

(一)麦咨达农业信息咨询公司简介

麦咨达咨询公司成立于 2007 年,是一家现代化的食品供应链管理咨询公司,是全球 500 强麦德龙集团投资成立的全资子公司,公司业务总部位于安徽合肥,由来自瑞士的农业专家汉思·彼特先生担任总裁。麦咨达依据国际先进的质量保障体系和标准,为合作企业提供包括生产、加工、包装、物流及市场运作全方位的专业管理咨询。为合作伙伴加强安全质量管理,提高企业品牌形象及产品市场占有率,实现"农场到餐桌"的全过程产品质量控制及可追溯,带给消费者更多安全可追溯的高质量产品。同时麦咨达在供应链条上与众多国际公司/机构以及投资公司进行合作,整合供应链带来最大的价值。经过近 4 年不懈努力,麦咨达已为中国超过 700 家食品企业/农业合作社提供专业咨询服务,合作企业遍布中国,通过麦咨达指导并进入到市场的可追溯高品质产品近 2000 种,经麦咨达打造的可追溯产品成为高品质的代言,年销售额超过 7 亿元人民币。

麦咨达八条金律:

①通过麦咨达,麦德龙确保"从田地到餐桌"的食品安全。

②在麦咨达,麦德龙指导当地农民如何生产安全的农产品。

③所有麦咨达的产品都可以追溯到其源头农场。

④通过麦咨达,麦德龙从农民手中直接采购农产品并推向市场。

⑤麦德龙中国关注整个供应链,从收获到包装,直至输送到商场货架的全过程。

⑥麦德龙中国帮助农民提高产品品质,从而提高经济效益。

⑦麦德龙中国通过促进农业发展,为中国经济作出贡献。

⑧麦德龙中国拥有行业领先的质量标准,为专业顾客提供优质产品。

目前正是麦咨达的快速发展时期,麦咨达不仅在国内的业务迅猛扩大,同时已经开展国际市场,开拓国际业务。

(二)麦咨达农超对接合作要求

1. 对接方拥有自己固定的生产或加工基地,省市级农业产业化企业(含合作社)或集中连片规模 300 亩以上农副产品基地优先选择。

2. 对接方能根据麦咨达要求建立与维护可追溯体系,并保证其真实性与有效性,产品从生产源头到销售终端存在一一对应关系(包括基地、包装、加工、物流等信息可追溯)。

3. 对接方重视食品质量安全,拥有专业质量安全与管理人员最少 1 名,制订质量安全控制流程。

4. 对接方愿意接受麦咨达依据相关标准,对出品的产品从种植/养殖、生产、加工、包装、物流整个供应链提供质量管理与食品安全等方面的咨询和技术指导。

5. 对接方提供原料与产品的检测报告、内包材检测报告及产品相关的环境检测报告,检测报告须来自有资质的相关机构,检验标准及方法应根据国家及行业标准。此后每半年更新产品检测报告,农产品或以农产品为原料的产品的环境检测至少应包括土壤、灌溉水、饮用水、饲料等。

6. 麦咨达对对接方所提供的产品从源头至成品的全过程进行控制,严禁使用国家及行业的禁用和限用物质,保证所提供的产品符合国家及行业相关标准;对所提供的产品须保证是来自有保障且麦咨达认可的源头提供,严禁收购其他任何来源的产品。

7. 麦咨达每半年对对接方进行一次质量体系评估与维护,即麦咨达前往对接方生产场所为对接方提供质量体系维护服务,提出整改项,对接方应根据麦咨达提出的整改报告进行整改。

麦咨达在选择农超对接合作企业时,一般优先选择国家农业示范区或地方产业园区,大型规模化、集中化种植区优先选择;有机食品优先选择;对食品质量关注度高的企业优先选择。

(三)麦咨达农超对接合作流程

1. 确定合作企业及品项。

2. 样品验收及企业信息判断。

3. 麦咨达商务对接部门对基地考察或约请到合肥、上海洽谈。

4. 签订咨询服务合同。

5. 委派专业咨询人员服务企业或基地食品质量安全。

6. 分析评估企业食品风险。

7. 专项技术培训,协助企业整改。

8. 推荐给商超及其他销售渠道。

9. 每年两次定期维护。

二、开展农超对接活动

2007 年 4 月 26 日,由商务部主办的第二届中国中部投资贸易博览会跨国采购洽谈会(中博会)在河南郑州举行。会上,锦江麦德龙现购自运有限公司与合肥市政府就农副产品供应基地建设达成框架协议,在合肥试点打造新型农产品基地模式。合肥生产基地生产的天然、安全、质量可追溯的农副产品自 2007

年12月起陆续进入麦德龙在华东区的11家卖场,到2008年年底,已有童子鸡、猪肉、西瓜、草莓等15种严格遵循全球良好规范标准生产的农副产品,受到市场普遍欢迎。

2008年4月27日,世界500强企业、德国零售商业巨头麦德龙中国区高级副总裁吕国满在第三届中博会上表示,将加强同中部六省农业生产企业的合作,推广其根据中国市场制定的新型农产品基地项目,在这种源头直采模式中,超市直接参与农产品种植,并从农民手中采购农产品,减少中间环节。作为商务部在全国外资商业企业中试点项目之一,麦德龙农产品基地创立了全新的供应链,由麦德龙提出科学的标准化生产流程,引入农技咨询公司指导企业、农民养殖、种植,委托第三方机构对农产品质量进行检测,通过麦德龙平台销售。为此,麦德龙还在中国投资设立了首家专门从事农技指导、咨询和培训的麦咨达农技咨询公司,定期派农技质量培训师对签约的农产品龙头企业和农民进行现场指导。[①]

2008年11月7日,在郑州国际会展中心举行的第10届中国连锁店展览会上,麦德龙中国区高级副总裁吕国满表示,希望通过中国连锁业会议这个平台与更多农业生产企业,共同为中国市场提供更多优质安全、高附加值的农副产品。作为商务部在全国外资商业企业中试点项目之一,麦德龙农产品基地创立了全新的供应链,由麦德龙提出科学的标准化生产流程,引入农技咨询公司指导企业、农民养殖、种植,委托第三方机构对农产品质量进行检测,通过麦德龙平台销售。为此,麦德龙还在中国投资设立了首家专门从事农技指导、咨询和培训的麦咨达农技咨询公司,对合作企业和农民进行生产、加工、包装、物流及市场运作提供全方位的专业培训与咨询,实现"农场到餐桌"的全过程产品质量控制及可追溯。[②]

2009年5月,河南省新乡市与世界零售巨头麦德龙股份公司对接洽谈会在新乡市举行。当日的洽谈会场面火爆,该市50多家企业的负责人与麦德龙股份公司的高管们通过翻译面对面进行了广泛的洽谈。各企业展台上那晶莹剔透的大米、营养丰富的黑花生、又白又大的鹅蛋等产品,吸引了麦德龙股份公司各位高管的目光,纷纷与企业负责人进行沟通交流。洽谈会上,该市部分企业与麦德龙股份公司签订了合作意向书。[③]

2011年6月29日,由商务部和江苏省人民政府主办的第六届跨国零售集团采购会上,举办了"麦德龙农超对接专场推介洽谈会",旨在推广麦德龙"从田

---

① 资料来源:http://hot.36578.com/a/20110729/301334.html

② 资料来源:http://www.cszk.com.cn/n759c36.aspx

③ 资料来源:http://www.henan.gov.cn/2wgk/system/2009/05/11/010133710.shtml

地到餐桌"的创新采购战略,以响应政府农超对接项目号召。会上,麦德龙中国高级副总裁吕国满、麦咨达公司总裁汉思彼特、超生鲜总经理麦天赐等分别作了推介发言,并与到会的农业龙头企业、农民合作社等方面就蔬菜水果、肉类、水产、乳品、综合等采购事宜进行了现场对接洽谈。到该天为此,麦德龙已在全国近20个省、市、区建立农产品生产基地,直接从当地农户手中进行采购,覆盖蔬菜水果、肉类、水产、乳品、综合等五大类近千种商品。而麦德龙旗下的麦咨达农业咨询公司,则帮助本地农企贯彻 GAP、IFS、ISO22000 等国际标准,提高企业竞争力,融入现代贸易模式。[①]

2012 年 7 月,长春市商务局组织市 30 余家农特优产品企业与麦德龙集团举行采供对接会。此次对接会,市商务局从全市农特优产品加工企业中选出 72户,麦德龙集团根据自身需要从中挑选了 32 户。另悉,2012 年 6 月,麦德龙集团与净月开发区正式签约,决定投资 2 亿元实施商场项目,该项目预计 2013 年6 月正式建成并营业。[②]

2012 年 7 月 13 日,淮安市农产品麦德龙专场推介会在安徽淮安举行。推介会上,麦德龙相关部门负责人就食品质量管理及食品可追溯制度建设进行授课,发布商品需求目录,并与企业及合作社代表现场互动。据统计,本次推介活动共有 12 个合作社的 20 余种农产品达成购销意向。麦咨达农业信息咨询有限公司(麦德龙全资子公司)与市供销社签订了"大型连锁商超农产品定点直接采购基地"战略合作协议,与 6 家加工企业及合作社达成质量体系认证合作备忘录。麦咨达还将在淮安选取 100 家合作社进行认证辅导,就农产品质量形成评估报告,推荐优质农产品进入麦德龙采购体系。[③]

三、麦德龙农超对接的特点

(一)加大鲜活农产品现代流通设施投入

麦德龙对鲜活农产品冷藏冷冻设施进行投资,对部分鲜活农产品实行强制性冷链流通,降低鲜活农产品损耗,保障鲜活农产品质量,同时实现降低各商场的冷藏冷冻设施投入成本。

(二)拥有鲜活农产品区域配送能力

麦德龙已经在上海和广州建立了鲜活农产品配送中心,并且发展了第三方农产品物流配送等多种方式,建立与农产品生产规模及零售规模相适应的物流配送体系。

（三）提高鲜活农产品经营信息化水平

麦德龙和有条件的农民专业合作社已经建立了鲜活农产品信息系统,应用了数字终端设备、条码技术、时点销售系统和电子订货系统等,已经建立了品类管理和供应链管理等现代管理技术,提高了市场反应能力,建立麦咨达鲜活农产品质量可追溯体系。

（四）培育农民专业合作社自有品牌

麦德龙广泛宣传和大力支持农民专业合作社打造自有鲜活农产品品牌,向专业顾客提供质量安全可靠可以追溯的农产品及加工制品,增强专业顾客对农民专业合作社鲜活农产品质量安全的信心,促进农民专业合作社鲜活农产品销售规模的扩大。

（五）调整锦江麦德龙现购自运有限公司的生鲜商品经营结构

围绕扩大农民专业合作社鲜活农产品经营规模,适当调整麦德龙的商品结构,增加鲜活农产品的销售种类,扩大鲜活农产品的经营面积,提高鲜活农产品的销售比重。通过扩大农民专业合作社鲜活农产品的经营规模,提高麦德龙中国市场竞争力。

（六）建立农超对接渠道

在政府流通主管部门组织下,各地各级政府农业主管部门负责组织本辖区内产业基础牢、产品规模大、质量安全优、品牌效应好、农户成员多的优秀农民专业合作社,通过定期举办专卖场对接洽谈会、产品展示推介会等形式,为麦德龙与农民专业合作社搭建对接平台。麦德龙给予农民专业合作社市场信息分享、加工包装技术咨询、运储以及价格制定等方面的技术支持服务。[①]

四、对我国农超对接项目实施所起的作用

（一）专注于服务专业顾客,给专业顾客带来更多安全可追溯的高质量产品

麦德龙有齐全的食品商品种类,蔬菜、鱼类、肉类、奶制品、干货、饮料一应俱全。通过原产地采购,可以提供最优惠价格、最快捷的物流服务,并为顾客量身定做解决方案。为了从源头抓好质量服务专业顾客,麦德龙经过慎重考虑,投资

---

① 资料来源:http://www.90598.comnewsnewsread.asp? id=54663

成立公司,从"教农民怎么种田"、"怎么包装蔬菜"这些最基本的问题入手,开始探索农副产品生产基地的新模式。尽管从一开始,德国人的这种做法就受到业内外不少人士的质疑,但是麦德龙却坚持认为这种"源头模式"很有意义,将有助于实现"从农田到餐桌"的全过程产品质量控制及可追溯性,带给专业顾客更多安全可追溯的高质量产品。

(二)帮助农民扩大顾客基础,提升农产品的附加值和增加收入

通过麦德龙这个平台,生产商有机会接到大宗订单,并借助麦德龙全球销售网络获得产品出口机会。麦德龙源头采购减少采购的中间环节,投资完善供应链的建设,以此帮助农民提升农产品的附加值。麦德龙公道的价格、透明的系统、规范的流程及有保障的支付方式同供应商建立长期合作。

(三)通过麦咨达的培训,农业企业的产品品质有了很大提高,有些还达到国际一流水平

麦咨达为农民提供先进技术培训,达到提高产量、优化品质、保障卫生的目的。据安徽省长丰县副县长胡成玉反映,通过培训,麦咨达帮助安徽长丰草莓生产企业建立起了质量可追溯体系和全程冷链系统,指导3万多户农民推广饼肥使用以改善草莓口味,还专门设计了缓冲包装以便长途运输。如今长丰草莓的品质有了很大的提高,尤其是通过麦德龙进入市场后,销售额节节攀升,产品供不应求。农户和农业合作组织的收入都有了大幅度的提升。

通过麦咨达的培训,吉林正方农牧股份有限公司生产的肥肝达到了国际一流品质,成功地登上了北京奥运会的餐桌。目前购买麦咨达监制产品的消费者只要输入产品上的生产日期和农户编号(追溯码),就能在麦咨达的网站上找到所购买商品的追溯信息,让食品安全更有保障。

(四)建立现代贸易模式

麦德龙通过以下措施,为我国建立了现代贸易模式:通过源头采购,减少中间转手环节;为供应商提供培训,例如GAP标准及农作物收成后管理;采用自带冷藏系统的卡车,建立冷链;在农场就近地区建立配有冷藏库的配送平台;投资建设现代屠宰场及鱼类处理中心;打造全面的质量管理系统;麦德龙商场全部实施HACCP,为专业顾客打造解决方案,完整冷链和实行质量标准(HACCP)。

(五)建立了食品安全全程供应链管理模式

麦德龙实行"从田地到餐桌"的食品安全全程供应链管理。包括:首先,麦咨达负责生产源头的质量控制,在农产品示范基地,麦咨达致力于推进源头采购和食品安全建设,促进农业生产的现代化,提高农民的生活水平。麦咨达农技咨询公司以标准化的操作和透明的管理为当地农民提供指导,致力于实现"从田地到

餐桌"的全过程产品质量控制及可追溯。其次,HACCP 负责商场流通的安全保障,麦德龙是国内第一家并且是唯一一家在下属所有商场建立 HACCP 体系并通过认证的零售企业。最后,麦德龙通过专业的培训,向目标客户介绍优质的产品和安全美味的烹饪技巧。

(六)麦德龙为中国带来巨大的出口商机

麦德龙每年直接和间接从中国出口价值 80 亿元人民币的产品。

(七)麦德龙为 2008 年北京奥林匹克运动会和 2010 年世博会提供质量安全的食品

麦德龙是 2008 年北京奥林匹克运动会零售业内唯一一家定点供应商,是 2010 年上海世博会零售业推荐全品种供应商。

典型案例
3-4

麦德龙 1200 余种商品有追溯码　实现全程可追溯①

"2011 寻味中国·麦德龙厨师大赛"北部赛区决赛日前在麦德龙北京万泉河商场举行,大赛在菜品原材料中引入了可追溯食材的新概念。顾客只需将手中食材上的可追溯码输入电脑,便能查到它生产、储存、运输和销售过程的相关信息,甚至追踪到原料的种植基地。

据悉,目前有 1200 余种产品可以实现全程可追溯。

在麦德龙商场的生鲜部,记者看到,许多产品的包装上都贴有"麦咨达"商标,并且有一个追溯码。只要购买"麦咨达"商标的产品,登录麦咨达网站的追溯系统,在输入追溯码后,网站上立即会显示出关于这款产品的详细信息。包括与养殖环境相关的源头信息、加工环节中的工厂信息、从加工地到商场的物流信息,以及各类检测报告的扫描件,各类信息达数十项。

"目前,这部分产品占整个商场生鲜产品总量的 20%。品种也从一开始的几十种,扩充到现在的 1200 多种。"麦德龙中国华北大区营运经理王海宁告诉记者,未来所有的生鲜产品都将经过麦咨达纳入可追溯的范围之内。

与家乐福、沃尔玛等大卖场不同,麦德龙商场采用的是 B2B 的商业模式,其主要的客户群为商业银行、酒店、机关单位、中小零售商等专业顾客,

---

① 资料来源:《超市周刊》,http://www.autoid-china.com.cn/20111124/21706.html,2011-11-24。

90

因此,对于商品品质有着更为严格的要求。

通过农超对接,商场可以直接接触到生鲜产品的生产源头。专业的生鲜产品咨询认证机构——麦咨达让产品的整个种养殖过程中做到有效控制。

麦咨达根据麦德龙公司的高质量标准为农产品生产者提供安全生产、养殖、加工、包装等相关培训,并为其建立完整的追溯系统,从源头开始把控产品质量。凡是通过农超对接的方式进入麦德龙商场销售的生鲜产品,都需要得到麦咨达公司的认证。

第四节　联华模式

联华超市股份有限公司创建于 1991 年 5 月,2003 年 6 月在香港主板市场上市。截至 2009 年 12 月,拥有世纪联华大型综合超市、联华新标超(联华、华联)、快客便利店、联华 OK 网上销售、药业连锁等五大业态领域;门店总数 5599 家,主要分布在华东、华南、西南、华北、东北等地 100 余座城市。联华超市一直紧守"顾客第一,唯一的第一"的理念,采取以客为本的市场策略,旨在以具竞争力的价格提供品种繁多的优质商品和增值服务,为顾客提供愉快的购物体验。

联华超市从 2008 年开始试点商务部的农超对接,超市还在陕西办了苹果基地,引导当地农民直接将苹果卖给超市,解决当地贫困县苹果卖不出的问题。

一、农超对接主要业务模式

为了保证蔬菜等主要农产品的质量,联华超市建立并依托生产基地,将原来流通领域中多个采购环节转变为产销对接,实行订单招标,由原来商品产后采购逐步转变为产前招标订购,还突破传统商业经营体制,由单一的零售经营转变为产加销一体化经营模式。

联华超市基本上采取"超市＋专业合作社(服务商)＋农户"的模式进行农超对接。在众多的蔬菜品种中,山药、芋艿是通过采购统一牵头和三个配送中心一起到基地谈判进货,使价格更有优势。水果中的广西金橘、陕西红富士通过与浙江公司、广西公司一起到基地谈判进货,并通过生鲜配送直接到门店,减少中间环节,使质量更易控制,价格更有优势。

联华超市实施农超对接后,只需经过三个简单步骤:产地→联华生鲜配送中心→门店。为了给消费者提供一个"新鲜、健康、安全、价廉"的生鲜产品,联华超市将强化农超对接基地生鲜产品采购源头的质量控制,把好生鲜产品的质量关。2012年,将派业务员到基地监督产品质量、价格,从源头控制生鲜产品的质量与价格,从而使消费者到超市买得更放心、买得更称心。[1]

二、开展农超对接活动

2008年1月,以"鲜活新食尚"为主题的第11届联华生鲜食品节上,不仅商品的面更大、量更广、品更新、质更优,而且伴随着联华超市经营的转型,联华给越来越多的老百姓带来了更新、更快、更方便的现代生活。在深入推进生鲜品牌建设上,联华超市不仅大大扩充了联华天元冰鲜肉的经营门店范围,还启动了规格肉试点,将猪肉品牌建设推向纵深化发展,同时,启动水果、蔬菜品牌化建设,深入研究现有供应链状况,探索基地化建设,建立科学合理的品质控制体系,打造水果、蔬菜品牌化、精细化的经营模式。如联华丁香店加强了生鲜食品的经营,门店转型后生鲜食品经营比例扩大到35%以上,300平方米多一点的店面,月销售额高达160余万元之多。其中蔬菜品种达到120多种,联华天元冰鲜肉的深加工品种多达28种,甄选出各冷冻食品品牌的拳头品种,上柜供应,收到良好效果。[2]

联华超市总经理华国平在2009年9月22日开幕的2009中国超市生鲜食品经营模式研讨会上宣布,联华超市正在全面推进生鲜自营,争取在较短的时间内,生鲜食品全部实现自营。联华上海标超从突出生鲜经营这一核心竞争能力入手,从2006年起,主推"天元冰鲜肉"品牌和"联华蔬菜"品牌两大生鲜项目建设。目前天元猪肉已形成联华自有的基地,全面满足转型门店的日常需求;联华生鲜则通过宣传"绿色、安全、健康"的理念,获得了消费者的广泛信任,提升了顾客购物的忠诚度。[3]

2010年1月,联华超市举办了"春节果蔬订货会暨农超对接商品展示会",会上,10余家农业企业带来300多种各类蔬菜、水果,与联华超市进行了农超对接。来自上海近郊孙桥现代农业园区、敬亭蔬菜专业合作社、陕西杨凌现代农业示范园区等10余家农业企业,与联华以农超对接的方式推介了300多种各类蔬菜、水果,供联华门店采购订货。这些企业农业基础和专业化程度较高,均进行

① 资料来源:http://news.cnfol.com/120117/101,1603,11584565,00.shtml
② 资料来源:http://www.linkshop.com.cn/web/archives/2008/85182.shtml
③ 资料来源:http://www.linkshop.com.cn/web/archives/2009/120417.shtml

基地建设,产品实行精细分装,形成物流配送和市场营销一体化农产品产业链,是联华华联重组后,优化生鲜食品供应链体系建设的重要组成部分。[①]

2011年1月25日下午,杭州联华华商集团有限公司华商店店长姚杨宏作为11名基层代表之一,参加了国务院总理温家宝在中南海主持召开的基层群众座谈会。在座谈会上,姚杨宏建议,要大力推行农超对接,畅通农产品流通渠道。他还建议减免农产品流通环节的税收,建立农产品专项流通基金用于支持农产品冷链物流和检验检疫,合理布局商业网点,提高流通业的产业集中度。温家宝对此表示:"流通是我们整个链条当中薄弱的环节,而农产品的流通又是整个流通领域中最薄弱的环节,农超对接是我们这些年探索的一种好的形式,但是真正把农超对接解决好不是一件容易的事情。你提出了很多建议,我以为是应该重视的。"[②]

2011年5月24日,联华超市食品安全部正式挂牌运行。该部门辖有资质审核中心和食品检测中心,主要以政府有关部门对进超市商品法定检测为依据,承担对食品生产商的资质审核和食品质量的后续安全监控检测。联华食品检测中心是依据联华生鲜食品加工配送中心已有的检测中心的基础建立的,以往较多的是对自有品牌食品进行质量检测,现将延伸到厂牌食品的质量检测。下一步,将在政府有关部门的指导下,添置设备,引进专业技术人员进一步扩建。

2011年7月,中国超市生鲜食品经营模式研讨会在哈尔滨召开,杭州联华华商集团生鲜采购总监张军峰介绍了华联农超对接的方法和途径。即:一是,2004年与浙江省农业厅共同出资成立浙江农华优质农副产品配送中心,借助政府的信息和技术优势,农户的商品品质价格优势,企业的销售渠道优势,达到三者最大化互补。二是以消费需求为导向,建立强大的采购体系。华联采购人员100多人,薪酬较高,可吸引优秀人员,建立生鲜基地采购监控和评估体系。三是努力开拓农产品社会化配送服务功能,面向40多个政府部门、机构提供配送。2010年,开展合作的合作社达到200家。[③]

到2011年年底,联华超市已与全国众多专业合作社、龙头企业建立了对接关系,并与合作期较长的农民专业合作社实施订单农业,仅在上海地区的生鲜经营就拥有48家蔬菜直采基地,采购量17981吨,农超对接商品销售1.2亿元,占蔬果整体销售近40%,综合收益率达23.5%。2012年联华超市将以项目管理方式新增农超对接基地5个,新增农超对接品种8个,新增农超对接采购数量

① 资料来源:http://www.linkshop.com.cn/web/archives/2010128124.shtml
② 资料来源:http://www.linkshop.com.cn/web/archives/2011/154189.shtml
③ 资料来源:http://www.linkshop.com.cn/web/archives/2011/170544.shtml

1500 吨;完成农超对接商品销售 6000 万元,完成蔬果 10 个品种全国基地集采与全国配送。[①]

联华超市上海嘉定江桥超大型物流基地于 2011 年 12 月 16 日奠基开工,储存面积超过 20 万平方米,具体功能包括商品采购、储存、分拣、理货、加工、配送、信息处理、资金结算等诸多物流及相关配套服务功能。涵盖常温商品(包括食品、日杂、百货、家电等)和生鲜食品(既包括常温生鲜食品也包括冷藏、冷冻的低温食品)等。该物流基地将于 2014 年投入运行,在运行管理等方面将广泛应用条码技术、无线射频技术,采用现代化搬运设备和高速自动分拣技术,并通过 DPS 技术,实现拆零商品的高效拣选。此外,一个拥有国内一流检测手段的标准化食品安全检测中心也将同步建设,从原料到成品,严格把控食品质量,确保食品安全。该基地具备全方位的物流服务功能,如订货、验收、储存、配送、退调、结算以及加工等功能,就实际运作而言,主要为物流配送和生鲜食品加工及配送两大功能板块。配备的生鲜生产设备包括:清洗设备、称重设备、检测和化验设备、搅拌机、切片机、粉碎机、包装设备、制冷保温系统、燃气锅炉等。[②]

三、联华农超对接的采购介绍

(一)制订采购计划

联华超市对农超对接选定品种的商品特点、主要产地、市场情况、历年进货量和销售量、商品价格变化等进行全面分析,最终提出采购计划,包含商品标准、采购量、采购价格、采购地等。

(二)寻找并考察基地

联华超市针对各地的名特优商品主动出击,积极寻找货源,或通过各地的农产品推介会有选择性地开发商品基地,还有通过各级政府组织的农超对接活动选择具备一定规模和条件的种植基地,了解农产品的产量、产品结构以及基本设施等。

如果以上指标达到基本要求,联华超市会进一步对农户在食品安全、环境保护、农药化肥、耕种技术等多个方面进行审核,以验证该基地质量管理体系的有效运作,保证其提供的农产品安全、具备良好的质量。

联华超市更重视基地的能力和潜力,忽略门槛,着重于引进开发基地后的长

---

① 资料来源:http://news.cnfol.com/120117/101,1603,11584565,00.shtml

② 资料来源:http://www.linkshop.com.cn/web/archives/2011187662.shtml

期建设和形成长期合作关系。

（三）签订协议并运作

选定基地后，联华超市采取"超市＋专业合作社（服务商）＋农户"的模式，签订三方协议。然后迅速进入生产（分拣包装）、物流、销售和反馈的实际运作阶段。

（四）农超对接三个配套体系

1. 物流配送体系：产地→联华生鲜配送中心→门店

联华超市拥有自己的生鲜加工配送中心，可覆盖配送全部上海联华门店。联华超市与专业合作社（服务商）签订专门的物流协议以确保作物第一时间保质保量地到达联华生鲜配送中心。从产地到销地不但提供了物流保障，同时为商品验收提供方便。

2. 营销服务体系

与常规采购商品相比，基地采购的蔬果需超市自身进行推广。在这方面联华超市更是充分发挥了潜力，形成了特有的配套营销推进模式。为增进销售，加强促销力度和频度，除了正常的蔬果促销外，每月还安排了专题促销活动。

3. 建档 & 评估体系

第一，建立各基地产品的质量标准，包括商品标准及质量控制要求。按季节对所有基地商品不定期抽样检测，责令整改后仍不合格的暂停运作。

第二，定牌商品每两年对相应供应商进行全方位复检一次，责令整改后仍不合格的暂停运作。

第三，通过每次《收货验货报告》对供应商进行动态评估。按年度对供应商进行综合绩效评估，并根据评估结果进行供应商分级认证管理。

典型案例 3-5

世纪联华：建立鲜活农产品流通"超市＋基地"模式①

2008 年年末，作为农超对接的示范企业，杭州联华华商集团开展了农超对接试点工作。两年多来，公司通过基地化生产、冷链化物流、连锁化渠道（销售），积极建立鲜活农产品"超市＋基地"的流通新模式。目前，超市

---

① 资料来源：http://zjnews.zjol.com.cn/05zjnews/system/2011/08/29/017801511_02.shtml，2011-08-29。

60％的农产品系"直供直销"，与 158 家农产品基地建立了对接关系，其中本地 45 家(覆盖杭州市区和杭州地区)，实现了农民、消费者和企业的"三赢"。

在农超对接中，联华华商集团积极整合农超合作双方的资源优势，根据全省农产品优势产业布局，将蔬菜、水果、水产的采购重点从萧山、桐庐、淳安、浦江、临海、黄岩扩大到永康、金华、丽水、奉化、舟山等地，配置 50 余名专业基地商品采购员，建立了一批稳定的基地直供渠道。目前，联华华商集团和 158 个农产品基地签订的直供合同中，蔬菜品种达 118 余种。合作基地面积 74470 余亩，受益农户 74100 余户。

联华华商集团和省农业厅优农中心共同创办的"农华"生鲜配送中心，堪称农超对接的成功案例。2008 年以来，公司大力加强农产品物流配送基地建设，投入近千万元对生鲜采配中心库区和配送设备进行了改造和完善。今年 6 月，投资 2.2 亿元的勾庄生鲜加工配送中心投入使用，这个国内一流的常温生鲜食品仓储、熟食加工和低温商品配送中心，满足了物流、储存、冷链要求，为"超市＋基地"的快速发展提供了重要保障。

杭州联华华商集团下有 190 多家连锁超市门店，2010 年集团蔬果采购量有 6.9 亿元，该集团与杭州余杭梦春蔬菜专业合作社对接，如今，梦春蔬菜专业合作社的兰州包心菜、白花菜、芹菜、莴苣等品种的订单农业合作模式也在发展，在扩大种植规模的同时，保护农民利益，鼓励农民多种经营。目前杭州世纪联华鲜活农产品销售额中直采农产品占 65％。

第五节 华润万家模式

华润万家是中央直属的国有控股企业集团——华润(集团)有限公司旗下优秀的零售连锁企业品牌，同时也是中国最具规模的零售连锁企业集团之一，旗下拥有华润万家、苏果等多个著名商号，其中超市业务已连续多年位居中国连锁超市第一位。华润万家已进入全国 25 个省、自治区、直辖市和特别行政区 100 多个主要城市，形成了华南、华东、华北、西北、东北、中原以及香港七大业务发展区域。

一、农超对接主要业务模式

农超对接作为近年国家大力推行的一项惠农惠民的工程,既畅通了农产品流通渠道、降低了农产品流通成本、提高了农产品质量安全水平,更促进了农民收入的增加,并最终实现了商家、农户和消费者的共赢。

图 3-3　华润万家农超对接宣传牌

华润万家此前多以与农民合作社合作为主,但这种方式需要在全国范围内筛选合作社,搜寻成本较高,供给的持续性受到考验,产品也缺乏独特性,目前主推的是农产品合作基地的模式。即华润万家的农超对接模式为"超市＋基地"的供应链模式,直接与鲜活农产品产地的农民专业合作社对接。华润万家深信开展"基地采购"的始发优势,坚持"优质来源,追溯保证"体系,将其深化提升为可持续发展的合作联盟,形成独有供应链体系,打造成产供销一体化的全程产品链乃至自有品牌产品,构建形成核心竞争优势。"农超对接——责任,不仅仅是一种品德,更是一种能力"是华润万家农超对接的理念。

2009 年,华润万家被商务部和农业部指定为国家首批农超对接的九家试点企业之一。2011 年,华润万家自有品牌"润之家"纽荷尔脐橙的种植基地被中国连锁经营协会(CCFA)授予首批"百个农超对接示范项目"称号。截至目前已在全国 23 个省、250 多个市县建立了 72 个具有一定规模的农产品采购基地,占地总面积约 7 万亩,涉及 140 多个品类。涉及农户近 10 万户,通过有计划的专业培训和种植引导,农户可持续实现年增收 15％。

二、开展农超对接活动

早在 2003 年,华润万家就与浙江宇航农业科技有限公司建立了合作关系。从开始的单营蔬菜发展到今天蔬菜、干货、禽蛋等四大类的 20 多个小类,从配送杭州一家门店到目前的浙江省 17 家门店鲜活农产品的全品项配送。营业额从最初的每年 100 万元上升到现在的 3000 万元,年销售业绩以 20% 的速度递增。经营区域已横跨杭州、嘉兴、宁波、苏州、无锡等地,极大地丰富了华润万家在各区域的经营品种。2009 年,华润万家正式将宇航定为"华润万家蔬菜定点种植基地"。

2010 年,华润万家结合行业特点及公司发展战略,启动"三百工程"项目,即向社会承诺,用 3 年时间,在全国建立 100 家环保节能示范店、100 家食品安全示范店和 100 家农超对接基地,最大限度地用实际行动来践行企业公民责任。截至 2011 年年底,在全国 23 个省建立了 80 个农超对接基地、70 余家食品安全示范店和 68 余家环保节能示范店。[1]

2010 年 5 月,慈溪华润万家农超对接基地授牌。华润万家此前多以与农民合作社合作为主,除了供给问题外,产品也缺乏独特性,目前主推的是农产品合作基地的模式。在华润万家与浙江慈溪农超对接的基地,占地达 3000 亩,基本上每天有 20 吨地产水果直接进入华润万家在全国 100 多个城市的 3000 家门店。这些产品都是专供华润万家的,相当于捆绑式销售,具有排他性。慈溪引飞果业总经理胡引飞表示,此前当地一半以上农产品靠外地客户上门收购外销,在流通过程中,价格完全由收购商确定,出现层层压价现象,挫伤了农户积极性。现在与超市合作能定点定量销售,相当于在超市有了自己的货架,提高利润之余,还推动农产品品牌化的进程。[2]

2010 年 6 月 22 日,成都市龙泉驿区与华润万家农业战略合作暨农超对接合作签约仪式举行。会上,华润万家有限公司与龙泉驿区人民政府签订农业战略合作协议,双方计划在生产基地建设、销售网络拓展等方面进一步深化合作。华润万家有限公司还与该区山泉果业专业合作社签订了农超对接合作协议,并向合作社水蜜桃生产基地授牌。山泉果业专业合作社水蜜桃生产基地是华润万家在四川省发展的首个优质农产品直销基地,总面积 5000 亩。基地采用"公司＋合作社＋农户"的运营模式,由合作社对基地进行统一生产管理,实行"六统

---

① 参考 http://www. ccfa. org. cn/viewArticle. do? method = viewArticle&id = ff80808134c5c7ae0134e96497b9009e

② 资料来源:http://www. chinacc. com/news. do? method=view&id=2083,2011-04-29。

一"(即：统一农资产品投入、统一技术与培训、统一病虫害防治、统一品牌、统一包装、统一销售)，有力确保了水蜜桃生产质量，连续3年通过GAP(良好农业)生产认证。

2010年5月，华润万家建立江门市麒麟西瓜种植基地。同月，华润万家江山西瓜种植基地成立，基地位于衢州江山，由华润万家和江山强农合作社共同建立。2010年5月20日，华润万家在慈溪设立5个农超对接基地，共涉及杨梅、黄花梨、水蜜桃、巨峰葡萄四种水果。2010年9月13日，华润万家在西北区建立陕西省洛川苹果、周至猕猴桃、咸阳有机苹果、礼泉红提、临潼石榴、太白蔬菜、西安南郑蔬菜、高陵蔬菜、杨凌蔬菜等九个农超对接种植基地。9月17日，华润万家与浙江省衢州市衢江区柑橘基地成功对接。9月16日，华润万家在新疆建立四个农超对接种植基地，分别为红旗坡苹果、香梨、红提基地及五家渠火焰无核红提基地。

自2009年开始，华润万家在每年3·15前后，都会开展全国食品安全月活动，用行动给消费者构筑一个健康良好的购物环境，让消费者切身体会到这个环境的安全与可靠。2011年3月10日，华润万家第三届食品安全月活动正式启动，作为活动之一，华润万家广州区门店将在广州市区门店建设18家农超对接专营区，每天都会为消费者精心挑选部分农副产品，蔬菜、水果、肉类、蛋类等商品进行平价销售。还通过各门店宣传，引导顾客报名参观华润万家农产品基地(2011年3月20日组织参观福荫深圳宝安豆制品加工厂；2011年3月19日组织参观从化有机蔬菜基地)。让顾客了解华润万家商品从种植(养殖)到门店销售的流程。还组织顾客基地蔬菜采摘等互动活动，使顾客在参观的过程中获得快乐，以此增强顾客对公司食品安全工作的信心。[①]

山东是蔬菜大省，2011年菜农出现卖菜难的问题后，5月14日，华润万家采用农超对接模式，直接到山东青州地区蔬菜种植基地收购爱心白菜。5月16日凌晨，15吨直接在山东地头收购的白菜运进了天津华润万家物流中心。农超直接对接大大降低了蔬菜流通成本，既解决了菜农的困难，又丰富了消费者的菜篮子。华润万家卖场"山东直采爱心白菜"受到了广大市民的欢迎。[②]

2011年7月，华润万家自有品牌"润之家"纽荷尔脐橙的种植基地被中国连锁经营协会(CCFA)授予首批"百个农超对接示范项目"称号。该农超对接基地的农业合作社为深圳永桦农产品有限公司，其2010年度销售量2785吨，农民年度增收8760元。农超对接模式切实帮助当地种植农户解决了销售渠道、产销信

---

① 资料来源：http://www.gdchain.com.cn/news_show.asp? id＝4529
② 资料来源：http://roll.sohu.com/20110519/n307947116.shtml

息平台的问题,让农户专注种植环节,通过多使用农家肥、低限使用农药、疏花疏果、滴灌等措施提高水果的安全性、商品性;提供给消费者多产品群、多价格带、多包装、多体验的产品,也同时提高了其自有品牌"润之家"品牌影响力。①

相关链接 3-1

中国连领经营协会公布的首批"农超对接示范项目"名单②

序号	连锁零售企业名称	农超对接项目
1	泰纳国际果业(北京)有限公司	北京今泰缘农产品产销专业合作社
2	家乐福(中国)	辽宁成大贸易发展有限公司
3	沃尔玛(中国)投资有限公司	深圳市鑫荣懋实业发展有限公司
4	重庆永辉超市有限公司	武隆县曙光蔬菜专业合作社
5	华润万家有限公司	深圳永桦农产品有限公司
6	武汉中百农产品经营有限责任公司	中百柏泉快生菜基地
7	北京物美商业集团股份有限公司	山东省淄博市临淄区众得利蔬菜专业合作社
8	苏果超市有限公司	南京陆港禽业专业合作社
9	福建新华都购物广场股份有限公司	漳州市芗城高山果蔬农民专业合作社
10	步步高商业连锁股份有限公司	韶山市农发果蔬种植农业合作社
11	北京京客隆商业集团股份有限公司	固安县顺斋瓜菜种植专业合作社
12	河南大张实业有限公司	宜阳县涧水果蔬专业合作社
13	邯郸市阳光超市有限公司	邯郸县赵都鲜果合作社
14	山东九州商业集团有限公司	临沂市兰山区清春蔬菜种植农民专业合作社
15	陕西民生家乐商业连锁有限责任公司	礼泉县白鸽鲜果蔬菜专业合作社
16	安徽省徽商红府连锁超市有限责任公司	合肥庐阳区佳诚蔬菜种植农民专业合作社

① 资料来源:http://www.mallchina.net/new_76140.shtml
② 资料来源:http://www.guoq.cnnews20110819/new832.html

2011 年 11 月 15 日,重庆华辰生态农业发展有限公司与重庆华润万家生活超市蔬菜农超对接基地,即"永川莲藕"农超对接种植基地,在南大街街道八角寺村揭牌。这也是华润万家重庆地区首个农超对接种植基地。重庆华辰生态是重庆农业产业化龙头企业,是重庆市"菜篮子工程"的重要基地,是西南地区最大的莲藕连片种植基地,是"中国农村合作经济十佳示范园基地"。[1]

2012 年 3 月 13 日,华润万家正式将湖南首个蔬菜基地落址在长沙县金井镇,宣称今后可提供比市场价格优惠 15%～20% 的新鲜蔬菜,并主打生产辣椒和西兰花。此次农超对接的合作方——长沙华创农产品贸易有限公司与华润万家正式对接后,让农产品直接从地头"走"进超市,省去了中间环节,让农民的菜有了稳定的销售渠道,防止"菜贱伤农"。这是华润万家湖南地区第 1 个、全国第 78 个农产品种植基地。[2]

2012 年 7 月,中国连锁经营协会公布了第二批"百个农超对接示范项目"名单,华润万家位于西安、南京和睢宁的 3 个农超对接基地成功入选,加上去年首批入选的自有品牌"润之家"纽荷尔脐橙种植基地,目前华润万家已有 4 家农超对接基地入选该示范项目。从 2003 年起,华润万家就开始试行生鲜农产品的"基地采购"业务,到 2010 年,企业承诺用 3 年时间在全国建立 100 家农超对接基地。如今,华润万家已提前兑现承诺,基地遍布全国 20 多个省区,占地面积超过 7 万亩,产品数量近 200 个。通过农超对接,华润万家不仅为农户拓展销售渠道、增加收入、提高科学务农技术,还节省了中间流通环节,为消费者带来低价格、高品质、品种丰富的绿色农产品。[3]

相关链接 3-2

"百个农超对接示范项目"第二批名单[4]

序号	企业名称	农民专业合作社名称
1	安徽省徽商红府连锁超市有限责任公司	长丰县吴山江艺南瓜种植专业合作社

① 资料来源:http://esf. soufun. comloannewsdetail/6363526. htm
② 资料来源:http://finance. sina. com. cnroll20120321/041011638706. shtml
③ 资料来源:http://winfo. crc. com. cnnewsmedia/201207/t20120720_223627. htm
④ 参考资料: http://www. ccfa. org. cn/viewArticle. do? method = viewArticle&id = ff808081366821a 6013855e951a909d6

序号	企业名称	农民专业合作社名称
2	成都红旗连锁股份有限公司	成都市龙泉驿区十陵禽业合作社
3	胜利油田胜大超市	广饶县健士富硒蔬菜农民专业合作社
4	北京首航国力商贸有限公司	昌乐首航蔬果专业合作社
5	青岛维客集团股份有限公司	青岛永升农产品种植专业合作社
6	安徽百大合家福连锁超市股份有限公司	肥东县元疃食用菌专业合作社
7	安徽百大合家福连锁超市股份有限公司	安徽皖岭农副产品经营专业合作社
8	湖南佳惠百货有限责任公司	山东省栖霞富康合作社
9	华糖洋华堂商业有限公司	北京黑桥永顺华蔬菜种植专业合作社
10	长春欧亚卖场有限责任公司新发商厦	农安县众一农业专业合作联合社
11	长春欧亚卖场有限责任公司新发商厦	农安县伏龙泉种植专业合作社
12	永旺华南商业有限公司	深圳市鑫荣懋农产品股份有限公司
13	辽宁兴隆大家庭商业集团	盖州万棚合作社
14	辽宁兴隆大家庭商业集团	辽宁铁岭市文选葡萄专业合作社
15	北京超市发连锁股份有限公司	砀山县卓苑森涛水果种植专业合作社
16	北京超市发连锁股份有限公司	河北固安和美安蔬菜种植专业合作社
17	大同市华林有限责任公司	大同县春源生态养殖专业合作社
18	舟山市民生商厦有限责任公司	丰泰农产品专业合作社
19	三江购物俱乐部股份有限公司	浙江青莲食品股份有限公司
20	三江购物俱乐部股份有限公司	宁波市鄞州区农乐果蔬专业合作社
21	家乐福(中国)管理咨询服务有限公司	新疆鄯善县立农农民专业合作社
22	家乐福(中国)管理咨询服务有限公司	泰安岱岳区金井果蔬专业合作社
23	江苏欢乐买商贸有限公司	福建省平和县果蔬专业合作社
24	江苏欢乐买商贸有限公司	邳州市岔河镇颜楚养鸡专业合作社
25	华润万家有限公司	陕西太白绿农蔬菜有限责任公司
26	河北惠友商业连锁发展有限公司	涿州市三惠蔬菜专业合作社
27	山东九州商业集团有限公司	临沂市兰山区清春蔬菜种植农民专业合作社

序号	企业名称	农民专业合作社名称
28	联华超市股份有限公司	蓬莱市蓬岳果品专业合作社
29	联华超市股份有限公司	上海都市生活企业发展有限公司
30	北京京客隆商业集团股份有限公司	香河县吴打庄绿德隆蔬菜产销专业合作社
31	北京京客隆商业集团股份有限公司	陵水良正果蔬农民专业合作社
32	宝鸡商场有限公司	宝鸡市陈仓区绿丰源蔬果合作社
33	上海家得利超市有限公司	上海都市生活企业发展有限公司
34	上海家得利超市有限公司	上海春鸣蔬菜专业合作社
35	湖南家润多超市有限公司	全球全美养鸡专业合作社
36	湖南家润多超市有限公司	汉寿县月明潭桃花岛有机蔬菜种植专业合作社
37	陕西民生家乐商业连锁有限公司	礼泉县鲜蕙蔬菜专业合作社
38	广东海航乐万家连锁超市有限公司	梅县天草农业专业合作社
39	华润苏果超市有限公司	南京白龙有机农业科技开发有限公司
40	华润苏果超市有限公司	睢宁润果蔬菜种植专业合作社联社
41	浙江供销超市有限公司	绍兴市绿晨蔬菜专业合作社
42	邯郸市阳光超市有限公司	馆陶县利农蔬菜合作社
43	天虹商场股份有限公司	山东蒙阴县旺庄果专业合作社
44	沃尔玛(中国)投资有限公司	大连兴业源农产品有限公司
45	沃尔玛(中国)投资有限公司	福建省平和县山格禾兴果蔬专业合作社
46	利群集团股份有限公司	山东京青农业科技蔬菜专业合作社
47	永辉超市股份有限公司	南平市延平区明洋菌菜花专业合作社
48	永辉超市股份有限公司	福州仙富现代农业科技开发有限公司
49	永辉超市股份有限公司	重庆市其川蔬菜种植专业合作社
50	山东家家悦集团有限公司	文登市绿植蔬菜种植专业合作社
51	山东家家悦集团有限公司	于国庆
52	成都市人人乐商业有限公司	浦江县鑫盛水果合作社
53	西安市人人乐超市有限公司	恒绿蔬果专业合作社

序号	企业名称	农民专业合作社名称
54	人人乐连锁商业集团股份有限公司	汉寿县龙阳镇华诚蔬菜专业合作社
55	山西美特好连锁超市股份有限公司	祁县西六支农业开发专业合作社
56	秦皇岛家惠商贸集团有限公司	秦皇岛市北戴河集发农业专业合作社
57	江西九江联盛商业连锁股份有限公司	江西省新光山水开发有限公司

注：(排名不分先后)

三、华润万家农超对接的采购介绍

（一）基地类型

华润万家的基地类型有三种，即合作基地、认证基地和自有品牌战略联盟。

合作基地，即与华润零售有稳定合作农产品，按照合作基地运作流程审核合格的基地。

认证基地，即合作基地模式运作成熟，经过华润零售认证基地管理办法审核合格，授予证书使用的基地。

自有品牌战略联盟，即认证基地运作模式成熟，双方签订战略联盟合作协议，共同进行产地、加工厂、配送、营销的投入及发展的基地。

（二）合作基地的条件

基地至少应符合以下要求才可申请为合作基地：

1. 基本要求

①应符合全国及区域性的大众消费需求；

②产品符合国家标准；

③达到政府机构农药残留检测标准。

2. 资质要求

①申请时需提供加盖供应商公章的产品检测报告；

②动物防疫合格证；

③生产经营情况证明；

④个体户身份证复印件。

3. 属性要求

①参照国家地理标识保护规定，突出品种与基地自然因数和人文因数的关系，品种的知名度高；

②部门销售贡献度高、顾客关注度高；

③具有"绿色健康"未来市场前景,能引导时尚品质消费。

(三)合作基地选取标准

1. 基本参考因素

①天然环境:纬度、日照、气温、土壤、水源;

②规模:总种植、养殖面积,规范化程度,加工技术;

③种植、养殖技术:育苗基地、育苗大棚、组织培养种苗繁育的科研力量。

2. 基地基本要求

①连片种植、养殖,面积达到 300 亩;

②周围无影响农产品生产的污染源,每年的土壤水检测需合格;

③有专职或兼职植保员、防疫员,负责基地有害生物检测防治等工作;

④建立了完善的质量管理流程,质量管理流程文件至少包含组织机构、人员培训、有害生物检测与控制;

⑤近两年未发生重大动植物疫情;

⑥合作基地检查表中有特别规定的,还须符合规定。

(四)农超对接流程涉及部门及人员职责

具体包括:①生鲜营采中心,负责优选最佳产品产区,优选合作商,培训、审核、管控、评估基地。②总部质量管理部,负责建立并不断完善基地产品审核标准,协助审核基地。③总部公司事务部,负责搞好政府关系和进行媒体宣传。

第六节　乐购(Tesco)自有品牌农场模式

Tesco 乐购最早是由台湾顶新国际集团于 1997 年在上海创立的连锁超市品牌,2004 年 7 月和 2006 年 12 月,英国最大、排名全球第三的零售商——Tesco 先后分两次共计购入乐购 90％的股份,取得对乐购的绝对控股地位,随后将乐购改名为 Tesco 乐购。

在没有开展农超对接项目之前,Tesco 乐购采购蔬菜需要 3～5 天才能运到门店,这会让每一批次蔬菜产生约 30％的损耗,有了农超对接之后,损耗率已降低至 8％,同时还可以节省 15％～20％的中间成本。

一、农超对接主要业务模式

2004 年,Tesco 乐购便如同其他超市一样看到了农超对接的巨大潜力并迅速开始在全国市场进行探索。2006 年开展农超对接项目。现在农超对接已成为 Tesco 乐购农产品采购的首要模式。

乐购不是被动地采购农户已种植的农产品,而是采用订单式采购,从种子、种植、加工、储存、配送运输,都提出明确标准,如运输要求全程 0～4℃的冷链运输,通过一系列标准化模式,打造安全食品供应链。

乐购 80%的农产品来自于直采,主要采用两种模式:一种是与农户对接的"公司＋农户"模式(传统农超对接模式),另一种则是合作农场或种植基地模式(也称发展自有品牌农场模式)。乐购是头一个把农超对接项目"升级"到自有品牌蔬菜开发的地步。首先选择具有较大规模和先进生产技术的农场作为农超对接的合作伙伴,并对其进行相应改造和专业人员培训,然后给予对接农场定量生产的订单,然后合作农户就可以按需生产。定量的制定来源于 Tesco 专门的调研团队对各个门店每天的各类蔬菜品类销售情况进行实时统计而得出准确数据。

乐购对自有品牌供应商设置了较高的食品安全准入门槛,并对其进行培训,签订责任合同,并由此获得了"中国食品健康七星奖"的称号。从头到尾全程监控生产自有品牌蔬菜能使乐购超市更好地把控商品质量和食品安全,也能减少中间流通环节,节省更大的成本,从而保证强有力的竞争力。

到 2011 年 9 月,乐购超市自有品牌和农超对接保有率已达 80%。目前乐购拥有 123 家直采基地,覆盖全国 40 座城市,共 1400 多种直采品项。

图 3-4　乐购超市农场直供宣传牌

二、开展农超对接活动

2009 年 5 月,Tesco 乐购与地处上海青浦白鹤镇的春鸣蔬菜专业合作社合作,圈定 420 亩土地,建有 350 个大棚,计划全年种植 30 个品种,率先在华东地区 30 多家大卖场推出 Tesco 自有品牌蔬菜。Tesco 乐购与合作社的关系,突破了简单的"农户种、超市收"的概念,而是从头至尾的技术指导与质量把关。Tesco 乐购面向合作社提出了"Tesco 品牌"的蔬菜种植要求、预估销量及验收标准,然后合作社再据此种植、质检、包装及配送。为此,Tesco 乐购建立起了电子身份证制度,使得每一包摆上 Tesco 乐购超市台面的蔬菜,都能追溯到相对应的种植菜农,就连菜农所需的种子、肥料、农药,都会由农民所在的合作社进行统购、编码,确保蔬菜在管控之下成长。

2010 年 6 月末,Tesco 在厦门推出目前在中国市场最大的自有农场。这是Tesco 继 2009 年于上海首次推出自有品牌蔬菜和自有农场后建立的第二个自有农场,也是其在华南市场的首家自有农场。这标志着 Tesco 农超对接的进一步发展,以及对农业可持续发展的探索已进入一个新的阶段。[1]

2012 年 6 月 28 日,世界三大零售商之一乐购在"中国蔬菜之乡"山东寿光举行了农超对接推进会暨鑫乐农业科技园开业庆典。根据乐购与寿光农业局签订的合作意向书,乐购将与寿光鑫乐农业科技有限公司结成长期的合作伙伴关系,通过传统农超对接和发展自有农场两种方式,将来自蔬菜之乡的 20 种优良蔬菜带到乐购全国各地百余家大卖场和便捷店。[2]

三、乐购农场的产品安全与管理介绍

乐购农场——上海弘阳农业有限公司位于上海西部的青浦区白鹤镇。农场总面积 5070 亩,现有员工 380 人,拥有 4 个包装加工车间,保鲜库 4450 立方米。旗下的青浦农场通过良好农业规范一级认证,工厂通过 ISO22000 食品安全管理体系认证和乐购工厂审核。每日向乐购供应 100 多个品项,总计 20~30 吨的蔬菜。

乐购农场从选种、种植到采收过程,严格按照良好农业规范管理。按大棚编

---

[1] 资料来源:http://legou. tbshops. com/shopping/news_content. aspx? newid＝1246&memberId＝317

[2] 资料来源:http://www. sgnet. ccnews2012-06/29/content_852793. htm

号建立田间档案,记录每一个大棚的每一次田间操作过程,每批产品可以通过田间档案追溯到整个种植过程。当天采收,当天包装,次日即可上市,确保新鲜。

乐购农场通过四个有效的管理体系严格把关蔬菜种植、包装、运输等各环节,为消费者提供新鲜、安全的蔬菜。

（一）农田管理体系

乐购农场建立的农田管理体系能达到对选种、播种到蔬菜采收及病虫害防治进行严格的农田管理。如青浦农场种植区远离工业区,基地定期检测种植土壤和灌溉水的质量,确保种植条件符合法规要求。根据植物检疫证、生产许可证、质量标准进行选种。播种、培育期间进行育苗定植、施肥、施药、灌溉、除草和采收的全程农事记录和质量、病虫害监控。另外,农场采取植物检疫、农业防治、物理机械防治、生物防治、化学防治等方法综合防治病虫害,减少农药的使用。

（二）农药使用管理体系

乐购农场的农药使用管理体系包括标准化的农药仓库及规范的农药使用管理体系。乐购农场选择政府推荐的高效低毒低残留农药。通过培训指导种植户合理用药并检查其使用情况,严格控制农药采购,记录用药情况并确保过安全间隔期采收,采收前检测,采收后检测,Tesco 国际标准收货检测,定期实验室检测七大关键控制点来确保蔬菜的安全。

（三）质量控制体系

农场加工工厂拥有良好的硬件设施,以及干净卫生的环境。从运用良好的农业规范种植、原料农残控制、采收安全间隔期、按 Tesco 国际标准收货检测进行检测、预冷、加工包装、装运前质量检查、全程冷链八个环节管理蔬菜质量,保证蔬菜安全、新鲜。

（四）可追溯体系

乐购建立了产品追溯控制程序,通过对产品适当标识及其相关生产过程记录,以实施包括满足产品召回在内的不合格品处置措施,实现产品的可追溯性。

从基地信息编号和播种、田间操作信息、收获采收过程、各次农残检测、收货验收、挑选和包装到发货所有步骤都可追溯,从而确保蔬菜质量过关。

乐购：自有品牌"升级"农超对接①

众所周知，自有品牌商品是 Tesco 能稳坐英国超市头把交椅的秘籍所在，也是众多超市冀望提升盈利增强竞争优势的砝码。在当前众多本土、外资超市纷纷尝试农超对接的发力中，Tesco 中国头一个把农超对接项目"升级"到自有品牌蔬菜开发的地步。

Tesco 亚洲区生鲜蔬果专案负责人 Dave Langton 在接受《中国商报》记者专访时说，从头到尾全程监控生产自有品牌蔬菜能使超市更好地把控商品质量和食品安全，也能减少中间流通环节，节省更大的成本，从而保证强有力的竞争力。

种植基地按需生产

按照当前大多数的农超对接流程，蔬菜先由农户自主种植，然后超市按自己的要求采购再拿到超市进行销售，简言之就是"农户种、超市收"。

Tesco 自有品牌蔬菜农户和超市的对接在路径上却与此相反，且流程更为复杂。

复杂源自对接农户从挑选一粒菜种开始，Tesco 便已介入其中并进行全盘的技术指导和定量规划。Tesco 亚洲区生鲜蔬果专案负责人 Dave Langton 日前在接受《中国商报》记者的专访时说："我们首先会选择具有较大规模和先进生产技术的农场作为 Tesco 农超对接的合作伙伴，并对其进行相应改造和专业人员培训，然后提出种植要求和验收标准以及订单数量。"

Tesco 上海青浦种植基地是 Tesco 在中国为自己的自有品牌蔬菜生产选择的第一个蔬菜种植基地，基地拥有 420 亩地、总投资 2500 万元。上海市春鸣蔬菜专业合作社则是 Tesco 在中国种植基地的第一个合作伙伴。

2008 年 4 月，青浦蔬菜基地开始投入使用。但在此之前，青浦基地却首先按照 Tesco 的要求进行了 9 个月的农田土壤整改。"这样，种植出来的蔬菜才能达到无公害标准。"Dave Langton 说。同时，Tesco 还在每块地整改之初就为其基本资料建档，并规划种植区域图。然后，春鸣合作社的农户根据 Tesco 规划好的种植区域图，按 Tesco 规定的量种植。

---

① 资料来源：http://xueyuan.cyzone.cn/jiqiao-jiqiao2/134150,html.2010-01-15。

"这正是 Tesco 种植基地模式最精彩的地方。"Dave Langton 对《中国商报》记者介绍，土壤改造，告诉农户如何选种，以及包括在什么样的生产条件和季节气候条件下种植，对农药的管控，生产线的设计全程参与都是 Tesco 改造种植基地的关键。除此以外，Tesco 专门的调研团队还会针对各个门店每天的各类蔬菜品类销售情况进行实时统计，得出准确数据，跟 Tesco 合作的农户就能按需合理排定蔬菜生产时期和数量进行专业种植。

所谓的"专业种植"对于农户的要求也并不简单。"关于蔬菜种植标准，Tesco 有 11 道严格的流程规范。"春鸣蔬菜合作社的农户告诉《中国商报》记者，Tesco 甚至会建立起大棚"身份证"制度，对于大棚编号、种植蔬菜品类、负责人及种植日期，采购的种子、肥料、农药等进行统购编码，确保蔬菜在管控之下成长。

此后，经过农户加工处理并包装入印着"Tesco"标签塑料袋的合格品牌蔬菜通过 Tesco 自己的运输体系被存放到上海地区的生鲜统仓，在这个统仓里面，Tesco 根据蔬菜、水产等不同品类进行分类仓储。随后，根据既定的品类和配量，这些蔬菜将再次通过 Tesco 自身冷链物流系统直接运输到其华东区的 30 多家门店。

Dave Langton 说，这与蔬菜原本历经层层中间商的传统"旅程"相比要缩减 40%～50% 的成本，而最终体现在卖场价格上至少降低 20%。而 Tesco 自己解决的冷链物流更能减少损耗。"传统销售方式会产生约 30% 的蔬菜损耗。而直供后只需要按需生产，蔬菜损耗仅在 8% 左右。如果适当增加一些反季节蔬菜的种植，则可以获得更多的收益。"

但即使"旅程"到此，Tesco 的工作却还没有结束。Dave Langton 告诉《中国商报》记者，为了更好地管理整个流程，在蔬菜上市之后，Tesco 还将通过定期走访合作方、定期实验室检测和年度工厂审核三个步骤来进行后期管理。

传统农户采购"升级"

"目前，Tesco 仅有 5% 的生鲜产品是直采的自有品牌，希望未来 2～3 年内可达 95%。"Dave Langton 说，"我们希望将来提到质优价廉的蔬菜，就会想到 Tesco，这就是我们的品牌。"Dave Langton 说，Tesco 还会把自有品牌蔬菜的开发平台不断升级，利用合作种植基地满足国外市场的需求。

显然，从农超对接发展到自有品牌建设，正是 Tesco 作为一个跨国零售企业的长远计划。在当前众多本土、外资超市纷纷抢滩的农超对接游戏中，超市企业都希望通过不同的对接模式计算最优的成本节省方案以求得最大的竞争优势。但，Tesco 的自有品牌蔬菜开发却已走出单纯价格竞拼的套路，这显然已走在了所有超市的前面。

以 Tesco 的青浦基地为例,和 Tesco 合作的上海春鸣蔬菜合作社同时也为沃尔玛和家乐福提供华东区的蔬菜,但区别在于,这两家超市并没有做自有品牌的蔬菜,而 Tesco 的计划是准备在青浦基地内发展到五六十种的自有品牌蔬菜。"最精准的环境,更大的成本减损,最重要的自我种植的方式,最严格管控的食品安全质量,对 Tesco 这样的国际零售企业而言,打下标签的形象远比单纯的价格竞拼重要。"Dave Langton 说。

而对于农户而言,由于所有蔬菜的去向和定价早在一年前就直接由 Tesco 卖场"定向",所以春鸣的蔬菜生产量从以前的每天 600~700 箱直线上升到目前的每天 3500 箱,且很快就能销售掉。Tesco 头一个已见效果的"尝鲜"实质上来源于传统农户对接采购模式的延伸和升级。

第七节　物美集团模式

北京物美商业集团创建于 1994 年,以发展现代流通产业、提升大众生活品质为己任,至今在北京门店总数达 400 余家,全资拥有物美和美廉美两大品牌。同时,在全国范围内,拥有物美商业和新华百货两大上市公司。物美超市虽然还没有列入国家商务部公布的第一批农超对接项目试点企业,但在董事长吴坚忠的带领下,农超对接开展得极其有成效。

一、农超对接主要业务模式

物美通过不断推动各种形式的农超对接合作项目,持续打造优质、低价、长期、稳定、高效的蔬果供应体系,使物美超市系统运行为北京城市居民"菜篮子"和放心工程的主渠道。其农超对接模式为"合作社直供、原产地直采",主要合作模式分以下两种:

(一)地域多品种果蔬基地自采合作及作业模式

1.驻地设点

在产菜集中点设置采购站,辐射周边地区。通过对周边蔬果种植品种、产量、交通运输、各种环境的评估后确定选址。

2.采购方式

以经纪人和农民专业合作社为介质,开展面向种植户的采购和集货,保证量进量出。

3.基地合作社资质条件

具体包括:满足当地地域产品种植面积1000亩以上;满足当地地域产品质量检测标准符合国家相关规定要求;熟悉当地地域产品上市、种植面积、价格走势及相关专业知识;具备一定的集货和商品存储、粗加工能力,能够满足商品正常周转及促销支持;提供符合国家税法规定的农产品增值税发票。

4.结算模式是驻地备用金结算

根据基地采购量测算采购备用金额度,经本部门及财务核准后,向集团财务申请备用金。由经纪人和农民专业合作社提供农产品发票,保证正常货款报销流转。固定合作关系采用电子结算。

5.坚持标准化

标准件要求统一品规、统一包装,统一重量。为减少中间损耗,对种植农产品进行品规标准要求和标件推广,以保证商品质量的常年稳定性。

6.统一物流配送

所有基地商品直接送到物美配送中心,经过检验后配送到北京所有物美超市,保证了商品及时配送,提升供应链效率,降低合作方的配送成本。实行"新鲜24小时"供应链运作要求。

7.逐步推进协议种植订单农业的形式。

(二)单品果/蔬基地自采合作及作业模式

1.商品确定:选择各主产区应季商品、名优产地、量进量出。

2.采购方式:联合基地主力供应商采购为主。

3.基地主力供商资质条件:满足当地地域产品种植面积5000亩以上。满足当地地域产品质量检测标准符合国家相关规定要求。熟悉当地地域产品上市、种植面积、价格走势及相关专业知识。具备一定的资金实力和商品存储能力,能够满足商品常年量进量出,并提供符合国家税法规定的农产品或增值税发票。

4.结算模式:签订采购协议,根据协议规定周期进行公司间账款结算。

5.坚持标准化:为减少中间损耗,对种植进行品规标准要求和标件推广,以保证商品质量的常年稳定性。

6.统一物流配送:所有基地商品直接送到物美配送中心,经过检验后配送到北京所有物美超市,保证了商品及时配送,提升供应链效率,阵低合作方的配送成本。

7.逐步推进协议种植订单农业的形式。

二、开展农超对接活动

2006 年 8 月 10 日至 8 月 23 日，"物美平谷鲜桃节"召开。鲜桃节期间，广大市民在物美超市的展销区买到重点推出的平谷 114 号桃、平谷 8 号桃、绿化九桃、久保桃、黄油桃、蟠桃等九大品种的鲜桃，平均价格比市场同类产品低 30% 左右。这次活动在物美 45 家大型超市同时举行。物美通过自己的销售网络为具有特色的农产品搭建起从田间到卖场的渠道。北京平谷是中国著名的"优质桃基地县"，物美作为北京大型零售企业，能将最好的"平谷大桃"在最短时间内献给北京广大消费者，让广大市民方便购买。[①]

2009 年 5 月 6 日，物美集团在京正式启动"新鲜蔬果直通车"专项工程。集团与山东省供销社联合举办的山东果蔬基地直采推广周活动在物美 40 多个主力连锁超市同时展开。这是北京首次实现农超大规模对接。推广周期间，物美推出了山东青州、莱西、海阳、济南、文登、寿光、滕州、金乡、枣庄、临淄、胶南、平原等多个县市百余种特色蔬果。其中有一半是获得全国农产品地理标志的产品，如海阳白黄瓜、金乡大蒜等。推广周活动结束后，推广商品将根据需求继续长期在物美超市销售，并会随着季节变化，不断调整供应品种和数量。除此之外，物美还在 2010 年 8 月 4 日召开"物美·宁夏中宁首届硒砂瓜节"；2010 年 9 月 15 日召开"首届河北蔬果节"；2011 年 4 月 27 日举办"海南蔬果节"，"海南蔬果节"开幕的同时，商务部"农超对接救助'卖难'菜农活动"也在物美同步启动；2011 年 10 月 26 日举办第二届河北蔬果节；2011 年 11 月 12 日举办"首届农食品节"等。[②]

2010 年 1 月 16 日，国务院总理视察了物美集团。物美集团董事长吴坚忠向总理汇报物美在山东、福建、内蒙古、河北等多个省市建立了农超对接蔬菜采购基地。通过农超对接，增加了对首都市场的蔬菜供应，平稳了市场，获得了消费者的好评。2010 年 5 月 25 日，回良玉副总理视察了物美集团农超对接河北定兴基地。

2011 年 1 月，由商务部、农业部共同主办的全国农超对接现场会在北京举行。会议期间，大会首先安排与会领导与来自全国各地的 200 余名代表，参观了北京物美玉蜓桥大卖场和双井家乐福果蔬销售区，并实地考察了物美集团在北京的农超对接基地北京苍上欣通绿原种植专业合作社，切实了解北京商业企业

---

① 资料来源：http://www.cfqn.com.cn/Article/2006/1347q/1347e/10051911373389.htm

② 资料来源：http://finance.ifeng.com/roll/20090507/629751.shtml

农超对接的工作成效。农业部部长韩长赋在讲话中高度评价了物美对农业合作社的零进场费、零账期的举措,指出让农民尽快卖出去、尽快拿回钱是农超对接的关键。会上北京物美集团董事长吴坚忠在"建设基地,完善物流,服务农户,保障供应"的报告中详尽介绍了物美集团依托在北京数百家店铺网点的强大销售能力和世界领先的 ERP 信息系统技术,通过发挥连锁规模优势,强化集中采购,减少采购环节,提升供应链效率,降低进货成本,改善果蔬品质,建立优质、低价、长期、稳定、高效的果蔬供应链和经营体系,打造北京居民"放心菜篮子、果盘子"的主渠道的工作经验。[①]

2011 年 2 月 28 日,由黑龙江省办公厅推动,黑龙江省商务厅主办,组织了黑龙江省重点支持的阳霖集团、北大荒集团、东方粮油集团等当地龙头农副产品企业生产、种植企业 30 余家与物美集团进行农超对接。对接会上签订了物美集团与黑龙江省商务厅农超对接战略合作协议。通过此次对接活动,物美集团重点与 30 余家当地骨干企业建立了直接联系,后期物美集团将会通过政府平台,加大对黑龙江省农副产品采购范围及采购数量,做好北京商品供应及农超对接这篇大文章。[②]

2011 年 3 月,物美超市华东总部迁至杭州,许多工作需要开展,而当务之急是寻找属于自己的农产品供应基地,即绕过蔬菜批发商这一环节,直接到生产源头采购。物美通过杭州市贸易局觅得一些品质靠得住、供应有保障的农产品生产基地。在贸易局帮助下,物美和杭州穗美蔬菜基地达成了初步合作意向。

为响应商务部号召,解决菜农卖菜难的实际情况,物美集团与 12 家连锁超市企业,在北京联手开展紧急救助行动。2011 年 4 月 27 日,在物美玉蜓桥大卖场设置了首个鲁豫菜"卖难"援助专区并共同在倡议书上签字承诺平价销售"卖难"菜品,通过对"卖难"蔬菜采取平进平出、零进场费、零账期等优惠政策,帮助农民渡过难关。

2011 年 6 月 22 日在重庆举行的第三届中国零售业生鲜高峰论坛上,物美对接"山东省淄博市临淄区众得利蔬菜专业合作社"项目被中国连锁经营协会授予首批"百个农超对接示范项目"称号。

2011 年 8 月,物美与河北省邢台市柏乡县进行农超对接,缓解当地葡萄滞销问题。

2012 年 6 月 30 日,北京物美商业集团农超对接河南省安阳鑫龙潭生产基地揭牌仪式举行,安阳鑫龙潭生产基地下辖 5 家现代农业合作社,是一个集农产

---

① 资料来源:http://news.cntv.cn/20110111/100813.shtml
② 资料来源:http://www.wumart.comhtmlcn/e-2-1/2011310/221.html

品科研生产、加工销售于一体的现代绿色农庄,该基地生产的有机蔬菜、有机杂粮、有机水果等系列产品,被评为"全国质量信得过产品",畅销北京、河南多个省市。

三、物美农超对接取得的初步成效

1. 通过农超对接,物美的生鲜农产品经营模式有了突破,生鲜农产品采购量和市场迅速扩大,果蔬销售量从 2008 年的平均每天 79 吨增长到 2009 年的 126 吨、2010 年的 230 吨直至 2011 年的 400 吨。

2. 物美农超对接农副产品价格低于市场 20%。由于从山东、河北等基地自采的果蔬减少 3～4 个流通环节,因此,保证价格低于市场 20%。

3. 物美实现蔬菜 24 小时"从田间到货架"。物美每天从山东、河北采购的 100 吨新鲜蔬菜实现了 24 小时内"从田间到货架",保证了蔬菜的品质。物美将大量优质低价的新鲜蔬菜供应首都北京,对平抑首都农产品价格起到了积极的作用,得到了政府、媒体和消费者的一致肯定。

4. 物美不断推动各种形式的农超对接合作项目,无论是京郊合作社的果蔬农产品合作,还是和兄弟省份特色蔬果的无缝对接,都是建立在物美强大的信息技术、物流技术与经营技术这"三大技术"的基础上。

5. 物美作为直接为消费者提供商品和服务的零售商,成为整个供应链体系的组织者和协调者。选择和更多的标准化基地量贩商品奉献给广大的顾客,使物美逐渐成为城市居民"菜篮子"和放心工程的主渠道。

四、物美农超对接实践

为了了解山东的菜园子的菜是如何进到北京超市(物美超市)的。北京电视台记者特意去了趟山东。以下是北京电视台《首都经济报道》2010 年 12 月 14 日、15 日、16 日和 17 日四期报道的视频录音。

(一)从田间到餐桌 记者探访山东蔬菜基地[①]

记者高玉音:各位观众,我现在是在物美超市位于山东淄博的一个蔬菜基地。现在是北京时间凌晨 5 点钟,大家可以看到我身后的菜农正在抓紧采摘今天的第一批西葫芦。那么这些蔬菜究竟是如何从山东菜农的田间地头一直走到

① 资料来源:根据录音剪辑,101214《首都经济报告》,http://v.youku.com/v_show/id_XM-jI5NzU0Mzg0.html

物美超市的货架上的呢？农超对接的蔬菜又是如何做到便宜、新鲜又安全的呢？今天我们将为你作实地追踪。

时间：2010年12月12日凌晨4:00

地点：山东省淄博市临淄区皇城镇于家村

凌晨4点多,随着蔬菜大棚的卷帘门机缓缓启动,山东淄博菜农老于和妻子也开始了一天的忙碌。老于家一共有3个蔬菜大棚,这一季种的都是西葫芦。昨天下午3点多,老于接到物美超市的订单,说要700斤西葫芦。所以老于决定今天早点下地,争取赶在6点之前,把采摘任务完成。

于建民(山东省淄博市临淄区皇城镇于家村种植户)今天能采摘的有两个大棚,争取赶在6点之前把采摘任务完成。

老于摘西葫芦那叫一个仔细,先拨开菜叶子细细寻摸,再轻轻拧下,去掉顶部的花蒂,几十秒钟一颗西葫芦才算摘完。

这早起采摘的西葫芦能有多新鲜,老于随手给记者拿下两个,一个顶着花,一个带着清晨的露水,透着鲜灵劲儿。老于告诉记者,以前自家的西葫芦只能拉到镇上的市场卖,因为当地家家都是种菜的,所以这菜很难卖到好价。不过,自从一年前北京的超市到自家的田头进行直采,情况得到很大的改观。

于建民:我们也甭操心了,一般都是合作社来通知我们每天摘多少,我们就摘多少,价格也甭我们问,物美他们的价格开得还是挺优惠的,平均比市场上每斤贵5分到1毛钱。

6点多的时候,老于家大棚里的西葫芦已经摘得差不多了,怎么运出棚去呢?老于说最多一分钟搞定,原来是这个滑轮派上了大用场(在大棚顶上安了钢丝,装上滑轮),有了它,不用再一筐筐往外搬,铁丝上一滑,蔬菜轻松就运到了地头。而大棚外,物美的采购人员已经在等待,在采购人员的帮助下,老于把西葫芦都搬上了车。这些西葫芦将和其他几家村民家的蔬菜一起被运到几里外的集货点。

时间：12月12日凌晨6:30

菜农于建民家的西葫芦顺利发往集货点。

记者驱车赶往几公里外的西红柿种植户杨凤良地里。

在菜农杨凤良的蔬菜大棚内,一桶桶鲜亮诱人的西红柿已经采摘完毕,等待装箱。今天物美在老杨家里订了2000多斤西红柿,老杨和妻子凌晨3点就下地了,当7点左右,记者到他家的蔬菜大棚时,老杨刚刚才忙乎完。

杨凤良(山东省淄博市临淄区皇城镇杨王村种植户):我们这儿种西红柿,已经有将近 30 多年的历史了。一开始是小棚子,然后换大棚子,陆续地发展。

　　老杨告诉记者,自己所在的淄博市皇城镇素有西红柿第一镇之称,因为水土、气候和日照的影响,这里长出来的西红柿个个都是沙瓤,口感绵软甘甜。但以前因为要自找销路,所以经常会出现滞销的情况,而农超对接的出现,让很多村民不再为西红柿的销量发愁,临近年底,订货量更是持续的增加。和菜农老于不同,老杨的两千斤西红柿是用自家的农用运输车送到集货点的。

　　早晨 7 点半,满载着收货的欣喜,老杨向 5 公里外的集货点开去。在集货点,这些蔬菜还将经历怎样的环节才能踏上奔赴北京的道路呢? 明天下一节目继续关注。

　　主持人:看完这条消息,可能大家有一个基本的印象,觉得农超对接,对种菜的农户和超市是一个双赢的局面。其实我们再仔细地一琢磨,这其中主要靠谁呢? 动力来自哪儿? 应该是超市。为什么这么说呢? 人家农户应该就是把菜种好,那是人家的本分。现在有很多超市不出去,就坐着,上架费、进店费,这都是坐收渔利。把菜价、农超对接这些事做好,这些超市真应该更多地张开嘴、迈开腿、走出去。

　　(二)中间环节全省略　山东蔬菜收购价上路[①]

　　主持人:昨天,我们说的是农超对接中的一个环节,老于家的西葫芦、老杨家的西红柿已经从田间地头收上来,那么今天让大家看到的是在发货点抽检、发车、上路。

　　昨天,我们记者带您去山东老于家和老杨家的蔬菜大棚看了看,为您介绍了新鲜西葫芦和新鲜西红柿是怎么从地里摘出来的。今天我们接着讲这蔬菜采摘后运到镇上发货点的故事。

时间:12 月 12 日上午 8:00

地点:山东省淄博市临淄区众得利农业合作社门口

　　当菜农老杨驾着自家的农用三轮车把西红柿运到镇上时,这辆发往北京的大货车已经在等着装车了。不过这装车之前,物美山东采购部的工作人员还要对菜品进行最后的抽检。

　　韩恒振(物美集团采购部山东蔬菜基地采购员):我们就是每天按照发货的30%进行抽检,就是在车的前、后、中部,在这装车时,在车的最前端抽几件、在中

　　① 资料来源:根据录音剪辑,101215《首都经济报道》,http://v. youku. com/v_show/id_ XMjI5OTcyNTYw. html

间抽几件、在最后面再抽几件。

采购员手边的小秤（SF-400 电子秤），就是抽检用的。比如西红柿单个重量要在 120～300 克之间，西葫芦则要求在 300～450 克之间。在抽检现场，记者还遇到了山东淄博众得利蔬菜产销专业合作社负责人胡永利和物美集团山东蔬菜基地采购负责人杜洪沙。每天农超对接的蔬菜发货前，这二位会联合对产品进行最后的把关。

杜洪沙（物美集团山东蔬菜基地采购负责人）：因为最近天气好，供应量都比较充足，市场的价格非常稳定，现在西红柿的价格我们基本上收购价在 1 块 6 到 1 块 7 之间，黄瓜也就是在 1 元到 3 元之间。

胡永利（山东淄博众得利蔬菜产销专业合作社负责人）：以前农民卖菜是卖给地头的小商贩，小商贩就拿到寿光再卖给大商贩，大商贩以后再运到北京的新发地市场，新发地市场再批发给当地的批发菜商，然后到超市里面。所以它环节多，层层加价。

胡永利告诉记者，按照以往的蔬菜销售模式，如果每个环节再加价 20% 左右，1 斤蔬菜走到超市的货架上最终价格要比收购价翻上一番，而就在一年多前，胡永利负责的当地农业合作社在农户和超市之间牵线搭桥，实现农超对接。这下不但让当地的菜农不再为销路发愁，也让北京市民吃上便宜而新鲜的蔬菜成为可能。因为尝到了农超对接的甜头，合作社为了让家乡的蔬菜彻底在北京打开销路，干脆琢磨出新招，让农民兄弟自己去超市促销。像前几天前，记者在物美超市采访的那位操着山东话叫卖的理货员老陆就是合作社派出去的。

胡永利：在北京有 20 多家店，有我们山东基地的促销员，从目前看，蔬菜的销量翻了三番。

两小时后，山东蔬菜基地的近 16 吨蔬菜装车完毕，他们的下一站就是北京。这些蔬菜在路上还会遇到哪些问题？它们能一路顺畅地进入北京超市，最后上我们的餐桌吗？明天我们继续为你讲述山东蔬菜 24 小时进京的故事。

12 月 12 日上午 10 点，满载着山东蔬菜基地近 16 吨蔬菜的大货车载车完毕，并立即启程，奔赴北京。

主持人一：刚刚看到镜头里的西红柿就发出感慨，长得太周正了。

主持人二：那个西红柿要是上架，也是排在头二排的。

主持人一：一般的农超对接中，超市对当地采购的果蔬规格、样子，它都有一定的要求。从今年以来，农超对接所涉及的金额已经达到 200 多万元，农产品在农超对接中已占到 15%。相关部门也表示明年数字要翻一番，大概达 30%。但是我们也注意到现在农超对接还不是每个城市都有，以后这个范围经过几个大城市的试点后，还会推开。

主持人二：刚才看农超对接，我也在琢磨。你说农超对接这两头，一般我们大家可能习惯性地认为农户可能在合作中处于弱势，因为超市它有很多选择面，今天老于的西葫芦不行了，我选老刘、老马的。但是另一方面，农户也可以做很多的事情，比如说一些农产品，我们就近来说，大兴庞各庄都是种西瓜的，老宋西瓜那也是一个牌子，为什么老宋行，老于这边的西葫芦就不行了？

主持人一：还得关注科技的含量。明天我们继续来关注山东的蔬菜是怎么进到北京超市的。

（三）免通行费　蔬菜 10 小时内顺畅到京①

这两天，我们一直为您讲述山东的老于和老杨怎么把自家的蔬菜运到北京的故事。昨天，他们家的西红柿和西葫芦已经和山东基地的其他 16 吨蔬菜一起装车完毕，启程上路了。今天，我们要为您带来的就是这些蔬菜在路上的故事。

时间：12 月 12 日中午 12:00
地点：山东至北京高速路上

开大货车的这位师傅叫孙立林，平均每月都要往返北京运蔬菜，为了让这农超对接的蔬菜尽快到京，老孙一般都不间断行驶，途中没有特殊情况不停车，而午饭自然也就凑合凑合。

孙立林（大货车司机）：买点火腿肠、面包啥的，随便吃点，吃饭在车上吃，不下去吃，节约时间。

如今能节约的可不仅仅是老孙的时间了，打从 11 月底，进京农产品免收高速路通行费后，这一趟农超对接的车程跑下来，成本方面可是省了不少。

孙立林：现在拉蔬菜不是有个绿色通道吗？绿色通道高速路全免，从山东到北京，不用交费一气儿到了，比以前能节省六七百吧。

记者粗略算了一下，以老孙拉的这车 16 吨蔬菜为例，节省六七百就意味着每斤成本再便宜 2 毛钱左右。

时间：12 月 12 日下午 3:30
地点：孙立林驾驶的大货车行至山东与河北交界高速路收费站，鲁北站
孙立林：你好，拉蔬菜的。

高速路收费人员递给了老孙一张通行卡，凭着这张卡，老孙在剩下的高速路

① 资料来源：根据录音剪辑，101216《首都经济报道》，http://v.youku.com/v_show/id_XMjM-wMTg2MTM2.html

收费站也将免费通行。经过 8 个多小时的平稳行驶，12 日下午 6 点半，农超对接的这车蔬菜终于走进了进京前的最后一个高速路收费站——台湖收费站。高速路工作人员简单核实一下老孙车里的货物，便让老孙免费通行了。

时间：12 月 12 日晚上 8:00
地点：孙立林驾驶的大货车行至位于朝阳区南皋路物美物流基地
孙立林：一会儿我解开篷布，把车倒到库门，他们就可以卸了。把单子（发货单）给他们拿进去，他们就在里面开始接货了。
记者：您的任务就算完成。
孙立林：对，我到这里把车停好就算没事了。
从早上 10 点装车完毕，到晚上 8 点进北京的物流基地，这车 16 吨的蔬菜，已经长途跋涉了近 10 个小时，孙师傅终于可以休息了。接下来要忙碌的就是物美物流基地的工作人员了。因为他们要对这些农超对接的蔬菜进行配送，运到物美在北京的各个门店。那么，这些蔬菜最快要多长时间才能到店？又是哪些顾客最早买到这批蔬菜呢？明天我们继续为你讲述山东蔬菜 24 小时进京的故事。
主持人：一系列的措施之后，让我们看一组数据，上周全国 36 个大中城市重点监测的 18 种蔬菜的平均价格比前一周下降 3.6%，同比下降 4.5%，这价格比 11 月初下降 17.4%。

（四）从田间到货架　24 小时新鲜蔬菜①

在最近几天连续播出的山东蔬菜 24 小时进京的故事里，我们为你讲述了蔬菜从地头到装箱再到进京路上的故事，今天咱们要继续为您讲讲这些蔬菜到了北京物流基地之后发生的事。

时间：12 月 12 日晚 8:30
地点：北京市朝阳区南皋路物美物流基地
在路上奔波了 10 个小时的西红柿和西葫芦如今在物美的物流基地安营扎寨了。在这里，发货人员将根据订单上各家门店需要蔬菜的品种和数量，将蔬菜统一配送，最迟在第二天 5 点钟，这些农超对接的蔬菜将全部配送到店。

---

① 资料来源：101217《首都经济报道》，http://v.youku.com/v_show/id_XMjMwMzk3NDg0.html

时间:12月13日凌晨5:00

地点:北京物美超市新街口店

记者高玉荣:凌晨5点钟,北京市的很多市民还在睡梦中,但您看我身后的超市工作人员已经在忙着给今天的蔬菜上架了。我手里拿的这几样菜就是今天经过我们一路追踪从山东远道而来的,经过整整24个小时的历程,它们也完成了农超对接的道路。

在工作人员理货时,记者注意到这个能盛放20公斤西红柿的绿色塑料筐很是眼熟,在20多个小时前,山东淄博菜农老杨的西红柿菜地里,就是用这个筐来采摘西红柿的。经过了一路的旅程,筐里的西红柿一次都没有倒手。

就是用这个筐作为运输的载体,这样,送到我们集散地上车也是一个筐,然后到物流中心也是整筐搬下来,不用倒。

吴总告诉记者,新鲜蔬果最忌二次倒手,每倒一次就增加一次损耗,而农超对接,从田间地头直供超市,就直接避免了这个问题。

时间:12月13日上午8:30

地点:北京物美超市新街口店迎来了第一批顾客

记者拍摄当天是礼拜一,尽管业内有个说法叫"礼拜一,买卖稀",可您瞅瞅,超市这蔬菜区还是这番景象,照样是热火朝天。很多大爷大妈轻车熟路,直接就奔这农超对接的蔬菜专区来了。这位家住新街口附近的郑女士买走了今天刚刚上架的头一份西红柿。

郑女士(消费者甲):我有时也去自由市场,去的话质量差不多的在那大概卖3块钱,这里2.88元,好像稍微地便宜了一点。

当记者告诉郑女士,这些西红柿是山东淄博的农民兄弟老杨昨天凌晨3点就下地采摘的,她是头一份买走农超对接西红柿的顾客时,郑女士发出这样的感慨:"应该说天气这么寒冷,农民也挺辛苦的,晚上收购这个东西,你们也跟随一路过来,应该说你们也挺辛苦的。"

除了郑女士,大部分起大早来超市买菜的顾客也都表现出对农超对接蔬菜的特殊偏好。

消费者乙:就是从产地直接运过来,又新鲜又便宜,我愿意上这来买菜。

消费者丙:价格都比早市还便宜。

吴坚忠(物美集团董事长):农超对接因为节省了供应链和环节,使终端的价格相对比较低,第一个自己的价格低,第二个因为它有菜供应,周边的传统流通的价格也会受到抑制。

从山东淄博的蔬菜基地,到大货车进京,从物美物流配送中心到门店里码放

121

整齐的新鲜蔬菜,再到老百姓菜篮子里、餐桌上的美味佳肴,农超对接这一路凝聚着农民的汗水、超市采购人员的辛劳、国家政策的大力扶持和北京市民的热情。

主持人甲:本片的最后又一个特写(鲜活农产品专用通道),其实同样是从山东运农产品到北京来,之所以会便宜,主要得益于政府开设的绿色通道,但是现在的问题就是我们只是把鲜活农产品的这个价格、这个关系民生的,肯定要把它降下来,但长期来讲,如果其他的仍然不在绿色通道上,如油、大宗农产品等,它路上的成本仍然很高,那农产品涨价的压力还是很大。所以,我们希望绿色通道一直开着,越开越多,而且这些原来不在绿色通道里的,也能进到绿色通道。

主持人乙:简单一句话,就是需要一个长效的机制而不是一时之举。

第八节　家家悦模式

2008 年年底,商务部、农业部联合启动农产品农超对接试点,山东家家悦集团有限公司成为国家首批农超对接试点企业,其经验也被作为典型在全国推广。此前,家家悦集团董事长王培桓已经带领他的 400 家直营连锁超市,在探索和践行这一模式的道路上走了将近 10 年。"关注农民期盼的眼,盯住顾客放心的碗",这句王培桓常对员工强调的话被做成条幅挂在家家悦集团位于威海宋村的生鲜加工配送中心大厅里,旁边一面墙则挂满了农民送来的锦旗。

家家悦的成功之处,在于充分发挥了流通企业的优势,将城市和农村的产销需求成功对接,构建了工业品下乡、农产品进城的现代流通体系。这种运作模式,在带动农民致富、促进农村经济发展中起到重要作用,同时也为流通企业做大做强提供了范本。从前瞻的理念思路、完善的生鲜供应链到强大的物流体系,一系列创新之举让家家悦从强手如林的国内零售企业中脱颖而出。

一、农超对接的类型

(一)紧密型对接

1. 特点

免费提供种子,确定种植面积、品种、数量、标准和价格,全程参与基地的管理和跟踪,按议定的标准定价整体收购。

2. 适用类型

①新品或特色品种的引进。适用引进的新品或科研所开发的新品,如糯米玉米、大西洋土豆、光杆茼蒿等。

②当地种子难买,容易买到假种子或质量不好的种子。家家悦直接从种子研究所购买种子,并签订购买协议,把种子免费发放给农户。

(二)半紧密型对接

1. 特点

原产区有一定的种植技术和种植面积,但没有种植标准,管理不规范。通过镇、村委两级政府牵头,采用联户的形式,引导部分农户种植,规范种植标准,并带动周边农户形成规模种植。

2. 适用类型

主要是种植区域相对比较集中的果蔬类大众性产品,如西瓜、苹果、樱桃、茄子等等。当地原来就有种植区,而且种子和苗木比较容易买到。家家悦制定用药标准、施肥标准、行距、株距、产后收购标准和包装标准,但不提供种子,农民按要求种植,形成规模化生产。一般是一村一品或一村两品。

(三)松散型对接

1. 特点

主要是路途远、南北差异大、容易运输的商品,家家悦不能完全参与过程管理。由当地政府牵头,形成企业与种养殖公司、加工公司的合作。

2. 适用类型

当地种养殖公司本身就拥有技术、软硬件的支持,并且工具、肥料、种苗能集中采购,在成本上可以大大降低。而且各种种植要求及规范合作公司都有严格的标准,可以保证产品的质、量。如家家悦经过实地考察,在江西发展脐橙基地。带动当地种植橙子、蜜橘的农户增加了 2000 多户。

二、农超对接的具体模式

(一)科研所＋农户模式

家家悦与科研所合作,根据市场需求,对培育的新品进行推广,形成规模化种植。

(二)资金扶持大户模式

家家悦采取"公司带农户,大户带小户"的政策,层层推进带动农民致富,形成较大的种植规模。家家悦利用信息、技术、管理等优势,对大户菜农进行针对性的技术指导,全过程跟踪服务,帮助其建立绿色有机农产品基地,实现农产品质量从农田到餐桌的严密控制,并通过对农产品建立追溯制度,编织"绿色"菜篮子。如山东省威海市荣成市腾家镇的高兆亭,原先自己有 2 亩地的草莓,每天骑摩托车到城里卖。家家悦前去考察后,收购了他的草莓,并借款给他,帮他买箱式货车,代收草莓,带动了全村及周边村的 200 多户 500 亩种植区。

(三)村委组织合作

乡村干部在农村具有巨大的影响力和号召力,家家悦联系优势农产品产区或已经实施了"一村一品"村庄的干部,请他们来为家家悦组织超市所需的农产品。家家悦免费向农民提供优良的玉米等品种,进行技术指导,引导订单农业生产;然后签订收购合同,按照不低于市场的价格,进行统一收购,现金付款,在满足市场需求的同时,增加农民收入。

(四)专业合作社模式

家家悦非常重视同农民专业合作社的合作。除了已经成立的农民专业合作社外,在一些农产品的主产区,如果农民有意向但还没有成立合作社,家家悦会帮助农民成立专业合作社,并为新成立的合作社提供有利的采购条件,支持新生的合作社发展。如由家家悦牵头,成立山东省文登市勾勾吉等专业合作社,为社员提供技术指导、生产加工、销售一条龙服务。在文登市勾勾吉合作社,家家悦推广绿色环保的农业种养殖技术,把养殖场、沼气池、种植基地相结合,农作物秸秆作饲料进行生猪养殖,猪粪通过沼气池产生沼气,利用沼气点灯诱杀农作物害虫,沼气渣可以做肥料给农作物施肥,发展循环农业,减少农村化肥、农药的使用,降低污染,建立绿色有机农产品基地。[①]

二、开展农超对接活动

2005 年,威海遭遇暴雪,市区积雪超过 1 米,最深处达 2 米。但为了保障城市供应,不让农民着急,家家悦的车队还是想方设法到基地收购农产品,平时 1 个小时的路,跋涉了整整 12 个钟头。降雪期间,家家悦超市所有门店坚持营业,每天保证蔬菜、水果正常供应,且价格一分钱不涨!

姜家疃村位于山东省威海市环翠区张村镇里口山,特色产品"里口山蟠桃"远近闻名。但往常每逢产桃季节,蟠桃销售都会成为当地果农的一大心病。老话说"隔夜不贩桃",蟠桃的常温储存期很短,为了让成熟的蟠桃及早脱手,许多

---

① 资料来源:http://www.linkshop.com.cn/web/archives/2009/114057.shtml

桃农经常以一斤几毛钱的低价将桃子抛售。看着辛辛苦苦种出的桃就这样贱卖，桃农的心里很不是滋味。为化解"卖桃难"，2008 年 10 月，姜家疃村在山东家家悦集团有限公司的指导下，成立了"山里红果蔬专业合作社"，开始由合作社牵头，把每天采收的果蔬集中起来，分拣包装，由家家悦集团的配送车按时运走，直接进入超市销售。①

家家悦农超对接的好做法引起了央视"今日说法"栏目的关注。2009 年 3 月 7 日中午，该栏目的两会特别节目"小撒七日谈"播出专题《寻找新动力》，对山东家家悦集团有限公司以农超对接方式应对金融危机、拉动内需，令商家、菜农及消费者三方都受益的经验进行了专题报道。为了向观众展示农超对接的运行模式，"今日说法"的记者"跟踪"采访了给家家悦超市提供蔬菜的农民老王。老王是文登市宋村镇的农民，家里有 3 个蔬菜大棚。早上 7 点半，老王起床开始摘黄瓜。上午 9 点半，他开着拖拉机拉着 4 筐新鲜的黄瓜到离家 10 多里地的家家悦生鲜物流中心。通过筛选、检验合格后，家家悦生鲜物流中心按照当天黄瓜收购价格给老王结了账。到当天下午 3 点，老王的黄瓜就出现在家家悦超市的货架上，每公斤零售价 7.2 元，而当天其他同类超市黄瓜的零售价格是每公斤 7.8 元。②

当很多省市还在探索如何开展农超对接时，家家悦集团的农超对接之路已经走了 10 年。1999 年，家家悦集团在宋村建立了物流中心，直接收购农户的蔬菜水果，摆放于超市的货架上。2006 年，家家悦又投资 2 亿多元，建立了总面积 8 万多平方米的宋村生鲜物流配送中心，该中心功能齐全、设备先进，农超对接更加方便与快捷。2009 年 7 月 10 日上午，全国农产品农超对接现场会在威海市召开。在王培桓的陪同下，商务部副部长姜增伟率来自全国的农超对接代表先后参观了环翠区山里红果蔬专业合作社、家家悦东来生猪养殖基地、家家悦宋村无公害蔬菜生产示范基地、家家悦齐鲁商城等家家悦农超对接基地。10 日上午，家家悦集团在现场会上作了典型经验交流，并与荣成邹山蔬菜合作社签订了农超对接合作协议。③

三、家家悦农超对接的三大平台和三大体系

（一）建设三大平台推进农超对接向纵深发展

山东家家悦集团有限公司作为国家首批农超对接试点企业，建设三大平台

① 资料来源：http://finance.people.com.cn/nc/GB/9815723.html
② 资料来源：http://www.logclub.com/forum.php? mod=viewthread&tid=15417&page=1
③ 资料来源：http://www.whftec.gov.cn/show.asp? id=931

推进农超对接向纵深发展。

1. 互惠互利的商农合作平台

与200多家农民合作社建立合作关系,其中有股份合作关系的18家;与100多处基地签订了5年以上长期合同,对鲜活农产品进超市实行零收费,对15个作物品种实行保护价收购,已在全国范围内发展农产品基地35万亩,年产量60万吨,超市销售的农产品80%以上直接从基地采购。

2. 快捷顺畅的物流信息平台

利用信息反馈系统,推广品类管理和供应链管理,及时分析重点农产品的销售数据,引导农民合作社和生产基地及时把握市场变化,调整种养结构,扩大适销对路产品的种植面积;新建了莱芜生鲜物流中心,完善了宋村生鲜物流中心,进一步扩大生鲜物流规模;在主产地新建和外包了存储能力2.5万吨的冷库,对季节性商品进行储备,目前已储存土豆、萝卜、蒜薹等蔬菜6000多吨,根据市场需求随时进行调剂,增加有效供给。

3. 优质高效的品牌培育平台

指导19家农民合作社进行无公害认证、绿色食品认证,并注册了福鑫黄金梨、勾勾吉扁桃、雨夼草莓等8个商标;对威海刺参、里口山扁桃、乳山巨峰葡萄等一批地方农产品制订了品牌培育计划,加大宣传力度,扩大产品的知名度;引进红提葡萄、黑布朗、猕猴桃、高山娃娃菜、韩国梨等一批高端品种,在农民合作社进行订单生产,降低生产成本,为广大消费者提供国际标准的农产品。[1]

(二)构建三大体系深化农超对接

1. 源头采购体系

加强与出口农产品质量安全示范区、农民专业合作社等对接与合作。目前已在全国28个省建立农产品基地40万亩,对接合作社300多个,与100多处基地签订了5年以上长期合同,80%的农产品直接从基地采购。

2. 物流配送体系

建设2万平方米生鲜物流中心和8万平方米农副产品交易中心,建立生产基地、批发市场、生鲜配送一条龙产业链。投资3亿多元开设植物油厂、大米加工厂等,积极探索自采、自配、自销经营模式。投资建设中央大厨房,加工制作面包、粥汤等7大系列1000多个品种,对500多处零售终端实行即时双向配送,扩大农产品销售规模。

① 资料来源:http://www.sina.com.cn,2011-03-01。

3. 质量保障体系

结合国家无公害蔬菜生产标准,制定了无公害蔬菜各环节的理化指标、感官指标、安全指标,并进行现场指导。成立检测中心,按标准对每批次蔬菜进行实测实验;加强与农产品质量安全示范区公共检验检疫平台对接,对基地农产品实行定期送检,严把农产品入市质量关。积极引导农民专业合作社开展绿色认证,打造优质农产品品牌,已通过绿色认证的基地达到 14.5 万亩。[①]

四、家家悦农超对接的特点

(一)与基地建立稳定联系,并坚持鲜活农产品自营的"一手牵两头"模式

一方面,家家悦与基地农民签订合同,将购销关系稳定下来,建立与鲜活农产品生产基地长期、稳定的战略合作关系。另一方面,家家悦按期对农产品进行收购、加工和销售。这种做法被形象地称为"一手牵两头",使得农产品品种、数量与市场需求不对接的几率大大降低,避免了农产品卖难,促进了农民增收。

在威海文登一个中小规模的叶类菜种植基地,农户于国庆种植了 30 亩叶类菜,一亩地每年就能收入 1 万元,在他的带动下,70 多户农民共同成立了绿图蔬菜种植专业合作社,与家家悦进行对接。

企业直接与基地对接减少了经销商产地采购、二级批发等中间环节,降低了流通成本,使终端销售价格下降,同时也保证了产品新鲜度。"降低损耗,就等于提高土地利用率,就等于保护耕地。"家家悦董事长王培桓说。家家悦采取从基地直接采购的农产品平均损耗在 4% 左右,远远低于我国鲜活农产品流通环节 20%~30% 损耗的平均值。

(二)将农产品质量标准前移的"倒逼"机制

为保证基地鲜活农产品质量,家家悦按消费需求为农户制定了统一的生产标准,并在生产过程中为农户提供指导。这种以消费"倒逼"生产的做法大大减少了因产品不合格产生的损失。在家家悦生鲜物流中心货品交收处,电子屏幕上滚动显示着农户姓名、产品品种、各种质量指标的具体数值。家家悦工作人员介绍,农药残留超标的农户将直接被取消供货资格。

(三)"发展连锁,物流先行"的后台支持模式

王培桓认为:"食品安全涉及生产、流通每个环节,没有自己的物流体系,对食品安全的监控就会有缺失。"家家悦现有 6 座现代化物流中心,整体配送能力

---

① 资料来源:http://www.mofcom.gov.cn/aarticle/resume/n/201207/20120708229673.html

可支撑 200 亿元的销售规模,有效配送半径 200 公里,对所有门店生鲜产品进行统一配送,真正实现了鲜活农产品"夜里在地里,早上在店里,中午、晚上在锅里"的流通时间表。

（四）大卖场、社区店、农村店兼顾,高、中、低端产品协调发展

目前,家家悦超市共有 400 家直营店,覆盖山东 29 个市县,其中包括大卖场、社区店和 240 多家农村店。定位明确、类型各异的门店共同构成了适宜农超对接模式运行的立体销售网络;而高、中、低端的生鲜产品则兼顾不同的消费群体。

（五）灵活多样地推动合作社发展

新华社经济分析师在调研中了解到,家家悦超市农超对接模式发展早期,采取了企业主动帮助农民成立合作组织的办法,并且对有困难的农户提供一些资金援助。目前,与家家悦超市对接的基地合作方式丰富多样:一是大户农民牵头,带动周围的中小农户形成一个基地,进而发展成合作社与超市对接;二是镇政府或村委会组织农户联合起来,形成基地与超市对接;三是农科所等基层农业科研机构带动周边农户,形成基地与超市对接;四是农业种植公司同时代管周边农户田地,形成基地与城市对接等。不论哪种合作方式,都以提高生产组织化程度、指导生产、服务农民为目标,直接与超市进行对接。①

典型案例
3-7

家家悦做好农超对接标准化种植,农残不超标②

2006 年,山东农民于国庆生意失败,一下亏了 30 多万元。后来,看看周围的朋友,于国庆想到了种菜。那一年,他 50 岁。到了收获的季节,于国庆整晚不睡觉,前半夜收菜,后半夜就开着拖拉机,拉着 200 多公斤的蔬菜赶往文登蔬菜批发市场。于国庆种的小白菜和油菜在文登蔬菜批发市场卖得不错。他给记者算了一笔账,当时的小白菜是 1.6 元/公斤,一车 250 公斤的小白菜能卖到 400 多元,减去雇人收菜所需的 120 元和近 200 元的种子、化肥、农药等费用,一车小白菜只能赚 100 多元。

于国庆当时只有 4 个蔬菜大棚,蔬菜种植不成规模,经常遇到断茬的情

---

① 资料来源:http://www.shac.gov.cnzxzxxwkdgnxw200906/t20090603_1245795.htm
② 资料来源农博网:http://www.e23.cn,2009-05-05。

况。不但如此,一到夏天,大棚里的温度常常达到 30 多摄氏度,往往菜还没收完,就已经开始烂了。

转机:结亲家家悦

于国庆卖菜生意的转机是从 2006 年下半年开始的。一次很偶然的机会,于国庆的蔬菜引起了家家悦生鲜采购部工作人员的注意。

回忆起"结亲"家家悦那一天的情形,于国庆至今记忆犹新。于国庆说,那天他正在蔬菜市场卖菜,家家悦的几个人过来说,看他的蔬菜品相不错,问他是否愿意给家家悦供菜,并且当场开出了"收菜当天给现钱,还提供各种技术指导"等优惠条件。

于国庆说,他当时就琢磨,如果他的菜全部供应给家家悦,不但省去了来回颠簸的辛苦,价格也比较公道,这样他可以集中精力扩大生产规模,他很爽快地答应了家家悦的邀请。

后来他才知道,当时家家悦公司生鲜采购部的工作人员正在菜市场多方寻找优质蔬菜源头。早在 2000 年,家家悦集团总经理王培桓就提出,按照蔬菜"早晨在田里、中午在超市、晚上在锅里"的标准,家家悦超市坚持源头采购,减少中间环节,让百姓吃上安全放心菜。

尤其是近几年来,家家悦超市以销售数据分析为支撑,指导农民对销售呈上升走势、消费者喜爱的农产品进行重点发展,帮助农民引进优势品种和种植技术,并免费发放种子。同时与农科所、植保站等部门合作,对农民进行无公害种植技术培训,引导农民站在消费者的角度科学种植。通过聘请农科专业的毕业生,结合超市情况,对农民进行有针对性的理论指导,提供全过程跟踪服务。

于国庆与家家悦合作的方式被称作"紧密型农超对接",也就是说企业免费提供种子,产前确定种植面积、品种、数量、标准和价格,产中要全程参与到基地的管理和跟踪,产后企业按定价全部收购。

磨合:种菜走上"标准化"

与家家悦"结亲"之后,于国庆逐渐意识到,家家悦的钱其实也不好赚。

家家悦对蔬菜的质量要求非常高,每批蔬菜摆上超市货架之前,都要接受严格的检验。一旦遇到质量不合格的蔬菜,公司在退还农民一半的价款之后,都会将有农药残留的蔬菜按规定全部现场销毁。

为了防止自己的蔬菜农药残留超标,于国庆用药很谨慎,能不打药的坚决不打,能少打的绝不多打。结果等他兴高采烈把 150 多公斤油菜送到家家悦文登宋村蔬菜基地时,工作人员却告诉他,因没有按照规定喷射必要的农药,他的油菜上有虫子眼儿,结果 150 多公斤油菜全部被退了回来。

从那以后，于国庆再也不敢使巧劲儿了，而是严格地按照家家悦的蔬菜种植标准种菜。于国庆深有感触地说："以前卖菜时为了追求品相，在出门前都要把小白菜和油菜用水洗一遍，这样看起来样子好看，同时还能带点水，压点秤。"说到这儿，于国庆不好意思地笑了。于国庆告诉记者，与家家悦合作之后，他才知道小白菜和油菜等叶类蔬菜，不但不能用水洗，平时浇水也有严格限制，甚至包括露水都要尽可能避免，这样种出来的菜才能口感好，保存期长。

在种子的选择上，于国庆更加体会到与家家悦合作的好处。起初，他在文登各地买了四五份种子，想从中选优，但是种出的小白菜不但口感不好，产量也不高。得知于国庆遇到困难，家家悦生鲜采购部负责人当即为他多方查找优良品种，最终从北京一家种子研究机构购来几公斤种子。于国庆说，当时真是有点不舍得，北京的种子比当地的种子贵八九倍呢！

当于国庆想再投资建新棚时，家家悦集团主动提出，可以为于国庆提供10万元无息贷款，迄今为止已经拥有了50多个蔬菜大棚的于国庆踌躇满志地说："今年我要再建30个大棚！"

结社：事业才刚刚开始

2008年，随着蔬菜生意越来越火，于国庆又悄悄打起了"小算盘"。

于国庆琢磨着，他现在的50多个大棚，小白菜和油菜的日产量为2000公斤左右，但依然无法满足家家悦超市的需求，同时，经过几年的摸索，他已经成了蔬菜种植"能手"，他所种的小白菜和油菜不但获得了国家无公害认证，而且正在申请绿色蔬菜认证。如果能和周围的蔬菜大户联合起来，成立一个专业合作社，把蔬菜种植真正做成规模，岂不更好？

于国庆的想法与家家悦的发展思路不谋而合。

近年来，家家悦集团也一直在思考如何与更多的农户对接起来，原有的"公司＋农户"的模式有其局限性，从集约化农业的角度考虑，如果把更多的农民集中在一个组织里，把种子、标准、技术等传授给他们，不但可以为公司发展节省成本，而且通过家家悦的统一调度，农民按照订单农业的模式生产，也不会出现"一哄而上"或者"一哄而下"的伤农事件。2008年，家家悦集团就成立了4个专业合作社，以"公司＋合作社＋基地＋社员"的模式，从资金、技术等方面鼓励农民入股，同时公司为社员提供农产品生产、加工、销售一条龙服务。

仔细考虑过后，于国庆决定联合周围5户蔬菜种植户，与家家悦一起成立专业合作社。目前，他们已经着手申请成立"绿图专业蔬菜合作社"。

对于成立专业合作社，于国庆也是早有准备的，他告诉记者，家家悦的这套标准化、规范化的科学种植方式非常管用,他已经将干活的人分成了种植组、打药组等多个小组,每项工作都有专人负责。

"源头安全并不能完全保证消费者可以吃到放心食品。"家家悦集团总经理王培桓提出,要从基地安全入手,保证蔬菜加工、运输、储藏、卖场销售等各个环节都要安全,把无公害蔬菜送到消费者手中。为此,2005年公司投资建设了8万平方米的农副产品交易中心和生鲜加工物流中心,对农副产品进行统一集散、加工、储存、交易和配送,同时配备了高标准的"冷链"系统,对农产品从加工、仓储、运输到销售实行全过程、全封闭冷链控制,建立起食品安全可追溯体系,形成了从生产基地→交易中心→生鲜加工→冷链配送→店部销售的一条龙产业链,构建起农产品现代化流通体系。

第九节　永辉超市模式

永辉超市成立于2001年,是中国500强企业之一,是福建省、重庆市流通及农业产业化双龙头企业,是上海主板上市企业(股票代码:601933)。永辉超市是中国大陆首批将生鲜农产品引进现代超市的流通企业之一,被国家七部委誉为中国"农改超"推广的典范,被百姓誉为"民生超市、百姓永辉"。未来几年,永辉将稳健地向全国多个区域发展,并保持可持续盈利增长,力争至2014年销售总额逾500亿元,发展成为全国性生鲜超市龙头企业,跻身中国连锁企业前列。

一、农超对接主要业务模式

永辉超市农超对接的基本情况是:采购规模大,成本降低明显;合同期限长,货源相对稳定。10年前,永辉超市就采取"基地直采"方式从福州周边向种植大户直接采购蔬菜、水果。每年年初的时候,超市就会和农村合作社、农业生产型企业进行洽谈,把全年大概种植、养殖生产品种、数量告诉超市,超市根据需求下订单,批量生产,做到心中有数。[①]

永辉超市利用龙头企业的规模优势,以商业反哺农业。积极开展福建、重庆等地的农超对接活动。带领签约的农村合作社向着规模化、制度化、集约化管理模式发展,初步构建了少环节、低成本、畅通高效、绿色安全的农产品现代流通网

---

① 资料来源:http://www.chinadaily.com.cnhqgjjryw/2012-07-13/content_6435265.html

络。逐步摸索出"超市＋农户"、"超市＋专业合作社＋农户"、"自建基地"等连锁超市与农业基地的农超对接模式。在日常合作中,永辉一直采取保底价收购措施以应对市场价格突变,实实在在地帮助农户解决实际问题。同时,与农户、合作社分享生鲜商品流通信息,结合农业技术顾问的建议,指导当地农户、合作社种植适时蔬菜,提高经济效益。

（一）农超对接合作对象

永辉超市农超对接的合作对象主要有两类,即农民专业合作社和现代农业公司。①农民专业合作社。要求主要成员中农民占多数、联合种植面积达到一定规模。②现代农业公司(拥有种植农业基地)。要求拥有自建农业基地、采取连片种植、"三品"优先。

（二）农超对接基本条件

1. 质量安全

符合《农药化肥使用标准》,禁止使用敌敌畏以及国家明令禁用的滴滴涕、六六六等高毒农药;按照《农残检测标准》进行采收检测,合格率达到100％。

2. 经营证件

专业合作社、农业公司具有法人营业执照、税务登记证等经营证件。

3. 产品规格

农产品形状、色泽、尺寸、成熟度、整齐度、损伤等符合行业分级标准。

4. 包装规范

符合《农产品包装和标识管理办法》的规定,包装效果突出。

5. 种植产量

具有一定的种植规模,能达到批量化集中统一采收。

二、开展农超对接活动

10 年前,永辉超市就采取"基地直采"方式采购生鲜农产品,如 2000 年 7 月开设第一家"农改超"超市——永辉生鲜超市(福州屏西店);2001 年 12 月李岚清副总理在福州视察"农改超"工作,对"永辉模式"给予充分肯定;2002 年 9 月国务院七部委联合检查组考察永辉超市,誉为中国"农改超"的开创者,并提倡在全国范围推广"永辉模式";2002 年 2 月,福建省省长习近平视察永辉超市(黎明店)"农改超"工作;2004 年 2 月,福建永辉采购配送中心成立;2004 年 6 月,永辉货仓超市(福州黎明店)改造扩建工程完成,成为全省最大的"农改超"超市;2005年 7 月永辉集团斥资 2 亿元建设福建永辉现代物流配送中心;2005 年 11 月开设第一家永辉生鲜超市升级版——永辉生活超市（福州融侨店）；2006 年 7 月，商务部副部长姜增伟莅临永辉超市（黎明店）视察；2007 年 3 月，商务部市场体系建设司司长常晓村等多位领导带领全国"万村千乡市场工程"现场会的与会代表参观永辉物流配送中心；2008 年 11 月，永辉（彭州）农产品加工配送中心奠基，是福建省支援彭州灾后重建第一个落地的招商引资项目；2008 年 12 月，永辉集团启动青年创业计划之"农产品直供基地"项目，并设立创业基金 500 万元；2010 年 11 月，永辉超市贯彻中共福建省委书记孙春兰、省长黄小晶调研市场供应重要讲话精神，率先在福州平抑农产品价格，并落实"四种蔬菜"政府指导销售价。①

2011 年 5 月 17 日，永辉超市"农超对接项目扶持基金"发放仪式以及农技顾问聘请仪式在重庆仙女山畔的曙光专业合作社院前隆重举行。曙光蔬菜专业合作社位于海拔 1200 米的武隆县双河乡，是重庆市的反季节蔬菜重点基地之一。自 2009 年 8 月对接成功以来永辉在武隆县仙女山曙光蔬菜合作基地的采购量达 200 余万斤，总金额 183 万余元。永辉超市为了进一步提高该合作社的蔬菜等鲜活农产品的质量和安全品质，促进农业增效，保障农民增收，实现双方合作共赢，从而推动武隆县农副产业的发展，特聘请董春平先生为公司农业技术顾问，专门负责指导该合作基地的一切农作生产各环节工作。并且为了表彰该合作社的所有农户们一直以来与永辉超市积极合作的热情，结合该合作基地的实际情况，特发放"农超对接项目扶持资金"3 万元整。②

2011 年 8 月 17 日，永辉超市举行了签约仪式及河北媒体见面会，标志着这家被商务部列为"全国流通重点企业"和"双百市场工程"的超市正式在石家庄布局。新鲜便宜的蔬菜水果等生鲜类商品是永辉超市的法宝。据介绍，永辉超市被国家七部委誉为中国"农改超"推广的典范，进行农超对接近 10 年了，拥有自己的直采基地和食品加工工业园，超市每天有 700 多名采购员进行生鲜类商品的直采工作。"我们的生鲜商品直采的比例占到了 70％。"永辉超市的生鲜采购总监提供的数字的确让人吃了一惊。因为家乐福在北京、上海等一线城市的直采目标是占比 50％，在石家庄只达到 30％。直采商品比重大，意味着流通环节减少，尤其是蔬菜等民生商品在价格上就有很强的竞争力。③

2011 年 8 月 13 日，永辉超市为响应合肥市委市政府的"惠民菜篮子"政策，

---

① 资料来源：http://www.yonghui.com.cn/2008_model.asp? menu_level_a＝1&menu_level_b＝3&menu_level_c＝1

② 资料来源：http://www.yonghui.com.cn/platformnews20110521_25347.html

③ 资料来源：http://www.linkshop.com.cn/web/archives/2001/173401.shtml

将在安徽区域正式启动农超生鲜"早市"销售模式。从 8 月 13 日起,永辉超市所有门店的营业时间将统一调整为 6:30 至 22:00。对于此次即将推广农超生鲜"早市"模式,永辉超市相关负责人表示,超市开早市,不仅可以满足多数市民早起买菜的习惯,而且能更好地找到农贸市场与超市的经营模式的契合点,并将两者进行良好的嫁接,着重突出生鲜和食品。不仅设有专门的人工服务,更重要的是提供更多最新鲜、最实惠的商品。①

2011 年 12 月 1 日,永辉超市与福建省农科院发起的农超对接产业链战略合作联盟在福州签约成立。合作联盟采取生产成本加收益率的定价原则,与农民签署产销协议,推广蔬菜产地冷链贮运技术,降低损耗率,获得稳定供货源,减少批发市场等中间环节,将降低菜价一成左右。联合蔬菜生产合作社和农业企业成立的产业链战略合作联盟,将发挥各方的核心竞争力,依靠科技创新促进价值链延伸,实现优势互补、风险共担、利益共享。农业科研机构参加联盟,针对产业链的技术需求,开展科研攻关,解决生产销售环节的关键技术;更重要的是解决科技成果转化为生产力的价值实现关键环节,变科技增产为助农增收,将有效克服科技下乡中的发展瓶颈。参加联盟后合作社和农业企业可专注于优势的生产领域,并获得专家指导,培训推广标准化栽培技术,生产"放心蔬菜";与超市签署产销合作协议,获得直销平台,统一包装配送,可提高产品的顾客认知度,获得稳定的基本收益。②

2012 年 6 月 20 日,由沈阳市于洪区政府和市供销社牵头,农超对接签约仪式在永辉超市东北大区会议室成功举行。会上,永辉超市与沈阳星生葡萄种植专业合作社等六家专业合作社签订采购协议,将采购包括西红柿在内的多种质优价廉的农产品,一方面有效解决了合作社销售问题,同时也为超市提供了更具市场竞争力的生鲜产品,达到了双赢的效果。③

三、永辉开展的农超对接扶持措施

（一）资金支持

永辉超市设置农超对接建设专项资金,针对贫困户存在资金困难,永辉预先提供专项资金用于垫付种子、种苗、农具、农药、肥料等农资,为合作基地提供无息免担保扶持资金,用于扩大种植蔬菜规模。

---

① 资料来源:http://www.linkshop.com.cn/web/archives/2001/172689.shtml
② 资料来源:http://news.fznews.com.cn/xhsjzkfz/2011-12-5/20111252XJ8WL2eTT161252.shtml
③ 资料来源:http://www.yonghui.com.cn/platformnews20120621_31060.html

（二）技术支持

聘请当地农技站专家对农民进行专业种植技术培训、现场指导，提供专业咨询。

（三）保底价收购

为农户及专业合作社设定市场保底价，当农产品市场价高于保底价时，按市场价进行收购，当市场价低于保底价时，则按保底价收购。

（四）提供展销平台

永辉在20家门店，设置了两翼农产品销售专区，有效拓宽两翼农产品的销售渠道，促进两翼产业良性发展。[1]

典型案例 3-8

农超对接十年利民惠农[2]

每天早上，福州雪美蔬菜基地都会按照各家超市的订单要求，为它们输送超过15吨的新鲜蔬果。这批即将运往永辉超市的上海青，每斤收购价4毛钱，经过40分钟的车程，就可以摆上永辉超市的货架，货架上上海青的标价是每斤9毛8。通过减少中间商的采购、转手环节，让蔬菜、瓜果售价实现"平价"。事实上，为了保证充足的平价菜来源，雪美蔬菜基地只是永辉超市全省50多家基地供应商之一。超市负责人介绍，每天的生鲜交易中，有70％的货源都直接采购自这些对接基地。

翁海辉（永辉超市股份有限公司副总裁）：农超对接主要的成果，就是建立了流通领域跟农业生产领域的直接对接。农民只要解决他自己种菜的问题，不需要考虑市场的问题。我们零售企业在卖菜的时候，只要考虑卖的问题、销售的问题，不需要考虑种植环节的问题。农业公司可以定量定产，不会像散户这样生产的产量没办法把控，还有食品安全没办法把控。这两个环节如果能进行无缝对接的话，中间环节的费用转为利润平价，用商业反哺农业，第二个是把这个利益反馈给广大的消费者。

福州市民一：我觉得这边价格还比较优惠。

当被问到：现在农贸市场的价格跟超市相比，会有很大的差别吗？福州

---

① 资料来源：http://www.yonghui.com.cn/platformnews20110507_25078.html

② 资料来源：http://www.fjtv.netnewsfolder84/2012/10/2012-10-12101952.html

135

一市民说：价格其实有的时候差距不是很大，这边就是比较放心一点，药检都比较到位。

其实，永辉超市不是雪美蔬菜基地的唯一客户。雪美公司 2002 年成立至今，已经有 3500 亩生产基地和 200 名员工，年产蔬菜 2 万吨。公司里的大部分员工是当地农民，从各家单干到加入基地公司，最大的差别就是蔬菜销路有了保障，农民的收入稳定了。

李向雪（福州雪美蔬菜基地总经理）：以前在家里面的话，只有一两亩地，夫妻两个人一年的收入一两万元。现在加入我们公司来做，他把地转包给我们，收入就提高了，一年的收入达到 5 万元。这几年我们农超对接，生产比较稳定，销路不怕。能够拥有稳定的销路，很重要的前提是蔬菜品质的保证。跟超市对接，我们一定要（农残）合格，不然超市会找到我们这边。快采摘的两三天之前，到田里把蔬菜进行检验，合格了才能采摘，才可以上市。质量好了，自然客户就上来了。

第十节　大润发模式

大润发（RT-MART）是由台湾润泰集团于 1996 年创立的一家大型连锁量贩店，1997 年更在中国上海成立上海大润发有限公司。截至 2008 年 12 月 31 日，大润发内地店数达到 101 家，营业收入人民币 335 亿元，获利 10.5 亿元，不仅挤掉沃尔玛、远抛特易购，还能与家乐福相抗衡。大润发集团在食品加工、农产品物流等领域取得了不俗成绩。

一、农超对接主要业务模式

大润发集团充分发挥食品加工行业的独特优势，积极采用"公司＋基地＋农户"的专业经营模式，加快农超对接，助推农业产业化、商贸现代化发展。大润发超市新鲜供应鱼肉蔬果，生鲜肉品一律采用 CAS 优良认证肉品，新鲜又便宜。产地直送生鲜蔬果，省去中间商成本，直接将利润回馈顾客，天天新鲜、天天都便宜。

（一）农超对接农产品的要求

1. 发票开立：合作对象可提供正规交易发票，进行结算。

2. 规格统一：商品在产地进行分级，规格统一（按照门店所要求的标准送货）。

3. 包装统一：商品分级后的包装做到统一，便于门店收货。

4. 配送服务：配送可由产地直接送达门店，减少商品运输环节，保证商品新鲜度。

(二)农超对接采购流程

1. 由总公司采购至产地考察商品状况(产量、产季)。

2. 和当地合作社洽谈合作事宜(价格、规格、包装、运输)。

3. 依据商品产地、产量、运输能力、保存条件采购决定可合作门店数。

4. 总公司采购集中洽谈采购，签署合作协议，门店负责日常订货。

二、开展农超对接活动

2009 年 12 月 9 日，烟台大润发超市开始营业，萝卜、茄子、青椒、西红柿等各种新鲜蔬菜摆满柜台。超市里的蔬菜水果像莱阳的无公害蔬菜、烟台苹果、海阳黄瓜、莱阳梨等全都是从产地直采来的。12 月 7 日上午，在莱阳市绿健农业合作社照旺庄镇祝家疃村蔬菜基地里，"大润发蔬菜采购基地"的牌子醒目地树立在平整青绿的菜地里。据该合作社理事长梁吉涛介绍，莱阳市绿健蔬菜生产服务专业合作社成立于 2004 年 3 月，拥有芦笋、花菜、黄瓜、西红柿、西兰花、青萝卜、芸豆、青椒、茄子、茭瓜等蔬菜基地 3000 多亩。合作社要稳定发展，解决产品销路是关键。为此，该合作社在确保产品品质的前提下，派出专人外出联系，甚至免费让各大商场试销合作社产品，如与济南大润发签订了烟台店蔬菜供应合同，并成立了无公害蔬菜专柜；随后又与济南大润发签订了青岛店、城阳店、威海店供应合同。[①]

2010 年 5 月 19 日，"超市黑马"大润发民族园路北京首家门店正式营业。试营 9 天来，生鲜销售火爆程度出乎意料。"从没想到瓜果卖得这么火，苦瓜日售数百公斤，榴莲每天都有顾客排队购买。"大润发民族园店客服部经理郝东霞称这是开业以来的最大意外。其实，大润发生鲜经营并非无备而来。据了解，大润发主食厨房采取自营，为保持蔬果新鲜度，在卖场还安有蔬菜喷雾加湿设备，而这种设备往往只在精品超市见到。[②]

2011 年 11 月 1 日，由黑龙江省商务厅牵头，克山县政府与哈尔滨大润发超市进行农超对接，首批 300 箱优质马铃薯已摆上大润发超市蔬菜销售专柜，由此，克山县优质马铃薯纳入大润发超市采购系统。据此次签约的克山县昆丰马

---

① 资料来源：http://www.shm.com.cn/newscenter/2009-12/10/content_2744605.htm

② 资料来源：http://news.xinhuanet.comfood2010-05/20/content_13524925.htm

铃薯专业合作社王绍军介绍,以往农民的马铃薯大多都卖给中间商,根本卖不上价。组织合作社直接供给超市,可以保证质量还能卖上好价钱,一斤要多收入两三毛呢。还可以打自己的品牌,长远更受益。消费者也受益,以一种红皮马铃薯为例,有的超市卖到 6 元一斤,而因为减少了中间环节,在大润发超市一斤才一元多。听说是真正的克山土豆,消费者刘女士当即买了一盒,她说,虽然比早市的贵,但能保证是真正的克山土豆,安全,无公害。[①]

2012 年 7 月,广东东莞大朗镇大润发超市设立了 800 平方米的平价农副产品专营区,里面销售粮油、鱼、肉、蛋、蔬菜、水果等 40 多种平价农副产品,价格比一般超市便宜 15% 左右。"超市通过与商品原产地对接,既保证了商品的新鲜,也减少了中间的流通环节,从而达到返利顾客的目的。"大润发工作人员说,农超对接的采购模式,使得这里农副产品的销售价格比市场价便宜 10%～15%,吸引了不少市民前来选购。他表示,超市今后还将继续增加平价商品种类。[②]

典型案例 3-9

农超对接后大卖场蔬菜便宜一半

自 2011 年 5 月 2 日第一批牛心包菜从田间直接落户大润发后,截至 2011 年 5 月 24 日,大润发超市已向晋江多处农户采购蔬菜近 20 吨,以"超市+基地"的产地直摘直供模式正在大润发持续运作。记者现场走访了大润发超市晋江店,带消费者看明白一个清晰完整的农超对接模式。

农超对接产品　价格比菜市场便宜一半

2011 年 5 月 24 日 17：40 下班时间,大润发超市迎来第二个人流高峰,售卖果蔬的区域里推车的人陆陆续续多了起来。

"早上八九点多是一些年纪较大的老人来买菜,傍晚时段的客流高峰大多是些下了班的上班族,家里还差点什么菜就来买,超市的生鲜区到了晚上也还会有一个高峰。"现场工作人员解释,果蔬区里原本高挂着几块农超对接的标志牌异常醒目。据介绍,农超对接专柜的牛心包菜一度只卖 0.38 元/斤,许多市民一早就来排队抢购,生鲜区工作人员一时还难以应付。

记者发现,大润发晋江店 5 月 24 日推出了 3 种蔬菜类农超对接产品,

---

① 资料来源:http://www.hljnews.cn/fou_lsny/2011-11-02/content_1091132.htm

② 资料来源:http://news.southcn.com/dishi/xdgxw/jiandian/content/2012-07-11/content_50535408.htm

分别是胡萝卜、青尖椒和无土西红柿,几个货架上的蔬菜新鲜又漂亮,标志牌上的标价更是十分吸引人:胡萝卜0.85元/斤,青尖椒1.00元/斤,无土西红柿2.98元/斤。而同类产品,在附近菜市场和其他连锁超市价格约在1.6元/斤、2.0元/斤、3.5元/斤,农超对接专柜的菜价比市场上要便宜一半!

一个电话　农户直接送货进超市

现在,大润发超市已和池店、龙湖、深沪的种菜大户形成了合作"默契"。如果超市要货,会提前一天打电话给农户。农户安排工人开始采摘后送往超市,8点前这边的工作人员就摆上货架供市民选购。周末人多的时候,超市每半小时就能卖出400斤左右的胡萝卜。

"我们每隔三天会去农户地里运货,农超对接这些产品,每样单品平均每天能卖出1吨左右。"大润发超市晋江店生鲜部副理陈千逸说。

第四章

农超对接的标准

超市经营农产品，首先得到消费者认可的就是农产品的质量安全比农贸市场可靠，农产品的质量安全是超市命脉，这也使得超市对进入超市的农产品的质量有着严格的要求。随着资格认证和标准化的运用，出于营销战略的考虑，超市执行自身标准的情况迅速增加，尤其是需求量很大的生鲜农产品。

标准化对超市采购验收起到很重要的作用，但目前，虽然各家成熟的超市都有自己的生鲜农产品采购计划，但各做各的，如果合作社同时和几家超市做农超对接，有可能会发现同样的产品，在某家超市能够通过验收，而另外一家就不一定了的现象。随着农超对接的推广和普及，行业或者国家来制定我国统一的农产品超市收货的行业标准或者国家标准势在必行。本章主要讲解我国目前一些通用的农产品国家标准和农业行业标准。

第一节　超市标准的制定

超市的农产品采购质量标准对于在做或者有志做农超对接的农民专业合作社来说极其重要，因为传统的农产品流通模式，交易双方用眼睛看、用手摸，根本不需要农产品质量标准来作为买卖的依据。而农超对接就不同，如果卖给超市的农产品没有达到超市的标准，超市可以扣点（付款打折扣），甚至拒收。

因此，农民专业合作社在做农超对接时，应首先了解和掌握超市农产品质量标准，在采摘、理货、包装和运输阶段严格按照超市的质量标准去做，就可以避免不必要的损失。

一、超市农产品质量标准的制定方法

在掌握超市的农产品质量标准之前,我们需要知道超市的标准是通过什么方法制定出来的,这样才能更加有利于我们掌握标准。

超市的农产品质量标准(产品标准及质量控制要求),是由超市总部的专业技术人员制定的,它必须具备:①有依据,符合中国国情;②可操作,合作社在备货和超市采购的质量检验人员能够使用;③明确易懂,需要能够让文化程度不高的农民看懂。

农产品标准包括国家标准、商业标准、进出口行业标准、农业标准等。但由于在我国,农产品标准的制定工作有很多部门参与,各做各的,导致我国农产品标准繁多,五花八门,不少现有标准与现实脱节,超市用不上。由于农超对接的主要对象是农产品生产者,因此,超市在制定农产品采购质量标准的时候,在参考"农业标准"的同时,更加需要结合自己多年来积累的收货和销售经验制定本超市的农产品质量标准。在食品安全方面,超市采用强制性指标,包括实验室指标、安全指标、卫生指标,通过这些指标来确保采购到的农产品的安全性。

在农超对接中,一些大型连锁超市集团在向全国推出生鲜食品招标采购计划中,对招标采购的主要农产品品种,联合有关部门制定了相关农产品质量标准,包括理化指标、感官指标、安全食用指标、鲜度指标等,并在此基础上确定批量招标采购数量;并强调对产地进行大气环境、土壤成分、水资源、农药使用等方面的测试。农产品生产者为使产品进入超市必然遵守以上各项要求,这就能大大地促进各地农产品实行标准化规模生产。

那些由于无法达到超市标准的生鲜供应商,将在市场规则下,逐步通过各种检测手段,使自身的产品达到要求。

下面就介绍一些与超市农产品质量标准有关的农产品标准内容。

二、优质农产品生产分类

从目前我国绿色农业的生产实际情况来看,优质安全农产品生产或加工分三个层次:无公害食品是第一层次;绿色食品属于第二层次;有机食品属于第三层次。就绿色农业的三个层次的产品质量和安全性来说,有机食品的安全性最高,其次是绿色食品,安全性最低的是无公害食品。

（一）无公害食品

无公害食品是指产地环境、生产过程和产品安全符合无公害食品标准和生产技术规程（规范）的要求，经专门机构认定，许可使用无公害食品标志的未经加工或者初加工的食用农产品。无公害食品在生产过程中允许限量、限品种、限时间地使用人工合成的化学农药、兽药、渔药、饲料添加剂和化学肥料等。

图 4-1　无公害农产品标志

（二）绿色食品

绿色食品不是简单指"绿颜色"的食品，其深层次的意义是指安全、优质、富营养的食品。绿色食品是指遵循可持续发展原则，按照特定生产方式生产，经专门机构认定，许可使用绿色食品标志，无污染的安全、优质、营养类食品。

1. 绿色食品的特征

绿色食品与普通食品相比有三个显著特征。

①强调产品出自最佳生态环境。绿色食品生产从原料产地的生态环境入手，通过对原料产地及其周围的生态环境因子严格监测，判定其是否具备生产绿色食品的基础条件。

②对产品实行全程质量控制。绿色食品生产实施"从土地到餐桌"全程质量控制。通过产前环节的环境监测和原料检测，产中环节具体生产、加工操作规程的落实，以及产后环节产品质量、卫生指标、包装、保鲜、运输、储藏、销售控制，确保绿色食品的整体产品质量，并提高整个生产过程的技术含量。

③对产品依法实行标志管理。绿色食品标志是一个质量证明商标，属知识产权范畴，受《中华人民共和国商标法》保护。

2. 绿色食品标志

绿色食品标志是由中国绿色食品发展中心在国家工商行政管理局商标局正式注册的质量证明商标。

绿色食品标志由三部分构成，即上方的太阳、下方的叶片和中心的蓓蕾。标志为正圆形，意为保护。整个图形描绘了一幅明媚阳光照耀下的和谐生机，告诉人们绿色食品正是出自纯净、良好生态环境的安全无污染食品，能给人们带来蓬勃的生命力。绿色食品标志还提醒人们要保护环境，通过改善人与环境的关系，创造自然界新的和谐。

图 4-2　绿色食品标志

（三）有机食品

有机食品是指生产环境无污染，在原料的生产和加工过程中不使用农药、化肥、生长激素和色素等化学合成物质，不采用基因工程技术，应用天然物质和环境无害的方式生产、加工形成的环保型安全食品。

有机农业与有机食品的相关概念：

1. 有机农业

通常人们把不使用任何化学合成物质的农业生产叫有机农业。有机产品认证标准给出的有机农业，是指按照特定的农业生产原则，在生产中不采用基因工程获得的生物及其产物，不使用化学合成的农药、化肥、生长调节剂、饲料添加剂等物质，遵循自然规律和生态学原理，协调种植业和养殖业的平衡，采取一系列可持续发展的农业技术以维持持续稳定的农业生产体系的一种农业生产方式。

有机农业的核心是建立良好的农业生态体系，而有机农业生产体系的建立需要有一个过渡或有机转换过程。

2. 转换期

从按照有机标准开始管理至生产单元和产品获得有机认证之间的时段，即转换期。由常规生产向有机生产发展需要经过转换，经过转换期后播种或收获的植物产品或经过转换期后动物产品才可作为有机产品销售。生产者在转换期间应完全符合有机生产要求。

3. 种类

有机产品除包括有机食品外，还包括各种按照国际有机农业运动联合会（IFOAM）基本标准生产的各类产品，如生物农药、化肥等有机农业生产资料。

4. 有机食品

有机食品是指符合以下三个条件的农产品及其加工产品：

①符合国家食品卫生标准和有机食品技术规范的要求；

②在原料生产和产品加工过程中不使用农药、化肥、生长激素、化学添加剂、化学色素和防腐剂等化学合成物质，不使用基因工程技术；

③通过《有机食品认证管理办法》规定的有机食品认证机构认证，并使用有机食品标志。

有机食品一个最显著的特点就是来自于生态良好的有机农业生产体系，在生产和加工过程中不使用化学农药、化肥、化学防腐剂等化学合成物质，也不允许使用基因工程生物及其产物。

符合农产品质量标准的农产品，需要经过各级农产品质量认证部门进行检测认证，具备认证资格的农产品由有关政府机构颁发认证标志，由此，它们就像有了自己的身份证一样，既是区别于其他产品的标志，又可以作为超市将来对其质量进行源头追溯的依据。

5. 有机产品记录

有机产品生产、加工、经营者应建立并保持记录。记录应清晰准确,为有机生产、加工、经营活动提供有效证据。记录至少保存 5 年并应包括但不限于以下内容:

①生产单元的历史记录及使用禁用物质的时间及使用量;

②种子、种苗、种畜禽等繁殖材料的种类、来源、数量等信息;

③肥料生产过程记录;

④土壤培肥使用肥料的类型、数量、使用时间和地块;

⑤病、虫、草害控制物质的名称、成分、使用原因、使用量和使用时间等;

⑥动物养殖场所有进入、离开该单元动物的详细信息(品种、来源、识别方法、数量、进出日期、目的地等);

⑦动物养殖场所有药物的使用情况,包括:产品名称、有效成分、使用原因、用药剂量、被治疗动物的识别方法、治疗数目、治疗起始日期、销售动物或其产品的最早日期;

⑧动物养殖场所有饲料和饲料添加剂的使用详情,包括种类、成分、使用时间及数量等;

⑨所有生产投入品的台账记录(来源、购买数量、使用去向与数量、库存数量等)及购买单据;

⑩植物收获记录,包括品种、数量、收获日期、收获方式、生产批号等;

⑪动物(蜂)产品的屠宰、捕捞、提取记录;

⑫加工记录,包括原料购买、入库、加工过程、包装、标识、储藏、出库、运输记录等;

⑬加工厂有害生物防治记录和加工、贮存、运输设施清洁记录;

⑭销售记录及有机标识的使用管理记录;

⑮培训记录;

⑯内部检查记录。

6. 有机产品可追溯体系与产品召回

有机产品生产、加工、经营者应建立完善的可追溯体系,保持可追溯的生产全过程的详细记录(如地块图、农事活动记录、加工记录、仓储记录、出入库记录、销售记录等)以及可跟踪的生产批号系统。

有机产品生产、加工、经营者应建立和保持有效的产品召回制度,包括产品召回的条件、召回产品的处理、采取的纠正措施、产品召回的演练等。并保留产品召回过程中的全部记录,包括召回、通知、不就、原因、处理等。

7. 有机产品认证标志

①中国有机产品认证标志和中国有机转换产品认证标志的图形与颜色要求如图4-3、4-4所示。

图4-3　中国有机产品认证标志和中国有机转换产品认证标志

②标识为"有机"或"有机转换"的产品应在获证产品或者产品的最小销售包装上加施中国有机产品认证标志或中国有机转换产品认证标志及其唯一编号、认证机构名称或者标识。

③中国有机/有机转换产品认证标志可以根据产品的特征,采取粘贴或印刷等方式直接加施在产品或产品的最小销售包装上。对于散装或裸装产品,以及鲜活动物产品,应在销售专区的适当位置展示中国有机产品认证标志和认证证书复印件。

8. 有机产品销售

①为保证有机产品的完整性和可追溯性,销售者在销售过程中应采取但不限于下列措施:

——有机产品应避免与非有机产品的混合;

——有机产品避免与有机产品标准禁止使用的物质接触;

——建立有机产品的购买、运输、储存、出入库和销售等记录。

②有机产品进货时,销售商应索取有机产品认证证书、有机产品销售证等证明材料,有机配料低于95％并标识"有机配料生产"等字样的产品,其证明材料应能证明有机产品的来源。

③生产商、销售商在采购时应对有机产品认证证书的真伪进行验证,并留存认证证书复印件。

④对于散装或裸装产品,以及鲜活动物产品,应在销售场所设立有机产品销售专区或陈列专柜,并与非有机产品销售区、柜分开。

⑤在有机产品的销售专区或陈列专柜,应在显著位置摆放有机产品认证证书复印件。

三、超市销售生鲜农产品基本要求

《超市销售生鲜农产品基本要求》(GB/T 22502-2008)由中华人民共和国商务部提出并归口,标准起草单位是全国城市农贸中心联合会。该标准对超市销售生鲜农产品的环境、基础设施设备、工具容器及包装材料、从业人员、供应商和交易技术提出了具体要求,不但借鉴了国内外超市的先进管理经验,而且充分考虑到我国不同类别超市的差异,具有较强的可操作性和指导性,对我国超市生鲜农产品交易及食品安全管理具有积极的指导意义。该标准于 2008 年 11 月 4 日发布,2009 年 1 月 20 日起实施。

标准中的生鲜农产品,是指通过种植、养殖、采收、捕捞等产生,未经加工或经初级加工,供人食用的新鲜农产品,包括蔬菜(包含食用菌)、水果、畜禽肉、水产品、鲜蛋等。下面就介绍标准中对超市生鲜农产品供应商和交易技术要求部分。

(一)《超市销售生鲜农产品基本要求》中的供应商要求

①应具备合法的经营资质。入市前应向超市提供合法、有效的证明文件,包括相应的营业执照副本、税务登记证、卫生许可证、生产许可证、动物防疫合格证、质量认证证书等。

②应与超市签订食品安全保障协议,明确食品安全经营责任及相关事宜。

③应提供上架生鲜农产品质量合格证明材料。

④配送中心应设立食品检测机构,具备国家要求的相应检测能力。

⑤进口农产品应出示出口国和国内双方的产品检验检疫证明等合法、有效的进口证明文件;在国内未进行商标注册的,进口商应对所进口的产品提供质量保证文件。

(二)《超市销售生鲜农产品基本要求》中的交易技术要求

①应进行电子结算,配备电子收银机、条码扫描机、销售点终端(POS 机)、票据打印机、条码电子秤等设施设备。

②称重设备应定期年检,保证合格,并贴有合格标识。

③应建立生鲜农产品管理系统,实现对产品数据的实时在线查询和管理。

④鼓励建立商品质量安全可追溯系统。

四、禁止使用和限制使用的农药清单参考

如沃尔玛农超对接规定,农产品供应商(农民专业合作社)在生产过程中应

使用取得《工业产品生产许可证》并标示 QS 标志的农药,按照农药的使用指引科学使用,保证农药使用的安全、高效、经济,促进农药品种结构调整步伐,努力发展安全的农产品生产。

国家农业部会不断调整禁止使用或限制使用的农药清单,例如以下国家禁止使用和限制使用的农药清单(出自《中华人民共和国农业部公告第 199 号》)。该信息仅供参考,详细、最新的指引请参看农业部网站(www. agri. gov. cn)公布的最新公告、通知和《农药管理条例》。

(一)国家明令禁止使用的农药

具体包括:六六六(CHC)、滴滴涕(DDT)、毒杀芬(camphechlor)、二溴氯丙烷(dibromochloropane)、杀虫脒(chlordimeform)、二溴乙烷(EDB)、除草醚(nitrofen)、艾氏剂(aldrin)、狄氏剂(dieldrin)、汞制剂(mercury compounds)、砷(arsena)、铅(acetate)类、敌枯双、氟乙酰胺(fluoroacetamide)、甘氟(gliftor)、毒鼠强(tetramine)、氟乙酸钠(sodium fluoroacetate)、毒鼠硅(silatrane)。

(二)在蔬菜、果树、茶叶、中草药材上不得使用和限制使用的农药

具体包括:甲胺磷(methamidophos)、甲基对硫磷(parathion-methyl)、对硫磷(parathion)、久效磷(monocrotophos)、磷胺(phosphamidon)、甲拌磷(phorate)、甲基异硫磷(isofenphos-methyl)、特丁硫磷(terbufos)、甲基硫环磷(phosfolan-methyl)、治螟磷(sulfotep)、内吸磷(demeton)、克百威(carbofuran)、涕灭威(aldicarb)、灭线磷(ethoprophos)、硫环磷(phosfolan)、蝇毒磷(coumaphos)、地虫硫磷(fonofos)、氰唑磷(isazofos)、苯线磷(fenamiphos)19 种高毒农药不得用于蔬菜、果树、茶叶、中草药材上。三氯杀螨醇(dicofol)、氰戊菊酯(fenvalerate)不得用于茶树上。任何农药产品都不得超出农药登记批准的使用范围使用。

在农超对接中,超市对农产品的采购规格有严格的标准。然而,目前我国农产品的种植、加工水平与超市的标准化要求还有一定的差距,专业合作社如何通过提供标准化的产品来弥补这一差距,是他们面临的一大现实困惑。

因此,农民专业合作社需要一改以往与经纪人或者批发商的合作模式,了解和掌握与自己合作的超市农产品的质量标准,以便在种植、采摘、包装和运输阶段,严格按照标准执行。同时,合作社也可以请大型超市或大型批发市场负责农产品采购的经理为其进行培训,改随意生产为标准化生产。

农产品标准化成阻碍农超对接重因①

"农超对接目前最大的困难是农产品的标准问题。"中国农业科学院农业经济与发展研究所胡定寰研究员在"农超对接进东北"片区活动上，一语道破目前农超对接开展的主要障碍。

与原有的农产品经过农民—批发市场—批发商—本地市场—供应商这至少5个环节相比，农超对接减少了至少3个流通环节。然而，在具体实行的过程中，农户和超市方面都反映，农产品的标准化问题成为困扰他们重要的一个门槛。

"超市对产品的要求特别多，一般都需要有条码、商标，且得是包装商品。每个超市要求也不一样。可是农户哪里有包装的习惯呢?"一位来自辽宁省朝阳市杂粮农业专业合作社的代表说。

胡定寰在调研中发现，中国有的超市标准是不合格率在3％以内的，可以接受;如果不合格率在4％～10％，就会发生退货现象;如果超过10％，超市就拒收。"这种情况下，农民怎么能让产品符合要求是个很大的挑战。"

胡定寰在给农业合作社和超市企业培训时，用了一个他亲身经历过的例子。2007年，胡定寰给家乐福介绍了两家合作社。其中一家是位于江西宜昌的生产蜜橘的合作社，没能得到家乐福的认可。胡定寰细究之下才发现，在这个生产蜜橘的地方，只有3个人负责给25吨橘子定标准和分拣。"这怎么能做好标准化呢?"

而当日参加农超对接洽谈活动的联华超市、华润万家和乐购等外资和内资超市都表示，产品质量标准是他们选择合作对象时首先要考虑的条件之一。联华超市生鲜采购部副部长徐勇表示，联华超市采购时"首先注重的是供应量的保证、稳定的质量，其次才是价格"。

长期从事为农业合作社实现农超对接服务的麦咨达咨询公司市场经理赵海涛表示，从他们几年的经验来看，农产品标准化太低是阻碍农超对接顺利推广的重要因素，因为大部分农民都不知道怎样才能将产品做到标准化。

提高技术水平是关键。"我们合作社在运作中遇到的最大困难就是在

① 资料来源:《现在物流报》，http://www.grainnews.com.cn/xwnewsgn/2011/11/28_124499.html，2011-11-28。

生产环节。我们合作社有成员 327 户,带动周边农民将近 900 户。可是这些农户不一定都能按标准生产。"前述杂粮合作社代表称,现在的解决办法是,合作社提供种子、提供技术指导,并且将符合标准的产品的收购价定得高一些。"如果市场价 1.5 元,我的收购价就是 1.8 元。"该代表称,这种办法在一定程度上保证了质量。"目前我国农产品标准化程度还很低,广大农民仍采用传统的生产方式,无法适应和满足超市的采购标准。"中国蔬菜流通协会会长戴中久介绍。他在基层调研时,发现内蒙古自治区武川县的马铃薯正是由于这一问题才大量被拒。

据了解,内蒙古武川县是我国优质马铃薯的种植基地。沙壤土质生产的马铃薯个个外形滚圆,皮质光滑、干净。由于该地区的昼夜温差极大,马铃薯的淀粉和蛋白质含量都高于其他地区,在北京的批发市场上,武川马铃薯的价格一般比其他地区同类马铃薯的价格高 10%。

2008 年,武川县的 4 家农民专业合作社开始与超市合作。然而,农民专业合作社总是抱怨同超市合作不如卖给批发市场挣钱,尽管超市采购价格明明高于当地批发市场的价格。"武川农民收获马铃薯是用铁锹挖掘,因为马铃薯种植面积大,而且收获时间集中,需要雇佣大量的外地民工。民工为完成任务,不考虑收获的质量,造成大量马铃薯在收获过程中,被铁锹挖伤。而超市采购的是符合标准的产品,这需要剔除大量产品,损耗很大。"戴中久介绍。

对于这个问题,胡定寰认为,引进先进的技术和优良的种子,利用现代化的设备辅助生产才是根本解决的办法。胡定寰认为,想要通过中国传统的方式将农产品标准化是很困难的,而农超对接恰好可以通过市场形式让农民接受标准化这个概念。

第二节 农产品等级规格标准

超市采用开放式售货方式,消费者可以自由挑选。如果在同一批水果或蔬菜中品质不均等,顾客会把好的挑走,造成很大的浪费。因此,对于超市来说,减少损耗的唯一办法是采用均一的产品(大小好坏基本一致),外观等级规格标准就成了超市确保产品质量均一性的重要手段。

由于多年来没有等级规格标准,农民出售蔬菜大多混等散装,外观质量差,卖不出好价钱,不能实现优质优价。蔬菜混等散装上市,既不便于储藏和搬运,又容易在运输和装卸过程中造成外伤,加大损耗,影响农民增产增收。

农业部已经启动了农产品等级规格标准制定和推广应用工作,引导农产品分级包装上市,提高农产品的"三化"(质量等级化、重量标准化、包装规格化)程度,目的就是要适应现代农业发展的要求,从树立农产品的整体形象入手,引导优势产业做大做强,提升整体竞争力。农业部已经制定的一些农产品等级规格标准只对其外在品质提出要求(部分农产品标准见表4-1),不涉及安全、营养等内在质量技术指标。

表4-1　中华人民共和国农产品等级规格农业行业标准

标准号	名称	发布日	标准规定范围	适用
NY/T 940-2006	番茄	2006-1-26	等级、规格、包装和标识	鲜食番茄,不适合加工用番茄
NY/T 941-2006	青花菜	2006-1-26	等级、规格、包装和标识	鲜食青花菜
NY/T 942-2006	茎用莴苣	2006-1-26	等级、规格及其允许误差、包装、标识	鲜食茎用莴苣
NY/T 943-2006	大白菜	2006-1-26	等级、规格、包装和标识	鲜食结球大白菜
NY/T 944-2006	辣椒	2006-1-26	等级、规格、包装和标识	鲜食羊(牛)角形、圆锥形、灯笼形辣椒,不适用于加工用辣椒
NY/T 945-2006	蒜薹	2006-1-26	等级、规格、包装和标识	鲜食蒜薹
NY/T 1061-2006	香菇	2006-7-1	等级规格的要求、包装和标识	干花菇、干厚菇、干薄菇、鲜香菇
NY/T 1062-2006	菜豆	2006-7-10	等级、规格、包装和标识	鲜食菜豆
NY/T 1063-2006	荷兰豆	2006-7-10	等级、规格、包装和标识	荷兰豆,不包括非食荚豌豆、食荚甜豌豆
NY/T 1064-2006	芥蓝	2006-7-10	等级规格的要求、包装和标识	芥蓝的分等分级
NY/T 1065-2006	山药	2006-7-10	等级、规格、包装和标识	鲜食的长柱形山药,不包括圆柱形、扁块形等其他形状的山药
NY/T 1066-2006	马铃薯	2006-7-10	等级、规格、包装和标识	鲜食马铃薯的分等分级

标准号	名称	发布日	标准规定范围	适用
NY/T 1190-2006	柑橘	2006-12-6	甜橙类、宽皮柑橘类、橘橙类、柠檬类、柚、橘柚、葡萄柚、金柑类鲜果的等级规格要求、检验方法、包装和标识	柑橘鲜果外观质量分级、检验、包装
NY/T 1584-2008	洋葱	2008-5-16	等级和规格的要求、抽样方法、包装、标识和图片	鲜食洋葱,不适用分蘖洋葱和顶球洋葱
NY/T 1585-2008	芦笋	2008-5-16	等级和规格的要求、包装、标识和图片	鲜销的芦笋
NY/T 1586-2008	结球甘蓝	2008-5-16	等级规格的要求、抽样方法、包装、标识和图片	鲜食结球甘蓝
NY/T 1587-2008	黄瓜	2008-5-16	等级和规格的要求、包装和标识	鲜食黄瓜、不适用加工型黄瓜
NY/T 1588-2008	苦瓜	2008-5-16	等级和规格的要求、包装、标识和图片	鲜食白皮苦瓜和青皮苦瓜
NY/T 1647-2008	菜心	2008-7-14	等级规格的要求、包装和标识	菜心等级规格的划分
NY/T 1648-2008	荔枝	2008-7-14	等级规格要求、抽样方法、包装及标识	新鲜荔枝的等级规格划分
NY/T 1758-2009	鲜蛋	2009-4-23	等级规格要求、试验方法、检验规则	鲜蛋生产、收购、销售
NY/T 1759-2009	猪肉	2009-4-23	等级规格的术语与定义、技术要求、评定方法、标志、包装、贮存与运输	商品猪胴体和主要分割肉块
NY/T 1760-2009	鸭肉	2009-4-23	等级规格的术语与定义、技术要求、评定方法、标志、包装、贮存与运输	商品鸭胴体和鸭主要分割肉块
NY/T 1789-2009	草莓	2009-12-22	等级规格要求、试验方法、检验规则、包装和标识	鲜食草莓
NY/T 1793-2009	桃	2009-12-22	等级规格要求、检验、包装和标识	鲜食桃的分等分级
NY/T 1793-2009	苹果	2009-12-22	等级、规格要求、试验方法、检验规则、包装和标签	鲜苹果的分等分级
NY/T 1794-2009	猕猴桃	2009-12-22	等级规格要求、试验方法、检验规则、包装和标识	鲜猕猴桃的分等分级

标准号	名称	发布日	标准规定范围	适用
NY/T 1790-2009	双孢蘑菇	2009-12-22	等级规格的要求、包装和标识	新鲜双孢蘑菇的分级规格划分
NY/T 1795-2009	双低油菜子	2009-12-22	等级、规格、包装和标识	双低油菜籽
NY/T 676-2010	牛肉	2010-7-8	牛肉的术语和定义、技术要求、评定方法	牛肉品质分级,不适用于小牛肉、小白牛肉、雪花肉的分级
NY/T 1834-2010	茭白	2010-5-20	等级规格、包装、标识的要求及参考图片	鲜食茭白
NY/T 1835-2010	大葱	2010-5-20	等级规格要求、抽样方法、包装、标识和参考图片	大葱,不适合分葱和楼葱
NY/T 1836-2010	百灵菇	2010-5-20	等级规格要求、包装、标识	百灵菇鲜品
NY/T 1837-2010	西葫芦	2010-5-20	等级规格的要求、抽样方法、包装、标识和图片	鲜食西葫芦
NY/T 1838-2010	黑木耳	2010-5-20	等级规格要求、包装、标识	黑木耳干品
NY/T 1893-2010	加工用花生	2010-7-8	加工用花生(仁、果)等级、规格、包装和标识	经过清理、脱壳、分拣等初级加工的花生(仁、果)
NY/T 1894-2010	茄子	2010-7-8	等级、规格、包装、标识和图片的要求	鲜食茄子
NY/T 1933-2010	大豆	2010-9-21	等级规格要求、抽样方法、试验方法、检验规则、标签标识、包装、储存和运输	商品大豆

资料来源:根据网络资料整理编制。

对于一些农产品,我国还建立了质量等级的国家标准,部分农产品标准如表4-2所示。

从表4-1可见,农产品等级规格农业行业标准的一般范围主要是农产品的等级、规格、包装和标识,有些农产品的等级规格农业行业标准还包括等级规格的抽样方法、试验方法、检验规则、储存和运输等。而农产品质量分级的国家标准基本上包括质量要求、检验方法、检验规则、包装、储存和运输要求等。接下来,我们以鲜梨为例,逐条介绍农产品的一些外观等级规格标准。

表 4-2　中华人民共和国农产品质量分级国家标准

标准号	等级规格标准名称	发布日	标准规定范围	适用
GB/T 11761-2006	芝麻	2006-9-14	芝麻的术语和定义、技术要求、试验方法、检验规则、包装、标志、贮存和运输。	芝麻的质量评定及贸易
GB/T 1532-2008	花生	2008-11-4	花生的术语和定义、分类、质量要求和卫生要求、检验方法、标签标识,以及包装、储存和运输要求	加工、储存、运输、贸易的商品花生、不包括经过熟化处理的花生。
GB/T 10461-2008	小豆	2008-11-4	小豆的术语和定义、分类、质量要求和卫生要求、检验方法、标签标识,以及包装、储存和运输要求	收购、储存、运输、加工、销售的商品小豆、不适用于小豆中的名贵品种。
GB/T 10650-2008	鲜梨	2008-8-7	收购鲜梨的质量要求、检验方法、检验规则、容许度、包装、标志和标签等内容	适用于鸭梨、雪花梨、酥梨等19种主要鲜梨品种的商品收购。其他未列入的品种可参照执行。
GB/T 18965-2008	地理标志产品 烟台苹果	2008-6-25	烟台苹果的地理标志产品保护范围、术语和定义、要求、试验方法、检验规则及标志、包装、运输、贮存	地理标志产品烟台苹果
GB/T 24307-2009	山核桃产品质量等级	2009-9-30	产品分类、技术要求、检验方法、检验规则及包装、运输、贮藏要求	山核桃产品
GB/T27658-2011	蓝莓	2011-12-30	鲜食蓝莓的质量要求、质量容许度要求、安全指标要求、试验方法、检验规则、包装、标识规定、运输和贮藏等内容	鲜食蓝莓
GB/T26906-2011	樱桃质量等级	2011-9-29	樱桃的质量要求、检验方法、检验规则和包装与标志等	甜樱桃的质量分级,不适合于中国樱桃和欧洲酸樱桃

资料来源:根据网络资料整理编制。

一、参考标准

超市在制定农产品质量标准时,尽可能接近我国农产品国家标准。如超市在制定鲜梨质量标准时,是参考国家标准文件,包括:GB/T 10650-2008 鲜梨国家标准(下面就以该标准为例介绍)、GB2762 食品中污染物限量国家标准质量等级要求、GB2763 食品中农药最大限量国家标准(部分有效)、GB/T 5009.38 蔬菜、水果卫生标准的分析方法、GB 7718 预包装食品标签通则、GB/T 8855 新鲜水果和蔬菜取样方法。农民专业合作社如需要找到这些标准,可以到网上查找,然后进行认真研究,在生产和分级的时候按照这些标准来做,这样就可以避免很多的失误。但值得注意的是,超市的采购标准并不尽同国家标准,超市有自己的要求。如果农产品生产者有超市标准,必须按照超市标准生产、分级和发货。

二、质量等级要求

鲜梨质量分三个等级,各质量等级如表 4-3 所示。凡不符合表 4-3 质量等级规定的均视为等外品。与 GB/T 10650-1989 相比,GB/T 10650-2008 在质量等级要求中删除了各等级果实横径之间的具体尺寸差异规定,增加了大小整齐度要求。还根据当前我国鲜梨质量有较大提高的生产实际,标准中提高了对果实表面缺陷的总体要求。

表 4-3　鲜梨质量等级要求

项目指标	优等品	一等品	二等品
基本要求	具有本品种固有的特征和风味;具有适于市场营销或贮藏要求的成熟度;果实完整良好;新鲜洁净,无异味或非正常风味;无外来水分		
果形	果形端正,具有本品种固有的特征	果形正常,允许有轻微缺陷,具有本品种应有的特征	果形允许有缺陷,但仍保持本品种应有的特征,不得有偏缺过大的畸形果
色泽	具有本品种成熟时应有的色泽	具有本品种成熟时应有的色泽	具有本品种应有的色泽,允许色泽较差
果梗	果梗完整(不包括商品化处理造成的果梗缺省)	果梗完整(不包括商品化处理造成的果梗缺省)	允许果梗轻微损伤

项目指标	优等品	一等品	二等品
大小整齐度	各等级果的大小尺寸不作具体规定,可根据收购商要求操作,但要求应具有本品种基本的大小。而大小整齐度应有硬性规定,要求果实横径差异<5mm		
果面缺陷	允许下列规定的缺陷不超过1项:	允许下列规定的缺陷不超过2项:	允许下列规定的缺陷不超过3项:
①刺伤、破皮划伤	不允许	不允许	不允许
②碰压伤	不允许	不允许	允许轻微碰压伤,总面积不超过 $0.5cm^2$,其中最大处面积不得超过 $0.3cm^2$,伤处不得变褐,对果肉无明显伤害
③磨伤(枝磨、叶磨)	不允许	不允许	允许不严重影响果实外观的轻微磨伤,总面积不超过 $1.0cm^2$
④水锈、药斑	允许轻微薄层总面积不超过果面的1/20	允许轻微薄层总面积不超过果面的1/10	允许轻微薄层总面积不超过果面的1/5
⑤日灼	不允许	允许轻微的日灼伤害,总面积不超过 $0.5cm^2$。但不得有伤部果肉变软	允许轻微的日灼伤害,总面积不超过 $1.0cm^2$。但不得有伤部果肉变软
⑥雹伤	不允许	不允许	允许轻微者2处,每处面积不超过 $1.0cm^2$
⑦虫伤	不允许	允许干枯虫伤2处,总面积不超过 $0.2cm^2$	干枯虫伤处不限,总面积不超过 $1.0cm^2$
⑧病害	不允许	不允许	不允许
⑨虫果	不允许	不允许	不允许

资料来源:鲜梨国家标准（GB/T 10650—2008）。

三、理化指标

理化指标是指产品的物理性质、物理性能、化学成分、化学性质、化学性能等技术指标,也是产品的质量指标。与 GB/T 10650-1989 相比,GB/T 10650-2008

删除鲜梨质量理化指标中的总酸度和固酸度,添加了新增品种鲜梨的果实硬度和可溶性固形物含量的参考指标。果实硬度和可溶性固形物理化指标暂不作为鲜梨收购的质量标准。鲜梨的理化指标具体规定如表 4-4 所示。

表 4-4　鲜梨各主要品种的理化指标参考值

品种	项目指标	
	果实硬度/(kg/cm^2)	可溶性固形物(%) ⩾
鸭梨	4.0～5.5	10.0
酥梨	4.0～5.5	11.0
茬梨	6.5～9.0	11.0
雪花梨	7.0～9.0	11.0
香水梨	6.0～7.5	12.0
长把梨	7.0～9.0	10.5
秋白梨	11.0～12.0	11.2
新世纪梨	5.5～7.0	11.5
库尔勒香梨	5.5～7.5	11.5
黄金梨	5.0～8.0	12.0
丰水梨	4.0～6.5	12.0
爱梨	6.0～9.0	11.5
新高梨	5.5～7.5	11.5

资料来源:鲜梨国家标准 GB/T 10650—2008 附录 A。

四、卫生指标

卫生指标指的是农药和重金属污染物最大残留的相关规定。鲜梨的卫生指标按 GB2762、GB2763 水果类规定指标执行。

水果类最大污染物残留限量如表 4-5 所示。

表 4-5　水果类污染物限量标准

污染物名称	最大残留限量（mg/kg）	检验方法
铅	0.1	GB/T 5009.12
镉	0.05	GB/T 5009.15
总汞（以 Hg 计）	0.01	GB/T 5009.17
砷（无机砷）	0.05	GB/T 5009.11
铬	0.5	GB/T 5009.123
硒	0.05	GB/T 5009.93
氟	0.5	GB/T 5009.18
稀土	0.7	GB/T 5009.94

注:2011 年 1 月 24 日,卫生部发布关于取消《食物中污染物限量》中硒指标的公告。

资料来源:食品中污染物限量国家标准(GB2762-2005)。

梨属于梨果类水果,梨果类水果中农药最大残留限量如表 4-6 所示。

表 4-6　梨果类水果中农药最大残留限量标准

农药名称	最大残留限量（mg/kg）	检验方法	农药名称	最大残留限量（mg/kg）	检验方法
乙酰甲胺磷*	0.5	GB/T 5009.103	苯丁锡	5	SN 0592
双甲脒	0.5	GB/T 5009.143	杀螟硫磷*	0.5	GB/T 5009.20
三唑锡	2	SN 0150	甲氰菊酯*	5	GB/T 5009.146
联苯菊酯	0.5	GB/T 5009.146	倍硫磷*	0.05	GB/T 5009.20
溴螨酯	2	SN 0192	氰戊菊酯*	0.2	GB/T 5009.110
克菌丹	15	SN 0654	氟氰戊菊酯	0.5	GB/T 5009.146
多菌灵	3	GB/T 5009.38	氟硅唑	0.2	—
百菌清	1	GB/T 5009.105	草甘膦*	0.1	—
毒死蜱	1	GB/T 5009.145	六六六*	0.05	GB/T 5009.19
四螨嗪	0.5	—	噻螨酮	0.5	GB/T 5009.173
氯氟氰菊酯	0.2	GB/T 5009.146	异菌脲	5	SN 0708
氯氰菊酯	2	GB/T 5009.110	马拉硫磷	2	GB/T 5009.20
滴滴涕*	0.05	GB/T 5009.19	代森锰锌	5	SN 0157

157

农药名称	最大残留限量（mg/kg）	检验方法	农药名称	最大残留限量（mg/kg）	检验方法
溴氰菊酯	0.1	GB/T 5009.110	对硫磷*	0.01ª	GB/T 5009.20
敌敌畏*	0.2	GB/T 5009.20	氯菊酯*	2	GB/T 5009.106
三氯杀螨醇	1	GB/T 5009.176	辛硫磷*	0.05	GB/T 5009.145
乐果	1	GB/T 5009.20	克螨特	5	SN 0660
烯唑醇	0.1	GB/T 5009.201	单甲脒	0.5	GB/T 5009.160
硫丹	1	GB/T 5009.19	三唑酮	0.5	GB/T 5009.126
顺式氰戊菊酯	1	GB/T 5009.110	敌百虫*	0.1	GB/T 5009.20
氯苯嘧啶醇	0.2	—	蚜灭磷*	0.5	GB/T 5009.145

注：①名称带＊的农药最大残留量标准适合所有水果。其他均适合梨果类水果（指苹果、梨）。

②a指不得在该类食物中使用此种农药，该数据位检验方法的测定限。

③食品中百菌清等 12 种农药最大残留限量国家标准（GB/T 25193-2010）中规定，苯醚甲环唑在梨中的最大残留限量为 0.5 mg/kg。

资料来源：食品中农药最大限量国家标准（部分有效）（GB2763-2005）。

五、试验方法

（一）质量等级要求检验

1. 检验程序

将检验样品铺放在检验台上，按标准规定检验项目检出不合格果，在同一果实上兼有两项及其以上不同缺陷与损伤项目者，可只记录其中对品质影响较重的一项。以件为单位分项记录，每批样果检验完后，计算检验结果，评定该批果品的等级品质。

2. 评定方法

①果实的基本要求、果形、色泽、成熟度、果梗均由感官鉴定。

②果面缺陷和损伤由目测结合测量确定。

③果实大小整齐度用分级标准果板测量确定。

④病虫害用肉眼或用放大镜检查果实的外表征状，如发现有病虫害症状，或对果实内部有怀疑者，应检取样果用小刀进行切剖检验，如发现有内部病变时，

应扩大切剖数量,进行严格检查。

3. 不合格果的计算

检验时,将各种不符合规定的果实检出分项计数(果重或果数),并在检验单上正确记录,以果重或果数为基准计算其百分率,如包装上标有果数时,则百分率应以果数为基准计算,算至小数点后一位。计算公式如下:

$$单项不合格果率(\%) = \frac{单项不合格果重量(或个数)}{检验总重量(或总果数)} \times 100\%$$

各单项不合格果百分率的总和即为该批鲜梨不合格果总数的百分率。

(二)理化指标检验

1. 果实硬度

①检验仪器:果实硬度计(须经计量部门检定)。

②测试方法:检取果实 15～20 个,逐个在果实的相对两面,用小刀削去直径约为 12mm 的薄果皮,尽可能少损及果肉。持果实硬度计垂直地对准果面测试处,缓慢施加压力,在指示器所指处直接读数,即为果实硬度,统一规定以"kg/cm²"表示测试结果,取其平均值,计算至小数点后一位。

2. 可溶性固形物

①检验仪器:手持糖量计(手持折光仪)。

②测定方法:校正好仪器标尺的焦距和位置,打开辅助棱镜,从样果中挤滤出汁液 1～2 滴,仔细滴在棱镜平面中央,迅速关合辅助棱镜,静置 1min,朝向光源或明亮处,调节消色环,使视野内出现清晰地分界线与分界线相应的读数,即试液在 20℃下所含可溶性固形物的百分率。当环境不是 20℃时,可根据仪器所附补偿温度计表示的加减数进行校正。每批试验不得少于 10 个果样,每一试样应重复 2～3 次,求其平均值。使用仪器连续测定不同试样时,应在使用后用清水将镜面冲洗洁净,并用干燥镜纸擦干以后,再继续进行测试。

(三)卫生指标检验

卫生指标检验按 GB/T 5009.38 蔬菜、水果卫生标准的分析方法,即:

1. 感官检查

外观正常,不能有腐烂霉变现象。

2. 理化检验

如规定了六六六、滴滴涕按 GB/T 5009.19 操作,有机磷农药按 GB/T 5009.20 操作,汞按 GB/T 5009.17 操作,镉汞按 GB/T 5009.15 操作;氟按 GB/T 5009.18 操作,砷按 GB/T 5009.11 操作,甲基托布津、多菌灵汞按 GB/T 5009.188 操作。

六、检验规则

1. 收购检验以感官鉴定为主,按表 4-3 所列各项对样果逐个进行检查,根据检验结果评定质量和等级。理化、卫生检验分析果实的内在质量,作为评定的科学数据。

2. 同品种、同等级、同一批收购的鲜梨作为一个检验批次。

3. 生产单位或生产户在交售产品时,应分清品种、等级,自行定量包装,写明交售件数和重量。凡与货单不符、品种和等级混淆不清,数量错乱,包装不符合规定者,应由生产单位或生产户重新整理后再进行验收。

4. 分散零担收购梨,也应分清品种、等级,按规定的质量分等指标分等验收。验收后由收购单位按规定要求重新包装。

5. 抽样

①抽取样品应具有代表性,应参照包装日期在全批货物的不同部位按规定数量抽样(具体见下一小点),样品的检验结果适用于整个抽验批。

②抽样数量:每批在 50 件以内的抽取 2 件,51～100 件的抽取 3 件,100 件以上的以 100 件抽取 3 件为基数,每增 100 件增抽 1 件,不足 100 件者以 100 件计。分散零担收购时,取样果数不少于 100 个。

③在检验中如果发现问题,可以酌情增加抽样数量。

④理化检验取样,按 GB/T 8855 新鲜水果和蔬菜取样方法取样,在检验大样中选取该批梨果具有成熟度代表性的样果 30～40 个,供理化和卫生指标检验用。

⑤检重:在验收时,每件包装内的果实应符合规定重量和数量,如有短缺,应按规定补足。

⑥经检验评定不符合本等级规定品质条件的梨,应按其实际规格品质定级验收。如交售一方不同意变更等级时,应进行加工整理后再重新抽样检验,以重验的检验结果为评定等级的根据,重验以一次为限。

七、容许度

容许度即农产品等级规格等的允许误差范围。

1. 质量容许度

①优等品允许 3% 的果实不符合本等级规定的质量要求,其中,虫伤果不得超过 1%。

②一等品允许 5% 的果实不符合本等级规定的质量要求,其中,轻微不得超过 2%、虫伤果不得超过 2%。

③二等品允许 8% 的果实不符合本等级规定的质量要求,其中,虫果和轻微虫伤果、刺伤果、病害果不得超过 5%,不得有严重碰压伤、裂口未愈合、病果和烂果,另外,允许果梗损伤果不超过 20%,长果梗型品种梨应带有果梗。

2. 大小容许度:各等级允许有 5% 的果实不符合本等级规定的大小整齐度规定要求。

3. 各等级鲜梨容许度规定允许的不合格果,应符合下一相邻等级的质量要求,不得有隔等果。

4. 容许度的测定是抽检数综合计算的平均数,以果实的重量或个数加以确定。

八、包装、标志和标签

(一)包装

①包装容器应采用纸箱、塑料箱、木箱进行分层包装,应坚实、牢固、干燥、清洁卫生,无不良气味,对产品应具有充分的保护性能。内外包装材料及制备标记所用的印色与胶水应无毒性。

②同一批货物应包装一致(有专门要求者除外),每一包装件内应是同一产地、同一批采收、同一品种、同一等级规格、同等成熟度的鲜梨。

②包装时切勿将树叶、纸条、纸袋、尘土、石砾等杂物或污染物带入容器,避免污染果实,影响外观。

④用于冷藏的鲜梨,可根据冷库的具体情况选择适宜的贮藏容器,出库后再按规定进行分级包装。

(二)标志

包装标志是为了便于货物交接、防止错发错运,便于识别,便于运输、仓储和海关等有关部门进行查验等工作,也便于收货人提取货物,在货物的外包装上标明记号。

鲜梨的同一批货物的包装标志,在形式上和内容上应完全统一。每一外包装应印有鲜梨的标志文字和图案,对标志文字和图案暂无统一规定,但标志文字和图案应清晰、完整,不能擦涂,集中在包装的固定部位。

(三)标签

标签指包装上的文字、图形、符号及一切说明物。

鲜梨包装标签按 GB 7718 预包装食品标签通则执行。如有按照果数规定者，也应标明装果数量。标签上的字迹应清晰、完整、准确。

九、运输与贮存

鲜梨国家标准删除了运输与保管，但其他一些农产品等级规格标准对此有规定，如 GB/T27658-2011 蓝莓国家标准中对此项的具体规定如下：

（一）运输

1. 运输工具清洁、卫生、干燥、无异味。

2. 不与有毒、有害物品混运。

3. 长途运输宜采用冷藏车辆。

（二）贮存

1. 果实采收后 10℃～12℃ 预冷 10～12 小时，存放在 0℃～2℃ 的冷库中。

2. 库房无异味。不与有毒、有害物品混合存放。

3. 在冷库中，包装的果实不得直接着地或靠墙，垛间留有通道。

典型案例
4-2

农产品标准化困扰农超对接[①]

农超对接面临的最主要挑战是传统小规模农户所具有的生产技术和经营意识与现代化零售业的产品标准之间的矛盾。同时，在农超对接的实行过程中，仍然有许多超市与合作社反应经济效益不高。

"农超对接不好做，挣不到什么钱。"海南一家合作社的相关负责人告诉记者，因为种植面积以及冷藏、运输设备等条件还不够，和很多大超市都无缘对接。另一家合作社的相关负责人也表示，他们种植的土豆因为表皮破损和霉烂等原因，100 斤中有 40 斤因为不合超市规格而被拒收，一年下来难挣几个钱。

农超对接减少了流通环节，农产品安全也更有保障，使消费者、农户、超市都从中受益。然而，随着农超对接规模的壮大，农产品标准化的问题也更

① 资料来源：http://finance. eastmoney. comnews1350,20111219183118546. html

加凸显,农户和超市都普遍反映,农产品标准化问题成为摆在他们面前最难的一道考题。

超市:保质保量最重要

"我们在收菜的时候发现菜农的商品意识不高,很多蔬菜收上来都不合要求。"河南大张实业有限公司蔬菜部经理田继宏告诉记者,农户在农产品质量和包装等方面的疏忽不仅让农户自己吃亏,也给超市的销售过程带来困难。

田继宏说,合作社通常将农产品一股脑儿地卖给超市,而忽略了分类和包装等其他环节。比如沙糖橘的收购,重量为2.8斤/箱到4.8斤/箱的中个沙糖橘在河南等地好卖一些,所以价钱也要比小个和大个的高。"农户可不管三七二十一,大的小的,好的赖的,只按一个价钱卖给超市,而且也不讲究卖相。"田继宏说,超市在收购之后,还得专门花工夫对沙糖橘进行分类,适合在超市销售的放超市,超市卖不了的拿到批发市场零售。

然而,这一现象并不仅仅发生于田继宏身上。记者在采访中发现,多家超市负责人均表示常遇到农产品不合规格要求、包装不达标准等问题。

一位不愿透露姓名的超市采购经理向记者透露,他去合作社收购橘子时,从包装箱的表面上看去,橘子皮薄黄亮,非常有卖相,尝起来也很甜,而且质量都符合要求,可是当他将手深入包装箱底时,却发现底部温度过高。"如果这样收购,加上路上运输耽误一两天时间,到市场上肯定会坏掉。"该采购经理说,超市采购时首先注重的是能否将农产品保质保量送到超市,其次才是价格,如果无法运到超市,产品再好也只能望而兴叹。

另外,还有超市负责人反映,有小部分农户会将不合格产品捎带放在包装箱里层,虽然对这部分农产品可以在验货时把好关,避免让其流入超市,但却给双方的合作带来阴影。

合作社:突破瓶颈有难度

"我们也想达到标准,但我们感到心有余而力不足。"琼海新春蔬菜产销农民专业合作社的工作人员吴先生耷拉着头,向记者诉起了苦。

该合作社成立于2007年8月,现有合作农户2250户,主要种植辣椒、青皮冬瓜、西瓜和香蕉等无公害蔬菜水果。吴先生告诉记者,虽然合作社这几年发展很快,但标准化的问题已经成了制约合作社进一步发展的瓶颈。"运输条件达不到,很难实现与其他省市的超市对接。"吴先生表示,因为运输条件赶不上,加上运输途中冷藏能力也跟不上,所以只能限于和距离较近的省内超市展开农超对接。另一家合作社的负责人也告诉记者,因为合作社种植面积达不到大超市的要求,只能限于和中小超市对接,而小超市的需求量往往很有限，部分不能实现对接的农产品就只好直接运到批发市场零售。

因为农产品不合超市要求而遭拒收的现象则更为普遍。在记者采访的几家合作社中，大多都遇到过因为温度控制、外表破损等原因而导致拒收的情况，让合作社也感到很受伤。

那么合作社为什么不实现标准化？吴先生认为，最主要原因是资金、技术和人才方面存在困难，比如买入一台稍微大型的机器，就要将一年的利润都搭进去还不够，而技术队伍和管理水平的欠缺则更是摆在合作社面前的一道难题。

此外，还有合作社负责人表示，农户对超市提出的需要有条码、商标等一些包装要求也难以适应。而且，有的合作社的成员有几千户，很难保证所有的农户都按照标准生产。不过，针对这一问题，有些合作社正通过提供种子、提供技术指导等办法着手应对。

专家：对接之初重投资

"农超对接最主要的挑战是传统的小规模农户所具有的生产技术和经营意识与现代化零售业的产品标准之间的矛盾。"中国农业科学院农业经济与发展研究所研究员、在国内外享有盛誉的研究农产品供应链和超市问题的专家胡定寰指出。

胡定寰通过调研发现，合作社提供的农产品不合格率如果在3%以内，超市普遍可以接受，但如果不合格率在4%～10%，那么就会发生退货现象，当不合格率超出10%，大多超市将会选择拒收。胡定寰还表示，如果有一车货被拒，很可能导致一个农户全年的利润泡汤，这一年就白干了。

胡定寰在给农业合作社和超市企业培训时说，他曾经将湖北一家合作社介绍给家乐福，然而半年后，因为合作社提供的蜜橘达不到超市要求，合作就散了。原来，合作社雇人按照超市提供的标准进行选择，两三个小时没问题，可是时间一长人的注意力就会分散，不合标准的也会被选进去。而陕西一家合作社的相关负责人告诉胡定寰，合作社提供的猕猴桃每次都符合超市要求，其原因就在于采用了自动选果机，实现了猕猴桃全自动筛选。

中国蔬菜流通协会会长戴中久也指出，目前我国农产品标准化程度还很低，广大农民仍采用传统的生产方式，无法适应和满足超市现代化的采购标准。戴中久表示，农超对接亟待提高农产品规格化、标准化、包装化。另外，在冷链物流方面，我国现有的设施还远不能满足实际需要，导致特别是叶类蔬菜的长距离运输仍是个难题。"办工厂要投资，是硬件，做农超对接也要投资，是软件，做农超对接开始的时候可能要赔钱。"胡定寰表示，提高农业标准化的问题是政府、合作社、超市需要共同应对的问题。除了需要政府向合作社提供资金、人才、培训等方面的支持,以增强合作社设备、技术水平;同时,双方也要树立合作共赢的观念,超市将合作社作为长期稳定的供货基地,合作社把超市作为面向市场的门店,双方建立长期合作伙伴而非一锤子买卖的关系;此外,超市与合作社之间保持密切的交流也有利于及时发现和解决存在的问题。

第三节 生鲜农产品超市质量标准样本

上一节,我们介绍了农产品质量的一些国家和行业标准,但是,超市的采购标准并不尽同国家标准,超市有自己的要求。如果农产品生产者有超市标准,必须按照超市标准生产、分级和发货。

一、麦德龙超市的标准

作为全球 500 强,麦德龙更关注食品安全。麦德龙农产品质量战略分为四层,质量标准从低到高分别为:最底层的农产品要达到土壤、水源都控制,可追溯性强;第二层要求是有机产品,第三层要求农产品符合国际标准;最高层为 3 星级农产品,目标是 2% 的农产品供应商处于 3 星的水平。

麦咨达是麦德龙集团 2007 年在中国投资的一家独资农业咨询公司,专门负责根据国际标准,对农产品企业整个供应链提供全方位的专业质量培训与咨询,目的是将更多的和全程可追溯的产品推向市场。

麦德龙是食品安全的典范,其质量监控贯穿整条供应链,即从供应商、运输、配送中心至商场进行质量控制;每个商场配备专业尽职的质量监控经理,对供应商实行 GAP 和国际 GAP 标准;实行国际食品标准。

其采用的标准有以下几类:

(一)农场基地采用的标准

1. 农场基地采用的国际标准是全球农业良好操作规范 Global GAP。

2. 目前,全球 90 多个国家共 9 万个企业通过该认证,中国 300 家左右农业企业通过认证。

3. Global GAP 对农场种养殖过程中食品安全、可追溯性、环境保护和动物福利提出明确要求。

（二）生产加工采用的标准

1. GMP 良好操作规范；

2. SSOP 卫生标准操作程序；

3. HACCP/ISO 22000 危害分析及关键控制点；

4. IFS 国际食品供应商标准（针对麦德龙自有品牌）；

5. International Slaughtering Standard 国际屠宰标准。

（三）包装物流采用的标准

1. 国家包装法律法规；

2. 物流良好操作规范；

3. 麦德龙货品接受标准。

上述的标准将在第五章第二节进行具体讲解。

二、永辉超市的生鲜农产品质量标准要求

下面我们就介绍永辉超市的生鲜农产品质量标准要求，可以作为参考（见表4-7 和表 4-8）。

表 4-7　永辉超市蔬菜质量标准要求

品名	质量标准	规格	包装物	包装材料	重量
土豆	无畸形,无青色	重量:2.5～4 两	重量:4 两以上	袋子	40kg
豇豆	无虫眼,实心,头尾大小一样	长度:30～45cm		泡沫箱	25.5kg
四季豆	无虫眼,实心,头尾大小一样	长度:12～18cm		泡沫箱	22kg
蒜苗	大小约小手指大,叶子鲜艳呈绿色	长度:35～50cm		泡沫箱	15kg
八月瓜	无畸形,瓜皮无发白,鲜绿	重量:3～5 两	重量:5 两以上	泡沫箱	30kg
嫩南瓜	头尾大小一样,果型均匀实心	重量:5～8 两	重量:8 两以上	泡沫箱	30kg
仔姜	无黑点,板型好	长度:3cm 以上成型姜		泡沫箱	23kg
青椒	无斑点,无烂点,无杂色	长度:12～20cm		竹筐	24kg

品名	质量标准	规格	包装物	包装重量	
黄瓜	无畸形,不能大头小尾	长度:30~50cm		纸箱	30kg
西红柿	果型均匀,软硬适中	重量:0.25两以上		胶筐	20kg
卷心菜	实心,无虫眼,无黄叶,无开花	重量:3~5斤	重量:5斤以上		
大白菜	实心,无虫眼,无黄叶	重量:3~5斤	重量:5斤以上		
红苔	无畸形,无病斑	重量:0.3两以上		竹筐	30kg
冬瓜	无烂瓜,无病瓜,规格统一、大小均匀	12斤以上			
南瓜	无腐烂,无碰伤,条形好,大小均匀,规格统一	5斤以上			
油麦	新鲜、无黄叶、无腐烂、无虫害	175g/颗		泡沫箱	27kg
上海青	新鲜、无黄叶、无腐烂、无虫害	100g/颗		泡沫箱	30kg
生菜	新鲜、无黄叶、无腐烂、无虫害	150g/颗		泡沫箱	25kg
水白菜	新鲜、无黄叶、无腐烂、无虫害	900g/颗		泡沫箱	28kg
西兰花	新鲜、大小均匀,无黄斑	1颗/1斤		泡沫箱	17kg
韭黄	新鲜、无腐烂	40~60cm		泡沫箱	24kg
荷兰豆	颜色青绿、无畸形、质地脆嫩、大小均匀	5~8cm		泡沫箱	23kg
韭菜	新鲜、无腐烂、无黄叶	25~45cm		泡沫箱	29kg

资料来源:全国农超对接进万村行动参阅资料。

表 4-8 永辉超市水果质量标准要求

品名	规格	包装重量
柚子	1.5～2.2、2.2～2.8、2.8 斤以上	大 75 斤/件、中 75 斤/件、小 80 斤/件
龙眼	直径 2cm 以上	45 斤/件
红富士	75#、80#、85#	14.5 斤/件、13 斤/件、14 斤/件
冬枣	25～30 粒/斤,35～40 粒/斤,45～60 粒/斤	22 斤/件
猕猴桃	150～200 克/个左右	17.5 斤/件
嘎啦果	60#～70#	13.5 斤/件
红富士	75#、80#、85#	35 斤/件
安徽酥梨	250～400 克/个	14.5 斤/件
陕西酥梨	200g 以上	20 斤/件
葡萄	果粒直径 1.5cm 以上,单串 200 克以上	11.5 斤/件
白梨、皇冠梨	0.35～0.4 斤/个、0.4～0.5 斤/个、0.5 斤以上/个	标准件(按实际称重)
桃驳李、山东桃	大 2～3 个/斤,中 4 个/斤,小 5～6 个/斤	标准件(按实际称重)
火龙果	大、小标准,无烂果,果蒂新鲜	标准件(按实际称重)
麒麟瓜、特小凤	1 号(10～12 斤)、2 号(8～10 斤)、3 号(6～8 斤)、4 号(4.5～6 斤)	无
四川无核桔	小:60～70#　大:70# 以上	大筐 62 斤 小筐 42 斤
四川金花梨	0.4 斤以上	40 斤/件
四川青苹果	70#　80#	40 斤/件
四川会理石榴	0.4～0.5、0.5～0.7、0.7 斤以上	40 斤/件
昆明小西红柿	大果 25 粒左右/斤、中果 40 粒左右/斤、小果 60 粒左右/斤	16 斤/件
元谋青枣	5～6 粒左右/斤	30 斤/件
柠檬	0.35～0.45 斤/个	

资料来源:全国农超对接进万村行动参阅资料。

第四节 农超对接的标准实践

农超对接是国外普遍采用的一种由农户或合作社直接给超市供货的农产品生产销售模式。目前，亚太地区农产品经超市销售的比重达 70％以上，美国达80％，而我国只有 15％左右。农超对接减少了农产品流通环节、降低流通成本，对建立农产品现代流通体制、增加农民收入和促进城乡统筹协调发展具有重要的现实意义。为此，"每日农经"特制作了"农超对接怎么做"系列节目，本案例为系列节目的第二集：《农超对接得有标准》。

探秘"农超对接"（2）：农超对接得有标准[①]

种出农产品后，农民担心的是什么：愁卖不出去。生鲜农产品的流通难题应该如何破解：农超对接。什么是农超对接？农超对接怎么接？敬请关注"每日农经"特别节目《探秘"农超对接"》。

主持人李冰：朋友们，大家好！ 昨儿杜旭东帮咱们了解一下农超对接的好处，今儿个老杜还想帮朋友们打听打听这农产品到底怎么进超市？ 用他的话来说，是帮人帮到底，不过帮得好像不顺。

（场景一）记者刘畅高兴地在整理获奖证书和锦旗。杜旭东拿了一箱萝卜生气地放在桌上。

杜旭东：高兴什么，你知道我的心情吗？ 第一，生气。第二，生气。第三，还是生气。

刘畅：萝卜不是顺气的吗？ 您为什么生气？

杜旭东：简单地说，是这样的。这萝卜非常好，想农超对接进超市，也跟人家拍胸脯保证过，结果没办成。知道人家超市说什么？目前还不行。

刘畅：承诺了，没办到，丢人。

杜旭东：关键是这个老乡，我让老乡直接接洽超市。要不这样，你先跟我走一趟。

刘畅：我啊，先尝尝这萝卜，然后跟您去。

---

① 资料来源：根据录音剪辑，http://bugu. cntv. cnnewsfarming/meirinongjing/classpage/video/20110315/101214. shtml

杜旭东：不用尝，这是有名的淮县萝卜。

刘畅：就知道这是淮县萝卜，才尝的。

（场景二，潍坊市寒亭区）要说这淮县萝卜，还真是大名鼎鼎，在山东省是无人不知、无人不晓。它又名高脚青、青萝卜。因潍坊又叫淮县而得名淮县萝卜。乾隆年间郑板桥当知县时，还把萝卜作为进京的贡品。

于家干（山东省非物质文化遗产研究中心研究员）：这很有地方特色，这潍坊人天天在吃，一天不吃都不行。在新中国成立以前，潍坊萝卜就远销香港、澳门一带。现在这几年，整个东南亚地区都有销售，特别是华人，特别爱吃。

消费者：这个萝卜，清澈、脆，连脆带甜，好吃。

于家干：有个谚语：吃萝卜喝茶，气得大夫满街爬。还有句谚语是：家有五担（粮），不敢就着萝卜吃饭。说明萝卜有助消化的作用。

（场景三）刘畅：这萝卜又脆又甜，名不虚传。还好吃。

杜旭东：你说，为什么不能成功地农超对接呢？

刘畅：据我分析，应该是没有成立合作社的问题。

杜旭东：我知道农超对接是针对合作社的，不是针对单独农户的。人家老乡找到我已经说明情况，可人家就是合作社的萝卜，所以我才敢拍胸脯，知道不？

刘畅：那找您的那家合作社专业不专业？

杜旭东：当然专业，人家是非常有经验的种植农民。

刘畅：那就是找您的这家合作社不合法。

杜旭东：什么不合法？别吃了，我不问了，我自己去。

刘畅：别着急，坐下来，来听我慢慢说。农民专业合作社它确实有法律规定的，不是说名字叫合作社就可以，它要达到一定标准，并且依法登记后才算是合法的合作社。

杜旭东：那你说什么标准？

刘畅：这个有国家规定的。一会儿我上网给你查查去。

杜旭东：别吃了，现在查。

打开中华人民共和国中央人民政府网，很容易就能找到农民专业合作社相关的法律法规。由胡锦涛主席签署的《中华人民共和国农民专业合作社法》、温家宝总理签署的《农民专业合作社登记管理条例》，这些法律和法规，都对标准、合法的农民专业合作社提出了具体的要求。

胡定寰（中国农业科学院农业经济与发展研究所研究员）：它是要有三个证书的，有工商登记证、税务登记证和组织机构代码证。

要想取得相关资质证书,合作社成员就要是以农民为主体,成员数量在 5 名以上。成员总数超过 20 人的,直接从事农业生产的成员要占成员总数 95％以上。真正把零散农户组织起来,符合要求的专业合作社国家还给出了享受税收减免等扶持政策。

胡定寰:农民专业合作社是所有的农民成员自己联合起来,为自己服务。作为合作社组织,不仅仅是我们国家独有的,连全世界都有,美国也好,法国也好,他们都有这样的组织。

在农超对接的实际操作中,为了更好地减少流通环节,很多超市还要求合作社要设在生产基地,并且要销售社员种植的农产品,而且生产基地直接发货。

赛伯(家乐福生鲜采购总监):农超对接的目的是帮助农民提高收入,如果我们不在产地与合作社合作,而去与中间商、批发商合作,那么超市给他的利益就不会到农民的手上。

对照国家相关的法律法规,发现注册一家合法的农民合作社并不难,还可以享受很多优惠的政策。那么潍坊的那家萝卜专业合作社符合这些标准吗?合作社的具体情况又是怎样的呢?

杜旭东想拿出手机,刘畅说:你用我们的固定电话跟老乡联系,然后问问他们合作社的相关情况,符不符合国家规定。

杜旭东:我给老乡打什么电话?我是给超市打个电话,通知他们一下我马上就到。

刘畅:俗话说,忙中易出错,您先了解清楚合作社的情况,再到超市去也不迟。

杜旭东:你不去我自己去,我一定要让超市给我这介绍人一个合理的解释。

刘畅:看你这急脾气,我当然能跟你一块去,但是咱们必须得先了解合作社的情况。

杜旭东:合作社的情况,我知道一点,在路上我好好给你介绍介绍。

这家合作社位于潍坊市寒亭区的王伯村,也就是这家合作社想要进行农超对接,让自己合作社的萝卜进超市。这个村周围都是萝卜大棚,一年四季生产萝卜,合作社把办公场所设在这里,本来是为了方便社员,没想到也满足了农超对接中超市对合作社要设在种植基地的要求。那这个合作社的其他方面是否符合相关的标准呢?

李乐军(潍坊市寒亭区乐军萝卜专业合作社理事长):我们这个合作社不过是 2010 年 1 月 18 日办的,外地经销商需要发票,我们自己开不了,我们几个一商量,正好国家也鼓励农民办合作社,我们就办了个合作社。

于磊(潍坊市寒亭区乐军萝卜专业合作社副理事长):我们合作社现在萝卜销量在500万个左右,营业额在1500万元,省了很多税费,我们老百姓得到实惠了。

社员一:有了合作社,我们萝卜打开销路了。

社员二:销路好,价格高。

社员三:我是第一批进合作社的。

于磊:现在合作社有130多户。

据介绍,这些社员都是地道的农民,都是萝卜种植户,所以总体上看这家合作社无论从成员构成上以及数量还有办公地点都完全满足相关标准。那这些社员们的萝卜又为何没成功实现农超对接呢?

(场景四:物美超市)刘畅:挺冷。

杜旭东:这不是我介绍老乡接洽的那家超市。

刘畅:我是故意带您来这里的。咱们先到这里了解一下农超对接的过程,你也顺便消消气,然后咱们到那边也不迟。

杜旭东:这家我可不熟,你可知道找谁吗?

刘畅:农超对接,我们就找生鲜采购部门不就行了?

经过一番打听,杜旭东和刘畅找到了超市的生鲜采购部,并且实地参观了为农超对接专门设立的直供区。发现虽然目前农产品种类不算特别多,但产品比较新鲜,价格也相对便宜。可当询问农超对接应该怎么做,是不是合作社合法以后就可以进入超市的时候,采购部的工作人员给出了这样的回答:

李少波(物美集团采购部主管):合作社合法之后,我们还要考察原产地种植规模,还有这个产品符不符合我们的要求。

张旺波(北京物美集团采购部副总监):我们对于主力的农副产品,我们超市都会相应地给出一个符合市场需求的特定的商品规格。

李少波:像这种等级的红富士苹果,我们要求直径在80~85毫米,就是直径的误差不能超过0.5毫米。

胡定寰:标准化把我们中国的农业提高到一个相对比较高的水平,因为发达国家的农业都是按照标准来生产的。

李少波:品规如果不统一的话,在超市开放性销售,顾客在挑选过程中会产生很大的损耗。

胡定寰:比如在日本,到超市去买苹果,你从来不用挑5个苹果去称一下,日本苹果就是一个一个卖,随便拿一个,消费者不用挑,他拿到手的都是一样大小的。

李少波：所以你统一了品规，损耗就减少了，这样就可以把商品的价格降下来。

胡定寰：我们国家还没有走到这一步，但是通过农超对接，通过市场来引导我们农民根据这个标准来做，这是很有必要的。

其实，除了产品外形要求相对统一，并要求产品有规模外，农超对接还要求农产品必须属于绿色无公害的农产品，农业残留和重金属残留都低于国家相关的标准，以苹果为例：

甲胺磷≤0.05 毫克/千克

总汞≤0.001 毫克/升

这其实也是国家对农产品上市的相关要求。

杜旭东：哎呀，真是不问不知道，一问发现这里边很有门道。

刘畅：你看，首先它要有合作社，合作社还得合法，而且对农产品的农药残留都有相应的国家标准，而且，您看对农产品的形状它都有一定的要求。

杜旭东：别跟我说那么多，你赶快给我分析分析，你说我这萝卜为什么就没能农超对接起来？

刘畅：我觉得这里面有你想象的一方面，有我认为的一方面，还有它真实的一方面。所以我觉得你最好还是赶紧给老乡打个电话，把事实了解清楚。

杜旭东：听人劝，吃饱饭。我把那事想得太简单了，也没有跟老乡一块到超市来，所以农超对接没有成功。我打个电话。

要说潍坊的萝卜在向外销售过程中，当地农业部门也一直进行相关的检测检验，农药残留和重金属残留是符合国家相关标准的。而为了能让萝卜长得直，外形美观，符合标准的萝卜多一点，种植户还在大棚的这面墙上挂满了能让光照更均匀的锡纸。

社员：粗细在五六厘米，长度在 25～30 厘米，就达到标准了。

在这里，装萝卜也有一定的要求，一个袋子装 4 层萝卜，最下面的 9 个，最上面的 6 个，一袋一共装 30 个萝卜。此外，还要进行一定的分级、筛选再包装。应该说这家合作社的萝卜是能达到相关标准的，那到底又是为什么没能农超对接呢？

于磊（潍坊市寒亭区乐军萝卜专业合作社副理事长）：超市的工作人员说，必须到我们基地来考察一下。

李少波（物美集团采购部主管）：我们有我们的流程，我们首先要去基地实地考察，还要对农民在用药各方面进行培训，然后才会签订购销合同，即：考察→培训→签约。

于磊:他们要过来考察一下,也许过不了多久,萝卜就能进入北京超市了。

李乐军(潍坊市寒亭区乐军萝卜专业合作社理事长):绝对有信心!

杜旭东:好了,就这样。看见没有?一切都在我掌握当中。

刘畅:找回面子了?心情舒畅了?

杜旭东:我心情本来就很舒畅,没什么面子不面子的。没听到老乡在电话里说吗,过一段时间他们就到山东去考察,到了之后他们肯定会跟合作社联系,潍坊的萝卜没准还真能在超市卖呢!

刘畅:刚才还不知道是谁,除了生气还是生气。

杜旭东:刚才是有些误会,那是因为我这手机里的短信没看清楚,所以误会了。

刘畅:那我还真想看看你手机里的那条短信到底有多复杂。

杜旭东:哎呀,你看,这雪下得还挺大的,怎么那边这么多人,咱去看看。

刘畅:您看,这杜老师他又不好意思了。

(结语)主持人李冰:您看,这心急吃不了热豆腐,这老杜帮朋友心切,不过他有点太心急,弄得自己一会得意一会生气。不过,今天老杜总算立了一功,也搞清楚这农民进超市的资质问题。看来,农业合作社不仅农民自己要合作好,而且还要跟超市合作好。

农民与超市签订了直采协议后,是否就万无一失,百分之百赚到钱呢?农民还会遇到哪些问题?后续见第六章第四节。

第五章

合格农超对接合作伙伴的寻找

　　农民专业合作社掌握了农超对接的标准后,还需了解超市负责农超对接项目的管理部门是哪个,超市是通过什么途径来找到合格的农超对接合作对象,怎样审核农民专业合作社,如何鉴定农超对接合同等内容。但是,不同的超市做法不同,我们就介绍一些超市的实际做法,希望能达到"举一反三"的作用。

第一节　超市寻找农超对接合作伙伴的一般流程

　　目前,超市的农超对接主要集中在生鲜农产品上,生鲜农产品有两个特征:地域性和时效性。所谓地域性是指大部分的水果和部分蔬菜生长在特定的区域范围内。所谓时效性,是指大部分的蔬菜,特别是叶类菜为了保证超市上架的时候新鲜,从采摘到超市上架的时间越短越好。超市在设计农超对接采购流程时一般要考虑这两个因素。超市寻找合格农超对接合作伙伴一般流程包括以下内容。

一、成立农超对接项目的组织机构

　　由于生鲜农产品具有地域性,必须在全国范围内采购。由于生鲜农产品具有时效性,必须减少生鲜农产品的流通时间,所以在农超对接中必须加强管理,保证农超对接农产品的新鲜安全。所以,超市必须设立专门的农超对接项目组织机构,负责农超对接项目的管理。

如针对生鲜农产品的地域性和时效性两个特点,家乐福超市在农超对接项目上做了分工,设立两个既联系又相对独立的采购部门,总部采购部门和城市采购部门。总部采购部门主要负责采购全国范围内的农产品,城市采购部门主要负责采购时效性农产品,以城市附近农村为主,采购半径限定在3~4个小时的运输时间。城市采购部门在业务上从属于总部采购部门的领导,特别是技术指导。同时,总部采购农产品订单是需要通过城市采购部门的确认才能够执行的,这种体制起到约束双方的功效。

超市总部农超对接项目管理部门分成三级。最高一级是生鲜采购总裁,负责农超对接的全盘业务。第二级是处长,负责农超对接运行过程中的具体业务。第三级由两班人马组成,一班人马是谈判部门,负责收集农民专业合作社的报价单、下订单,以及协调和处理交易过程中发生的各种意外事件。另一班人马是协调员,协调员派遣在各个省,他们负责给农民专业合作社技术指导,帮助农民专业合作社进行农产品的质量和安全性管理。对合作社的审核、签订合作协议等工作,也由协调员来承担。

二、农超对接合作伙伴信息收集

一般情况下,超市供应商的选择包括三个基本条件,即过硬的商品质量、齐全的企业资料和合理的交易条件。选择供应商时应考虑的因素主要包括:技术水平、商品质量、供应能力、价格、地理位置、可靠性、售后服务、提前期、交货准确率、快速响应能力等。

超市农超对接需要寻找能为他们供货的农超对接合作伙伴——农民专业合作社。随着农超对接的发展,我国已建立了一些农超对接渠道。如我国的流通主管部门——商务部门负责组织连锁超市,农业主管部门负责组织本辖区内产业基础牢、产品规模大、质量安全优、品牌效益好、农户成员多的优秀农民专业合作社,通过定期举办农超对接洽谈会、产品展示推荐会等形式,为超市与农民专业合作社搭建对接平台。一些专门的农超对接网站也已经建立,如商务部农超对接信息服务平台、联商网下的农超对接网、黑龙江省农超对接商务平台等。超市还可以通过专家推荐,或者超市自己找农超对接合作对象,如超市对农民专业合作社进行农超对接培训后,一般也安排同有意向的农民专业合作社进行农超对接洽谈。

从理论上讲,超市可以通过上网找到农超对接合作对象,但网上信息太多,加上网上公布的合作社信息不齐全,超市需要的信息往往没有登上去,所以,目前,超市更多的通过政府组织的对接活动、专家推荐和自己寻找合适的农超对接合作伙伴。

　　表5-1是家乐福农超对接项目农民专业合作社审核表（来自百度文库，可作为参考）。从表中可以看出，超市主要从以下几个方面来选择合适的农超对接合作农民专业合作社。首先看合作社的农产品是否属于超市正在寻找的农产品。具体看合作社产品类型（蔬菜、水果、其他），全年可以为超市供货的时间。第二点看合作社的规模，具体看合作社注册的社员户数、带动的农户数、合作社耕地或果园总面积（亩）、温室大棚总面积（亩）以及是否有长途物流配送农产品经验。第三点看合作社的证书获得情况，具体包括合作社是否有工商登记执照、是否有组织代码证、是否有税务登记证、是否有自产自销证明、是否可以开抵扣增值税发票。第四点看合作社是"真正的"合作社还是"翻牌"的合作社，主要看合作社符合农民专业合作社法规定的程度，具体看农民专业合作社理事长是否由社员代表大会选举、合作社成立以来召开社员大会的次数、合作社是否有专门的账册、合作社是否有详细的记账记录，合作社上一年利润给社员的分红比例。第五点看合作社的经营管理能力，具体看合作社签订采购合同的社员户数、合作社是否同意为社员采购农药和化肥、合作社是否为社员提供技术指导和生产安全监督、合作社是否采购社员农户以外的农产品、合作社是否出口农产品。第六点看合作社拥有设备情况，具体看合作社是否有分级包装车间、合作社是否有冷库、合作社是否自有配送车辆、合作社是否有冷藏车、合作社是否有农药残留检测设备。最后还看合作社是否获得过政府财政补贴项目以及合作社是否由公司发起等。

表5-1　家乐福农超对接项目农民专业合作社审核表

　　本表为家乐福农超对接审核农民专业合作社资格所用，请填表人按照合作社的实际情况填写。

合作社名	所属地区		合作社理事长姓名	联系电话（手机）
	省	县（市）		
合作社成立时间（年）	理事长所属公司名称	公司注册资金（万元）	产品类型（蔬菜、水果、其他）	全年可以为家乐福供货时间（月）
1.合作社规模				
a. 注册社员数（户）	b. 带动农户数（户）	c. 合作社耕地/果园总面积（亩）	d. 温室大棚总面积（亩）	e. 是否有长途物流配送农产品经验（1＝是；2＝无）

2.证书获得情况				
a.合作社是否有工商登记执照（1=是；2=否）	b.合作社是否有组织机构代码证（1=是；2=否）	c.合作社是否有税务登记证（1=是；2=否）	d.合作社是否有自产自销证明（1=是；2=否）	e.合作社是否可以开抵扣增值税发票（1=是；2=否）

3.农民专业合作社法规定				
a.理事长由社员大会选举（1=是；2=否）	b.成立以来召开社员大会次数（次）	c.合作社有专门账册（1=是；2=否）	d.合作社有详细记账记录（1=是；2=否）	e.合作社2010年利润给社员分红比例（%）

4.合作社经验管理能力				
a.合作社签订采购合同社员户数（户）	b.合作社是否统一为社员采购农药和化肥（1=是；2=否）	c.合作社是否为社员提供技术指导和生产安全监督（1=是；2=否）	d.合作社是否采购社员农户以外的农产品（1=是；2=否）	e.合作社是否出口农产品（1=是；2=否）

5.合作社拥有设施设备情况				
a.合作社是否有分级包装车间（1=有；2=无）	b.合作社是否有冷库（1=有；2=无）	c.合作社是否自有配送车辆（1=有；2=无）	d.合作社是否有冷藏车（1=有；2=无）	e.合作社是否有农药残留检测设备（1=是；2=否）

6.其他情况	
a.合作社是否获得过政府财政补贴项目（1=是；2=否）	b.合作社是否由公司发起和组织的（1=是；2=否）

　　填写上表的情况全部属实，一旦发生由于填写不符合实际情况而产生的所有后果,本人愿意负全部法律责任。

填表人签字

填表日期：　　年　　月　　日

资料来源:http://wenku.baidu.comviewb8411688a0116c175f0e48a5.html

三、超市审核的一般条件

下面介绍超市审核的一般条件：

（一）合作者必须具有一定的规模

参加农超对接的农民专业合作社必须是生产型的，而不是营销和加工型的。生产型的合作社应该有自己的生产基地，基地是指合作社社员所拥有的耕地和大棚的总数，并且基地要达到一定的规模。如沃尔玛规定农场、基地要达到一定的规模，其中蔬菜、水果基地总面积在1000亩以上，其中最小的连片面积应在200亩以上，或蔬菜水果单品种植面积50亩以上。

超市要求合作社必须要有一定的生产规模，是出于以下三个原因的考虑：

一是主要从经济效益和节约成本的角度出发。在不影响合作社与农民利益的前提下，超市需要盈利。在采购成本确定的条件下，降低运输成本对于赢利是非常重要的。从物流配送来说，降低运输成本的最好方法是使运输卡车能够满载。特别对于长途运输来说，卡车越大，运输成本越低。这就是说，合作社每次的发货量最好不低于卡车载重量。

二是超市需要合作社能够满足他们整个供货周期的稳定供货量。供货周期是指生鲜农产品上市的时间。如苹果除9、10月份外，基本上可以达到周年供货，梨可以从每年10月供到第二年的5月，等等（见表5-2）。超市需要合作社在供货期内能均衡供货，显然供货数量是很大的，必须有一定规模的基地才能确保农产品的总产量和存储量。

表5-2　部分水果和蔬菜的供货时段

序号	农产品名称	供货时段
1	苹果	每年11月到第二年的8月
2	梨	每年10月到第二年的5月
3	海南西瓜	每年10月到第二年的6月
4	海南蔬菜	每年12月到第二年的3月
5	反季节蔬菜	每年7、8、9月
6	脐橙	每年9月到第二年的6月
7	蜜橘	每年8月到第二年的2月
8	内蒙古甘肃马铃薯	每年10月到第二年的5月

序号	农产品名称	供货时段
9	山东马铃薯	每年 4—6 月和 9—11 月
10	葡萄	每年 6 月到第二年的 2 月
11	荔枝	每年 6、7、8 月

资料来源:胡定寰:《"农超对接"怎么做?》,中国农业科学技术出版社 2010 年版。

三是超市为了确保食品安全的需要。按照《中华人民共和国食品安全法》规定,超市需要对"市场发生食品安全事故承担连带责任"。为了确保食品安全,超市需要经常到农民专业合作社的基地进行考核和对农产品进行农药残留的抽样检查。如果合作社自己没有足够的产品,把从其他地方采购的农产品卖给超市,超市食品安全的风险就相当大了。因此,从事农超对接的合作者必须具有一定的规模,使自己生产的农产品可以满足超市的订单需要。

(二)合作者必须持有相关证书和材料

在审核时,超市一般需要农超对接合作者提交相关证书和材料,如法人营业执照、组织代码证、税务登记证、自产自销证明等证件,不同的超市对具体证件有不同要求。表 5-3 就是永辉超市农超对接所需的经营证件目录。

表 5-3　永辉超市生鲜农产品产销合作所需经营证件目录

序号	证件名称	备注
1	开户许可证	
2	营业执照(正本)	
3	营业执照(副本)	
4	全国工业生产许可证(QS 证)	属 QS 第 28 类食品
5	食品流通许可证	
6	税务证(国税)	
7	税务证(地税)	
8	动物防疫合格证	从事动物饲养
9	屠宰证	从事动物经营加工
10	一般纳税人资格证	取得增值税发票者
11	组织机构代码证	
12	中国商品条码证书	包装使用条码的产品

序号	证件名称	备注
13	商标证或注册证	在外箱或外包装使用商标
14	ISO9001/ISO14001 质量体系认证	冻品、冰鲜
15	HACCP 认证	水产等
16	产品检验报告	由质量技术监督局出具
17	商品—绿色证书	如有
18	商品—无公害证书	如有
19	商品—有机证书	如有
20	农副产品—自产自销证	由村委会开具并加盖公章

资料来源：全国农超对接进万村行动参阅资料。

工商部门颁发的"农民专业合作社法人营业执照"（见图 5-1）、技术监督局颁发的"中华人民共和国组织机构代码证"（见图 5-2）、地方税务部门颁发的税务登记证、自产自销证明，这四种材料一般超市都要求参加农超对接的农民专业合作社必须持有。前三种证书对于绝大多数的农民专业合作社来说还是比较容易获得的。只要合作社符合农民专业合作社法要求的条件，都可以从所在的市县区的工商部门、技术监督局、税务局办理手续，申请到这些证件。至于怎么办理农民专业合作社注册，在很多网站上都有详细介绍。我们只要在百度上输入检索关键词"怎样办理农民专业合作社注册"搜索就行。

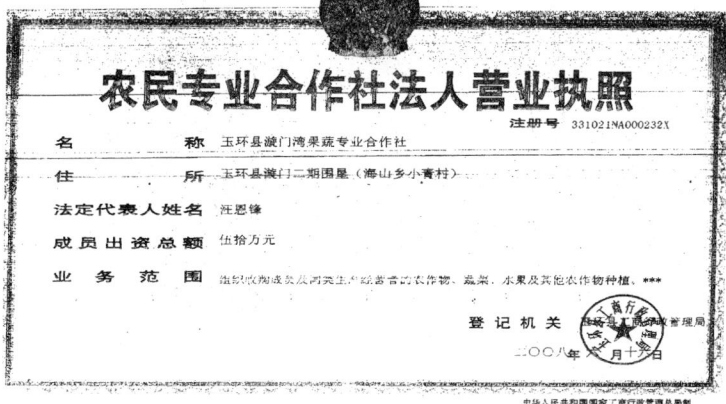

图 5-1　农民专业合作社法人营业执照

第五章　合格农超对接合作伙伴的寻找

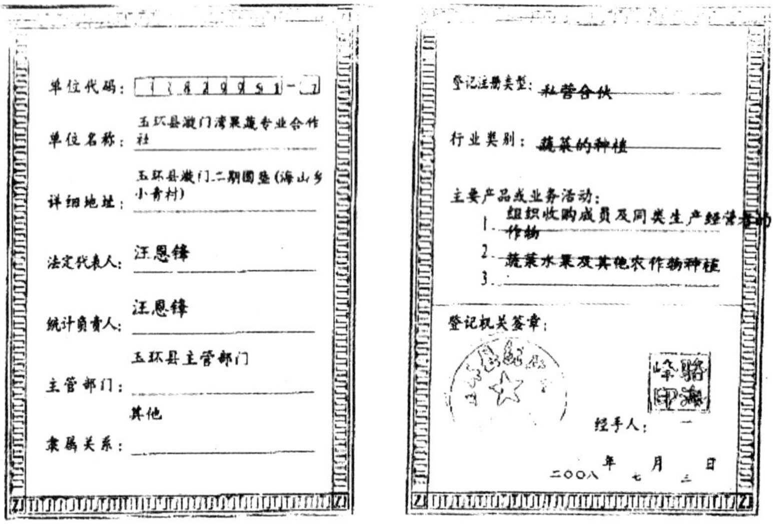
单位代码：11829951-7
单位名称：玉环县漩门湾果蔬专业合作社
详细地址：玉环县漩门二期围垦(海山乡小青村)
法定代表人：汪恩锋
统计负责人：汪恩锋
主管部门：玉环县主管部门
隶属关系：其他
登记注册类型：私营合伙
行业类别：蔬菜的种植
主要产品或业务活动：
1. 组织收购成员及同类生产经营者的作物
2. 蔬菜水果及其他农作物种植
3.
登记机关签章：
经手人：
二〇〇八 年 七 月 三 日

图 5-2　农民专业合作社法人组织机构代码证

自产自销证明不是政府文件，而是超市财务部门要求农民专业合作社提供的证明文件。需要合作社到村、乡镇政府、县主管部门和税务部门盖章，证明销售给超市的农产品是合作社自己生产的。超市在抵扣增值税的时候，需要为税务部门提供这些文件。以下是作者从百度文库搜集到的家乐福超市的三种自产自销证明盖章要求，可供读者参考，如表 5-4 所示。

表 5-4　家乐福超市自产自销证明①

自产自销证明一

________国家税务局：

兹有________________________________（组织机构代码为：________________）

☐自有　　☐承包以下场所：

☐土地________亩　　☐水域________亩

☐滩涂________亩　　☐果园________亩

☐林地________亩　　☐渔船________艘

☐饲养场________处

现向__________________________出售以下自产农产品：

---

① 资料来源：http://wenku.baidu.comview0f7c1e61caaedd3383c4d3fb.html

货物名称	数量	单位	单价	金额

特此证明

（公章）

年　月　　日

自产自销证明二

兹证明＿＿＿＿＿＿＿＿＿＿＿＿＿＿＿＿＿由＿＿＿＿＿省＿＿＿＿＿县＿＿＿＿＿＿＿镇＿＿＿＿＿＿村＿＿＿＿＿家＿＿＿＿＿＿种植户组成，在本地有种植基地。本次销售的农产品品名为＿＿＿＿＿＿，农产品货物系自产货物。

特此证明！

＿＿＿＿＿＿省＿＿＿＿县＿＿＿＿镇

＿＿＿＿＿＿＿村村民委员会（盖章）

年　月　　日

情况是否属实？

＿＿＿＿＿＿县人民政府（盖章）

年　月　　日

合作社自产自销证明三

合作社名称	
合作社简介	

经营品类	
经营规模(亩)	
年产量	

合作社成员详细名单：

序号	成员姓名或名称	职务	序号	成员姓名或名称	职务

特此证明！

合作社（盖章）

年　　月　　日

情况是否属实？

_____县人民政府（盖章）

年　　月　　日

注：①自产自销证明一主要用于合作社到税务部门盖章所需。

②自产自销证明二主要用于合作社到村、乡镇政府盖章所需。

③合作社自产自销证明三主要是合作社自身出具证明，并到所属乡镇政府盖章确认情况属实之用。

（三）能够开具"免征增值税发票"

按照财政部、国家税务总局〔2008〕81号文件的规定，对农民专业合作社销售本社成员生产的农业产品，视同农业生产者销售自产农业产品可以免征增值税。增值税一般纳税人从农民专业合作社购进的免税农业产品，可按13％的扣税率计算抵扣增值税进项税额。2011年12月19日，中国政府网全文刊载了国务院办公厅发布的《国务院办公厅关于加强鲜活农产品流通体系建设的意见》，提出完善农产品流通税收政策，免征蔬菜流通环节增值税。2011年12月25日，财政部长谢旭人阐释了2012年完善结构性减税路线图，表示将对蔬菜批发和零售环节免收增值税。经国务院批准，自2012年1月1日起，我国对从事蔬菜批发、零售的纳税人销售的蔬菜免征增值税。

国务院总理温家宝2012年7月11日主持召开国务院常务会议，研究部署深化流通体制改革加快流通产业发展，会议讨论通过《关于深化流通体制改革加快流通产业发展的意见》，其中指出将免征蔬菜流通环节增值税政策扩大到有条件的鲜活农产品。目前，这一政策正在调研中。

典型案例
5-1

国家鲜活农产品增值税政策问题调研组莅遂听取
相关税制调整意见建议①

2012年7月17日，由财政部税政司副司长郑建新带队，国家税务总局、财政部、农业部、商务部等组成的国家鲜活农产品增值税政策问题调研组一行莅临遂宁市，就遂宁市鲜活农产品生产经营情况及税收政策执行情况展开调研。

在实地考察四川高金食品有限公司后，调研组一行就遂宁市鲜活农产品生产经营情况及税收政策执行情况进行了座谈。调研组指出，为贯彻落实国务院会议精神，调研组将重点了解全国各地鲜活农产品生产经营情况及税收政策执行情况，为研究制定相关增值税政策提供依据。调研组一行重点了解了遂宁市肉类产品、蛋类产品和鲜奶等鲜活农产品的生产经营情况，以及加工企业和流通企业增值税进销项及应交、实交情况等，并听取了相关部门和企业代表的意见和建议。

---

① 资料来源：http://www.suining.sc.cn/Articlexwzx201207/15427.html

会上,市财政局、商务局等市直相关部门以及四川高金食品股份有限公司、纵横农产品批发市场等企业代表汇报了遂宁市农产品生产加工和相关企业的生产经营情况,对税制的调整提出了具体的意见和建议。

照理说中央有文件,地方必须执行,但实际上到目前为止,仍然还有一些地方的农民专业合作社开具不出"免征增值税"的发票。如永辉超市生鲜采购总监张代斌认为,从采购模式上来讲,永辉超市在生鲜方面直采比例大约在 80%,由于与永辉对接的农户、合作社基本都能提供免税的发票证明,使得永辉在直采方面事实上已经享受到了部分农产品免征增值税的优惠。但物美超市采购总监张旺波表示,物美的生鲜类商品直采比例在 70% 以上,由于目前各地在税收政策执行上的不统一,使物美在一些省份的直采并没有享受到免增值税的优惠,不过在山东地区的直采项目效果还是不错的。

（四）田间管理能力

确保采购安全和优质农产品是超市来做农超对接的主要目的。田间管理能力是考核农民专业合作社的重要指标,因为与他们供货产品的品质和食品安全性密切相关。

如家乐福的超市协调员来对合作社进行审核时,需要检查:

①合作社农药的使用和保管方法是否合理;

②农药、化肥和种子的来源是否可靠;

③社员农户的整个种植过程是否有指导和监督;

④农药是否有专门的保存场地;

⑤是否有分级和包装的场地、车间;

⑥合作社是否有自己的冷库等。

笔者曾跟随浙江省玉环璇门湾文旦合作社参与了几次农超（商）对接活动,超市前来洽谈时问得最多的是合作社的基地规模和产品种类以及农产品的认证情况。在第三章我们也介绍到,一些超市已经把农业可持续发展作为未来发展目标,如沃尔玛中国农超对接的新目标是到 2015 年年底,有 15% 的农超对接产品从绿色食品认证升级到有机食品认证。因此,农业合作社应重视田间管理,提高产品质量和安全,使自己的农产品认证不断升级,这样才有竞争力。

前面也讲过,超市标准的制定是参照国家标准的,农民专业合作社要提高田间管理能力,可参照以下国家标准对照看看,自己是否有提升空间。如:①GB/T 4285 农药安全使用标准;②GB/T 8321(所有部分) 农药合理使用准则;③GB·16715 瓜果作物种子;④GB/T 18407.1 农产品安全质量——无公害蔬菜产地环境要求;⑤GB/T 19630.1-2011 有机产品——第 1 部分:生产等。

对于一些农产品,我国于 2011 年 6 月 16 日发布了生产技术规范的国家标准化指导性技术文件(部分目录见表 5-5),于 2011 年 11 月 15 日开始实施,合作社可以根据自己生产产品的种类上网下载查阅。

表 5-5　农产品生产技术规范的国家标准化指导性技术文件目录

标准号	标准名称	标准规定范围	适用
GB/Z 26573-2011	菠菜	生产基地的选择和管理、生产投入品管理、栽培管理、有害生物综合防治、劳动保护、批次管理、档案记录等方面	菠菜的生产
GB/Z 26574-2011	蚕豆	基地选择和管理、生产投入品管理、生产技术、有害生物防治、劳动保护、批次管理、档案记录等方面	蚕豆的种植生产
GB/Z 26575-2011	草莓	生产基地的选择和管理、生产投入品管理、栽培技术、有害生物防治、劳动保护、批次管理、档案记录等方面	草莓的生产
GB/Z 26576-2011	茶叶	基地选择和管理、投入品管理、生产技术管理、茶园有害生物防治、劳动保护、档案记录等方面	茶叶的种植生产
GB/Z 26577-2011	大葱	生产基地的选择和管理、生产投入品管理、栽培技术、有害生物防治、劳动保护、批次管理、档案记录等方面	大葱的生产
GB/Z 26578-2011	大蒜	生产基地的选择和管理、生产投入品管理、栽培技术、有害生物防治、劳动保护、批次管理、档案记录等方面	大蒜的生产
GB/Z 26579-2011	冬枣	生产基地的选择和管理、生产投入品管理、栽培管理、有害生物防治、劳动保护、批次管理、档案记录等方面	冬枣的生产
GB/Z 26580-2011	柑橘	基地选择和管理、投入品管理、生产技术管理、有害生物防治、劳动保护、档案记录等方面	温州蜜柑的生产

标准号	标准名称	标准规定范围	适用
GB/Z 26581-2011	黄瓜	生产基地的选择和管理、投入品管理、栽培管理、有害生物防治、劳动保护、档案记录等方面	黄瓜（包括保鲜盒用作腌制的小黄瓜）的种植生产
GB/Z 26582-2011	结球甘蓝	生产基地的选择和管理、投入品管理、栽培管理、有害生物防治、劳动保护、档案记录等方面	结球甘蓝的生产
GB/Z 26583-2011	辣椒	生产基地的选择和管理、生产投入品管理、栽培管理、有害生物防治、劳动保护、批次管理、档案记录等方面	辣椒的生产
GB/Z 26584-2011	生姜	生产基地的选择和管理、生产投入品管理、栽培管理、有害生物防治、劳动保护、批次管理、档案记录等方面	生姜的生产
GB/Z 26585-2011	甜豌豆	生产基地的选择和管理、生产投入品管理、栽培管理、有害生物防治、劳动保护、批次管理、档案记录等方面	甜豌豆的生产
GB/Z 26586-2011	西兰花	生产基地的选择和管理、投入品管理、栽培管理、有害生物综合防治、劳动保护、档案记录等方面	西兰花的种植生产
GB/Z 26587-2011	香菇	基地选择和管理、投入品管理、生产技术管理、有害生物综合防治、劳动保护、批次管理、档案记录等方面	袋料香菇的种植生产
GB/Z 26588-2011	小菘菜	生产基地的选择和管理、投入品管理、栽培管理、有害生物综合防治、劳动保护、批次管理、档案记录等方面	小菘菜的种植生产
GB/Z 26589-2011	洋葱	生产基地的选择和管理、生产投入品管理、栽培管理、有害生物综合防治、劳动保护、批次管理、档案记录等方面	洋葱的生产

资料来源：作者根据网络资料整理。

要求更高的合作社，可以参照全球农业良好操作规范 Global GAP，麦德龙超市的农场基地审核就是按照此标准的。Global GAP（更名自 EUREPGAP）

认证又被称作全球良好农业操作认证,是在全球市场范围内作为良好农业操作规范的主要参考而建立的。Global GAP 认证将消费者对于农产品的需求转化到农业种植中,并迅速在很多国家被认可。Global GAP 认证标准涵盖了对所认证的产品从种植到收获的全过程。

(五)样品的送检

为了确保农产品的安全性,超市还需通过随机抽样的方式,在农民专业合作社的基地采取土壤、水源和农作物的样本。这些样本通过专业的权威性检测机构对农药残留进行检测(见图 5-3)。

这种检测,除了审核外,农超对接的农民合作社还需要定期复检。对于食品安全,家乐福有严格的规定,如要求农业合作社每年至少进行一次食品安全检测,其中包括 204 种农药残留检测,检测标准参照世界卫生组织标准,检测费用全部由家乐福承担;如果有合作社不检测,家乐福则立即停止从该合作社采购产

农业部食品质量监督检验测试中心（上海）

检　验　报　告

NO:2012-b-4880　　　　　　　　　　　　　共2页 第1页

产(样)品名称	鲜金针菇	型号规格	150g/袋
		商标	超大牌
受(送)检单位	超大（上海）食品菌有限公司	检验类别	委托检验
生产单位	超大（上海）食品菌有限公司	样品等级、状态	袋装、定型包装、包装完好
抽样地点	/	抽(到)样日期	2012年07月06日
样品数量	2袋	抽(送)样者	盛贤平
抽样基数	/	原编号或生产日期	2012.7.5
检验依据	NY 5095-2006	检验项目	详见检验结果报告书
所用主要仪器	气相色谱仪紫外分光光度计原子荧光光度计原子吸收分光光度计	试验环境条件	符合检测要求
检验结论	该样品经检验,按照上述检验依据的技术指标的要求,所检项符合。详见本报告检验结果报告书。 （检验报告专用章） 签发日期:2012年07月16日		
备注	根据委托方的要求,按照上述检验依据的技术指标的要求进行判定。		

批准　　　　　　　审核　　　　　　　制表

2012-07-16　　　　2012-07-16　　　　2012-07-13

图 5-3　第三方农药残留检测报告(样本)

品。如沃尔玛规定,确定的农场/养殖场还要接受质量审核的定期复检以及产品抽检:优秀的农场/养殖场两年复检一次,合格的农场/养殖场一年复检一次,有条件合格农场/养殖场半年复检一次。产品检测是每三个月开展一次,第三方检测机构会从商场及农场/养殖场抽采样品,进行农药和重金属的检验。

四、签订农产品采购协议(合同)

在上述的审核工作逐项完成,特别是农药残留检测报告合格,超市管理层批准后,超市就可以与农民专业合作社签订农超对接采购协议。协议在法律上是合同的同义词。只要协议对买卖合同双方的权利和义务作出明确、具体和肯定的约定,即使书面文件上被冠以"协议"或"协议书"的名称,一经双方签署确定,即与合同一样对买卖双方具有约束力。

超市的采购合同内容比较严谨,主要包括以下的几个方面:①合同双方身份的鉴定;②合同目的;③关于农产品订单的说明;④农产品生产与交付;⑤付款方式;⑥声明与保证;⑦争议解决方式;⑧双方签字。

以家乐福为例,农超对接的合同中有些关键的地方,我们需要注意:

①超市承诺不向参加农超对接的农民专业合作社收取进场费、货架费和条码费。

②超市承诺比正常零售合同的付款期限有很大的缩短,最多只有 5 个工作日。

③超市坚持以非现金形式支付,超市向合作社付款需要通过银行转账的方式。但是,如果农民专业合作社缺乏流动资金来准备发货,超市可以根据合作社的具体情况,事先给合作社提供部分的预付款,比例由双方协商决定。

④农民专业合作社提供的农产品必须符合超市提供的农产品质量和安全标准。

⑤农民专业合作社需要把产品配送到超市指定的各个城市的物流配送中心。

⑥超市不收购转基因农产品。

农民合作社要多学法律知识,在签订合同时要保护自己的合法权益,必要时要对农超对接合同进行公证。如 2011 年 10 月,鞍山市公证处为湖南地区一家超市和辽阳县柳壕一家养殖专业合作社办理了农副产品购销合同公证。这是鞍山首例农超对接公证业务。鞍山市公证处在公证时发现一家超市和一家养殖专业合作社之前拟订的合同很不完善、也不规范,公证员从法律专业角度,公平地保护双方当事人的合法权益,经过多次与双方沟通建议,对其合同进行了修改补充和完善。通过公证介入的方式,保证了公平,提高了双方的履约意识,保护了彼此的长远利益。[①]

上面6条看起来简单,实际上超市为了开展农超对接而在农产品采购方面进行了巨大的变革,或者说是让步。我们以超市收费为例,超市向供应商收取各种费用是我国引进超市以来长期未解决的"老大难"问题。如河北藁城市系井村双联合作社负责人石吉皂反映,超市经常把农超对接的商品纳入促销品来打折销售吸引客源。最让种植户不满的是,超市的货款结算时间不定,还常常以亏损为由在结算货款时打折扣,因此部分农业合作社终止了农超对接。对近日河北有部分农业合作社因缴纳超市进场费导致农户利润非常少,因此停止农超对接合作的问题,商务部发言人沈丹阳表示,农超对接在我国仍处于探索阶段,个别地区出现停止合作的问题仅是个别现象,并且有一些特殊的原因。但这件事也应好好总结,尽量减少和避免此类事件的发生。

典型案例 5-2

沃尔玛、美廉美首度承认违规收费[②]

2012年6月26日,商务部召开的例行发布会上,商务部新闻发言人沈丹阳表示,对年初以来清理整顿大型零售企业向供应商违规收费的初步统计显示,71家零售企业主动报告违规收费,涉及资金达到1.77亿元。

据介绍,这次纳入清理整顿范围的企业总共有76家,到6月20日,有71家企业主动报告存在的一些问题,涉及金额1.77亿元;其中有33家存在收取使用促销服务费不规范的问题,涉及金额大概有1.25亿元;有44家存在违规收费的问题,金额大概有5200万元;还有55家存在没有明码标价的问题。针对发现的问题,相关企业正在采取纠正措施,已退还或者下一步要退还的违规收费金额有6100多万元。

究竟是哪些零售企业登上"黑榜"众说纷纭。2012年6月27日,沃尔玛、美廉美首度承认自己是71家违规企业的一员。对此,沃尔玛中国区负责人表示,沃尔玛方面正在配合相关政府部门对违规收费问题作相关调查,对供应链的管理进行回顾和提升。沃尔玛将根据供应链的相关管理规定和

---

① 资料来源:http://www.qianhuaweb.comqswbhtml/2011-10/21/content_80595.htm
② 资料来源:http://finance.qq.com/a/20120628/001088.htm

法律法规,重新制订对供应商的合同。

承认存在违规收费问题的还有物美,据物美商超副总经理种小兵透露,物美方面已按照商务部的相关要求进行了自查,发现美廉美在被物美收购前确实存在违规收费行为。现阶段已向供应商进行清退,金额达600多万元。还有部分违规收费还需进一步核查,核查后再与供应商协商还款事宜。

事实上,在业界看来,尽管各种监督不断,但超市进场费依旧难以杜绝的原因是,收取各种苛捐杂税是多数超市的主要盈利模式。部分超市供应商甚至表示,超市向其收取的各种费用和成本最高占到商品销售额的35%。业内人士指出,超市乱收费带来的后果更使零供矛盾激增。

据了解,国家现阶段允许收取的是"促销服务费",因此,超市将不合理收费都以"促销服务费"的名义向供应商收取。

不过,零售商却和供应商的想法不同。"超市负责为供应商宣传,将商品放到最好的位置上,理应收费。"某大型连锁超市高管表示,供应商应在产品开发和市场营销上多做文章。要想不被各种收费影响,就应该强大自己,尽量使持有的商品做到唯一性。

第二节　麦德龙合格农超对接伙伴的寻找

麦德龙的农超对接项目主要是由其全资子公司麦咨达农业信息咨询有限公司来实现的。麦咨达成立的原因是农超对接的"直采基地"模式,对于促进农业产业化、保障市场供应以及增加农民收入方面具有积极作用,但这种模式下,超市只能在采购前对供应商的各种生产资质、卫生状况等进行前期审核,很难对农副产品进行全程质量监控,无法建立食品安全的可追溯机制。

一、麦咨达的农超对接流程

麦咨达选择合适的农超对接合作伙伴,来保证农产品的高品质,主要是基于以下流程:

(一)供应商筛选

其流程是:供应商预调查和评估→选择合格的供应商→合作协议签订。

(二)EDCA 循环

E 是评估(Evaluation),即麦咨达培训师根据质量标准现场评估企业。

D 是执行(Do),即每次评估后,培训师为企业质量改进和提高量身定制行动计划。

C 是检查(Check),即企业执行整改行动后,培训师将定期前往检查执行的结果。

A 是行动(Action),即制订标准行动计划,使质量水平保持稳定。

这四个过程不断循环,形成 EDCA 循环,这样能不断促进农超对接农产品达到相关品质和安全标准(见图 5-4)。

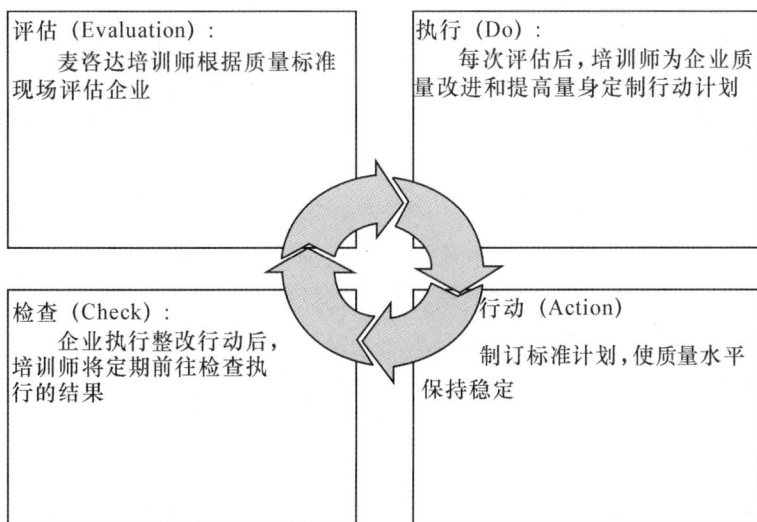

图 5-4　麦咨达的 EDCA 循环①

(三)麦咨达工作流程

麦咨达的工作流程(见图 5-5)为:供应商确定→预调查→制订项目计划→准备项目资料→首次会议→企业信息收集→组织首次评估→制定培训说明书→实施培训→末次会议→培训报告→提出整改计划→改善确认→年度审核和培训。

① 资料来源:http://www.doc88.com/p-90657020022.html

193

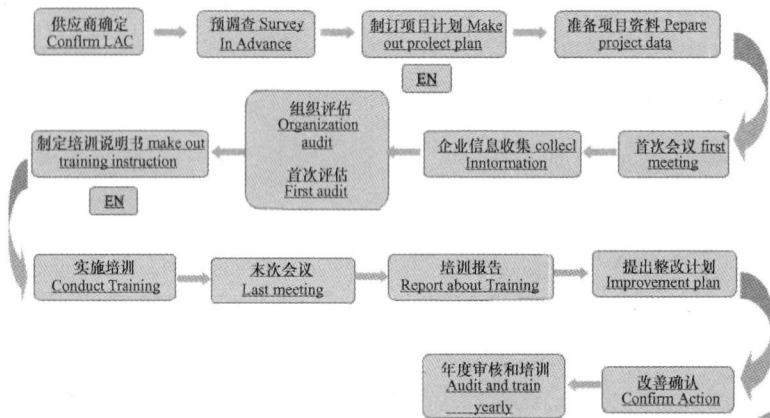

图 5-5　麦咨达工作流程[1]

　　麦咨达工作流程中的亮点是根据现场审核,给出雷达图评估报告(见图5-6),让企业清晰了解其优点和不足,同时给出企业直观的质量星级水平。所谓雷达图,是将一个公司的农产品品质分析所得的数字或比率,就其比较重要的项目集中划在一个圆形的固表上,来表现一个公司农产品品质指标的情况,使用者能一目了然地了解公司农产品品质指标的变动情形及其好坏趋向。

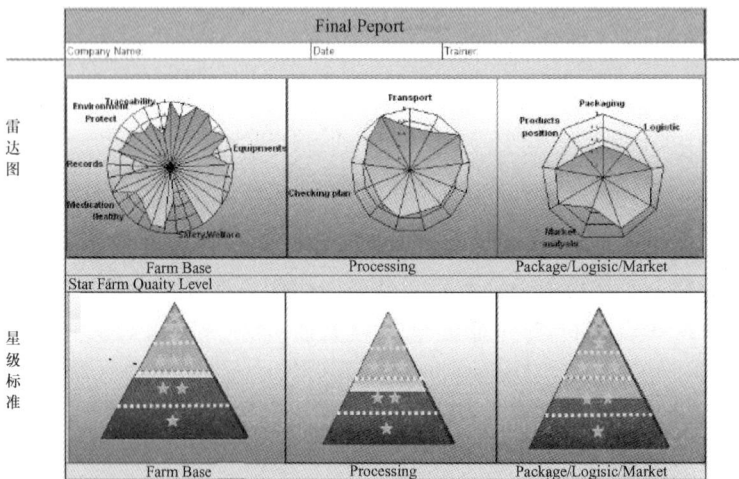

图 5-6　麦咨达报告[2]

①　资料来源:http://www.doc88.com/p-90657020022.html
②　资料来源:http://www.doc88.com/p-90657020022.html

二、Global GAP 介绍

麦咨达农场基地采用的标准是 Global GAP,即全球农业良好操作规范。良好农业规范(GAP)作为可操作性很强的标准体系,对农业生产活动中每一个细节的要求都制订了详细的标准,代表了一般公认的、基础广泛的农业指南——比如在水果、蔬菜生产过程中,从土地的准备、种子的选择到播种、病虫害管理、收获、清洗、包装、运输,几乎每一道工序都列出了明确的控制点,其关注对象包含了从农场到餐桌的整个食品链的所有步骤。GAP 的目的在于帮助农产品企业解决在种植、收割、堆放、包装和销售等方面常见的微生物危害问题,以提高农产品的安全;GAP 无法解决所有鲜果蔬相关的潜在危害,但它能提供在农场、食品加工厂以及运输中鉴别和实施最大限度减少风险的适当措施的框架。推行良好农业规范是国际通行的从生产源头加强农产品和食品质量安全控制的有效措施,是确保农产品和食品质量安全工作的前提保障。

下面介绍 2011 年 1 月 1 日发布、2012 年 1 月 1 日强制执行的 Global GAP 第四版认证 FV 水果和蔬菜,即综合农场保证的 Global GAP 标准(水果和蔬菜的控制点和符合性规范),资料来自网络,可供大家参考一下。下面主要从控制点的符合性规范及其要求水平进行介绍。

(一)土壤管理(无土地熏蒸时不适用)FV.1

1.FV.1.1.1 控制点:是否有使用土地熏蒸剂使用记录?

符合性规范:应有熏蒸剂的使用记录,包括:使用原因、熏蒸地点、日期、活性成分、剂量、使用方法和操作人员。不允许使用溴化钾进行土地熏蒸。这条属于次要要求。

2.FV.1.1.2 控制点:是否遵守了种植前熏蒸剂使用的时间间隔?

符合性规范:种植前熏蒸间隔时间应记录。这条属于次要要求。

(二)基质(无使用基质时不适用)FV.2

1.FV.2.1 控制点:在使用基质时,农业生产经营者是否参与基质再循环计划?

符合性规范:生产经营者应保持基质循环数量级日期的记录。收获发票或装载记录也可接受。如果没有参与基质循环计划,应作出合理的评估。此条属于推荐要求。

2.FV.2.2 控制点:若使用化学品对基质消毒以使其被再利用,是否记录消毒地点、消毒日期,所用化学品的类别、消毒方式和操作人员以及种植前的时间间隔？

符合性规范：如果在农场进行基质消毒，应记录农田、果园温室的名字或编号。如果在农场以外进行消毒，应记录对基质消毒的公司名称及地点。应正确记录：消毒日期（年/月/日）、化学品名及有效成分、机械类型（如1000立升罐）、消毒方式（如浸透、喷雾等）和操作人员（实际使用化学品和实施消毒操作的人员）的名字，以及播种前的时间间隔。此条属于主要要求。

3. FV.2.3 控制点：如果使用天然来源的基质，是否能溯源，且不来自制定的保护区？

符合性规范：有记录能证实正在使用的天然基质的来源，且不来自制定的保护区域。此条属于推荐要求。

（三）收获前 FV.3

1. 用于植物保护产品使用的水源质量 FV.3.1

FV.3.1.1 控制点：是否对配制植物保护产品用水的水质进行风险评估？

符合性规范：应实施书面的风险评估，包括：水源、产地保护产品类型（如除草剂、杀虫剂等）、使用时间（作物生长阶段）、使用范围（作物可食用部位、作物的其他部位或空地）等及必要时采取的纠偏措施。此条属于主要要求。

2. 有机肥料的使用 FV.3.2

FV.3.2.1 控制点：有机肥料是否在种植前或者木类作物（如薯类作物）萌芽前使用，且在生长阶段不使用？

符合性规范：在肥料使用至收获前不能影响食品的安全（参见 CB5.5.2），肥料的使用及收获的相关记录应提供相关证明。此条属于主要要求。

3. 收获前检查 FV.3.3

FV.3.3.1 控制点：是否没有迹象显示在植物生长期间没有过多动物活动，带来潜在食品安全风险？

符合性规范：应采取有效措施减少生产区中潜在污染，要考虑的因素包括：靠近农场的家畜、高密度的野生动物、啮齿类动物、农场内自有动物（自养的动物、散养的狗类）。农场应有适当的缓冲区，如物理栅栏、篱笆等。这条属于次要要求。

（四）收获 FV.4

1. 总则 FV.4.1

(1)FV.4.1.1 控制点：是否对采收和离开农场前的运输过程进行卫生安全风险评估？

符合性规范：应有书面的、最新的（每年一次）专门针对产品的风险评估，包括物理、化学、微生物污染和人类传播的疾病，风险评估还包括从 FV4.1.2—FV.4.1.12 的内容，风险评估应该根据农场的规模和农作物的品种以及经营的水平而作出调整。全面实用。本条属于主要要求。

（2）FV.4.1.2 控制点：是否建立书面的有关收获的卫生规程？

符合性规范：应建立基于风险评估的有关收获的卫生规程。此条属于主要要求。

（3）FV.4.1.3 控制点：是否执行了书面的收获卫生规范？

符合性规范：农场管理者或其他指定人员应负责卫生规则。全面适用。此条属于主要要求。

（4）FV.4.1.4 控制点：员工在接触农产品前是否接受了特定的卫生培训？

符合性规范：如果有超越 FV.3.2.2 的卫生要求，应有证据证明员工接受了为收获过程指定的卫生规程的特定培训，必须采用书面（合适的语言）和/或图片讲解的形式对员工进行培训，以防止在收获过程中对产品物理的（如蜗牛、昆虫、刀具、石头、水果残渣、收集、手表）微生物、化学的污染。此条属于主要要求。

（5）FV.4.1.5 控制点：是否执行了书面的产品处理指南和规程，以免污染产品？

符合性规范：有可见的证据证明员工遵守了培训规程和指南。此条属于主要要求。

（6）FV.4.1.6 控制点：是否对农产品处理的容器和工具进行清洗，以免污染？

符合性规范：应对重复使用的工具盒容器和刀具（剪刀、修剪刀、刀子）和收获使用的工具如机械进行清理和维护，应制订防止产品污染的清洁和消毒计划并保有记录。此条属于主要要求。

（7）FV.4.1.7 控制点：根据风险评估的结果，用于运输采收后产品的车辆是否保持清洁和维护良好？

符合性规范：若用于运输收获产品的车辆并非专用，应按照要求进行清洁保养，以防止产品污染，如（土壤，灰尘，有机肥泄露）。此条属于主要要求。

（8）FV.4.1.8 控制点：直接接触产品的采收作业人员是否有清洗和洗手设施？

符合性规范：洗手设施保持干净和清洁以便于员工洗手和消毒，员工有以下活动应洗手或用酒精消毒：①开始工作前；②去厕所之后；③使用手帕或纸巾之后；④处理污染物之后；⑤吸烟、吃东西或喝水之后；⑥休息之后；⑦返回工作岗位之前；⑧他们的手可能被污染物污染的时候。全部适用。此条属于主要要求。

（9）FV.4.1.9 控制点：采收作业的员工是否可以在工作场所附近用到干净

卫生的卫生间？

符合性规范:农场应设计建造卫生设施,其位置应易于使用,并尽可能将产品的潜在污染降到最低,固定和移动的卫生间(包括深坑式公共厕所)的建筑材料应易于清洁,卫生状况良好。卫生间应建在离工作场所较近的区域(500米范围内或7分钟内到达)。如果在工作场所附近没有足够的卫生间,则不符合要求。如果在收获期间员工不接触销售的产品(如机械收获)则不适用。此条属于次要要求。

(10)FV.4.1.10控制点:存放产品的容器是否专用?

符合性规范:存放产品的容器是否专用(即不存放农药化学品、润滑剂、清洁剂、汽油、工具等),当使用多用途的拖车、手推车运输产品时,使用前应先清洁。此条属于主要要求。

(11)FV.4.1.11控制点:若有温室,是否建立书面的玻璃和硬质塑料处理程序?

符合性规范:应张贴玻璃和/硬质塑料破碎物处理程序。此条属于次要要求。

(12)FV.4.1.12控制点:如果在产品收获中遇到冰或水,冰是否用饮用水制成并且在良好的卫生条件下加工,以避免产品污染?

符合性规范:所有在采摘点使用的冰和水都应为饮用水,且在良好的卫生条件下处理,以免农产品受到污染。此条属于主要要求。

2. 在采收点进行农产品最终包装(适用于采收时和/或包装,最后一次接触产品在采摘点)FV.4.2

(1)FV.4.2.1控制点:采收的卫生规程是否考虑在农田、果园或温室里直接包装、处理或者暂存收获的农产品?

符合性规范:根据采收卫生风险结果,所有在农田、果园或温室里直接包装或处理的农产品应当每日运出农田。如果作物短时间贮存在农场,应符合食品安全要求。此条属于主要要求。

(2)FV.4.2.2控制点:包装后的产品是否受到保护以免污染?

符合性规范:应保护采摘点所有包装产品以免被污染。此条属于主要要求。

(3)FV.4.2.3控制点:所有采摘点里直接收集、贮存和配送的已包装的产品是否保持清洁卫生?

符合性规范:若已包装产品贮藏在农田、贮存区域应保持清洁。此条属于主要要求。

(4)FV.4.2.4控制点:储存在采摘点的包装材料是否已防护避免污染?

符合性规范:包装材料贮藏区应有防护,避免污染。此条属于主要要求。

(5)FV.4.2.5 控制点:包装材料碎片和其他非生产性废物是否清理出农场?

符合性规范:包装材料碎片和其他非生产性废物应清理出农场。此条属于次要要求。

(6)FV.4.2.2 控制点:如果已包装贮藏在农场,是否有温度和湿度的(必要时)控制并记录?

符合性规范:根据卫生风险评估结果和质量要求,在农场贮存的已包装农产品,应保持温度和湿度(适用时)适度并记录。此条属于主要要求。

(五)农产品处理(只适用在产品处理在生产者的所有权下进行)FV.5

1. 卫生规程 FV.5.1

(1)FV.5.1.1 控制点:是否有采收后农产品处理规程,包括操作卫生方面进行风险评估?

符合性规范:应有全面的最有针对农产品和农产品处理操作(每年一次)的风险评估,包括特有的物理、化学、微生物和人类传染性污染。此条属于主要要求。

(2)FV.5.1.2 控制点:是否有书面的产品处理活动和卫生规程?

符合性规范:建立基于风险评估的书面的农产品处理活动和卫生规程。此条属于主要要求。

(3)FV.5.1.3 控制点:是否执行采收后农产品处理过程的书面的卫生规程?

符合性规范:根据产品处理过程中卫生风险评估的结果、农场管理者或其他指定人员应负责执行卫生规程。此条属于主要要求。

2. 个人卫生 FV.5.2

(1)FV.5.2.1 控制点:员工是否在接触农产品前接受基础的卫生培训?

符合性规范:有证据证明员工接受了农产品处理方面的风险评估相关的卫生知识。此条属于主要要求。

(2)FV.5.2.2 控制点:员工是否执行了农产品处理卫生规程?

符合性规范:有证据证明员工在处理农产品时,执行了农产品处理卫生规程。此条属于次要要求。

(3)FV.5.2.3 控制点:员工的工作服是否清洁、适于操作并防止污染产品?

符合性规范:根据风险评估,所有员工的工作服(包括工作服、围裙、套袖、手套等)应保持清洁,适于操作。这根据特定农产品和业务的技术水平各异。此条属于推荐要求。

(4)FV.5.2.4 控制点:是否将吸烟、吃东西、嚼口香糖和喝饮料限定在农产品隔离的特定区域?

符合性规范:吸烟、吃东西、嚼口香糖和喝饮料应限定在农产品隔离的特定区域,不允许在农产品处理区和存放区(喝水除外)。此条属于次要要求。

(5)FV.5.2.5控制点:针对员工和参观者的基本卫生规程的标识牌是否在车间内清晰可见?

符合性规范:主要卫生规程的标识牌在包装车间内清晰可见。此条属于次要要求。

3. 卫生设施FV.5.3

(1)FV.5.3.1控制点:包装车间的员工在其工作场所的附近是否有方便使用的干净的卫生设施和洗手设施?

符合性规范:卫生间的卫生状况良好,若无自动关闭的门,则门不能开向农产品处理区域。卫生间周围应有必要的洗手设施,如:无香味的肥皂、清洗和消毒手的用水干手设施(尽可能接近卫生间,无潜在交叉污染)。员工有以下活动时应洗手:①开始工作前;②去厕所之后;③使用手帕或纸巾之后;④处理污染物之后;⑤吸烟、吃东西或喝水之后;⑥休息之后;⑦返回工作岗位之前;⑧他们的手可能被污染物污染的时候。全部适用。此条属于主要要求。

(2)FV.5.3.2控制点:是否有明显的标识指导员工洗手后返回工作岗位?

符合性规范:标识应清晰可见,指示员工应洗手后才能处理农产品。员工有以下活动时应洗手:①开始工作前;②去厕所之后;③使用手帕或纸巾之后;④处理污染物之后;⑤吸烟、吃东西或喝水之后;⑥休息之后;⑦返回工作岗位之前;⑧他们的手可能被污染物污染的时候。全部适用。此条属于主要要求。

(3)FV.5.3.3控制点:是否为员工准备适合的更衣设施?

符合性规范:应有合适的更衣设施用于更换要求的衣物和保护性的工作服。此条属于推荐要求。

(4)FV.5.3.4控制点:是否为员工准备带锁的贮藏柜?

符合性规范:更衣室应提供安全的储藏设施,保障员工个人物品的安全。此条属于推荐要求。

4. 包装和储存区域FV.5.4

(1)FV.5.4.1控制点:是否对产品处理储存设施和设备进行清洁和保养,以避免污染?

符合性规范:为避免污染,产品处理储存设施和设备(如:加工流水线和设备、墙、地面、储存区和托盘等),应按照清洁和保养规程制定的最低频率保持清洁,应有书面的清洁和保养记录。此条属于次要要求。

(2)FV.5.4.2控制点:清洁剂、润滑剂是否存放在专设的区域,避免对产品造成化学污染？

符合性规范：清洁剂、润滑剂应存放在专设的区域，与农产品包装区隔离，以避免农产品受到化学污染。此条属于次要要求。

（3）FV.5.4.3控制点：可能与农产品接触的清洁剂、润滑剂等是否批准在食品加工中使用？是否依照说明书的指导正确使用？

符合性规范：有文件（即：有明确的标签提示和技术数据表）证实可能与农产品接触的清洁剂、润滑剂等允许用于食品加工。此条属于次要要求。

（4）FV.5.4.4控制点：是否所有的铲车和其他的运输车辆都经过清洁和保养，且型号适合，避免车辆喷出的废气污染产品？

符合性规范：内部运输要保证避免污染产品，应特别关注尾气。铲车和其他运输车应为电动或者气动。此条属于推荐要求。

（5）FV.5.4.5控制点：包装场所的废弃产品和废弃物是否存储于定期清洁消毒的特定区域？

符合性规范：废弃产品和废弃物应存储于定期清洁消毒的特定区域，按照消毒规程定期清洁和消毒该区域。只有当天产生的废弃农产品和废弃物才可以放置在该区域。此条属于次要要求。

（6）FV.5.4.6控制点：分级、称重和储存区域易碎的安全灯或者照明灯是否有保护性灯罩？

符合性规范：悬挂在农产品上方的灯泡、设备和其他用于农产品的特定区域，按照清洁规程定期消毒和清洁该区域，只有当天产生的废弃农产品和废弃物才可以放置在该区域。此条属于主要要求。

（7）FV.5.4.7控制点：是否有玻璃和透明硬质塑料的书面的处理规程？

符合性规范：在产品处理、准备和储藏的区域，应张贴玻璃和透明硬质塑料的破碎物处理规程。此条属于次要要求。

（8）FV.5.4.8控制点：包装材料是否清洁且储藏在清洁卫生的环境中？

符合性规范：包装材料（包括重复使用的周转箱）清洁且储存于清洁卫生的环境中，避免使用时污染产品。此条属于次要要求。

（9）FV.5.4.9控制点：是否限制动物进入包装和储存区域？

符合性规范：应有防止动物进入的措施。此条属于次要要求。

5. 品质控制 FV.5.5

（1）FV.5.5.1控制点：如果农产品被包装和/或产品储存在农场，是否有温度和湿度（必要时）的控制，并记录？

符合性规范：根据风险评估的结果，包装产品储存在农场时，应有温度和湿度的控制（适用时且包括气调控制）并保持记录。此条属于主要要求。

(2)FV.5.5.2控制点:是否进行有测量和温度控制设施的验证程序?

符合性规范:称重和/或温度控制设施应定期验证,以保证设备按照卫生风险评估的结果进行校准。此条属于次要要求。

6. 虫害控制 FV.5.6

(1)FV.5.6.1控制点:是否对包装和存储区域的虫害数量进行监测和控制的程序?

符合性规范:通过与员工交流进行判定。感官评估,全部适用。此条属于次要要求。

(2)FV.5.6.2控制点:是否有直观证据证明虫害监测和控制过程?

符合性规范:感官评估,全部适用。此条属于次要要求。

(3)FV.5.6.3控制点:是否有虫害控制检查和虫害处理措施的详细记录并保存?

符合性规范:将监督列入计划,并记录虫害控制检查及其处理计划。此条属于次要要求。

7. 采摘后的清洗(采摘后不清洗的则不适用)FV.5.7

(1)FV.5.7.1控制点:清洗最终产品的水源是否符合饮用水要求或被权威机构认可?

符合性规范:水质被权威机构认可符合饮用水要求和/或在最近 12 个月内对清洗农产品的进入清洗设备的水源进行水质分析。水质分析结果达到 WHO 的限量要求,或被有资质的权威机构认定在食品业中是安全的。此条属于主要要求。

(2)FV.5.7.2控制点:如果清洗最终产品的水是循环使用的,水是否被过滤? 是否定期监测水的 PH 值、消毒液的浓度和暴露水平?

符合性规范:当清洗最终产品的水是循环使用时,应经过过滤和消毒,水的 PH 值、消毒液的浓度和暴露水平应进行日常监测,并保持记录。应用有效的系统过滤水中的固体以及悬浮物,并根据水的使用情况和用量制订书面的日常清洁方案。如果不能记录自动过滤器反流和通过自动消毒剂注射改变给药率,则需要对该过程进行解释。此条属于主要要求。

(3)FV.5.7.3控制点:进行水质分析的实验室是否符合有关规定?

符合性规范:对清洗产品的用水进行分析的实验室应得到 ISO17025 或国家同等标准的认可,或有文件证实其处于获得认可的过程中。此条属于推荐要求。

8. 采收后的处理(采收后不处理的则不适用)FV.5.8

(1)FV.5.8.1控制点:是否遵守所有标签中的说明?

符合性规范:有清洗的规程和书面记录,如:采收后生物杀灭剂、蜡和植物保护产品使用记录,表明遵守了标签上化学品使用说明。此条属于主要要求。

(2)FV.5.8.2 控制点:任何在采收后用于保护产品的生物杀灭剂、蜡和植物保护产品是否都经过国家的证实注册?

符合性规范:所有采收后用在农产品上的生物杀灭剂、蜡和植物保护产品都有官方注册或被相关政府机构认可。这些产品获准在所有区域使用,且获准在此作物上按照生物杀灭剂、蜡和植物保护产品的标签说明使用。在未实施官方注册的地区,参见 Global GAP 指南(进口国允许使用的植物保护产品)及 FAO《国际农药供销和使用行为守则》。此条属于主要要求。

(3)FV.5.8.3 控制点:是否有一份实时更新的或批准的用于在种作物的采后用植物保护产品的清单?

符合性规范:有一份实时更新的,考虑到当地和国际法规的生物杀灭剂、蜡和植物保护产品方面的变化的、包含商品名(包括所有活性成分)的作为Global GAP 认证基地中最近 12 个月内生长的农产品采收后使用的植物保护产品的书面清单。全部适用。此条属于次要要求。

(4)FV.5.8.4 控制点:负责使用采收后植保产品的技术负责人,是否具备生物杀灭剂、蜡和植物保护产品使用的相关知识和能力?

符合性规范:技术负责人应有国家认可的证书或经正式培训以证明其有能力使用生物杀灭剂、蜡和植物保护产品。此条属于主要要求。

(5)FV.5.8.5 控制点:用于收货后处理的水源是否符合饮用水要求或被主管部门认可?

符合性规范:水质被权威机构认可符合饮用水要求和/或在最近 12 个月内对清洗农产品的进入清洗设备的水源进行水质分析。水质分析结果达到 WHO 的限量要求,或被有资质的权威机构认定在食品业中是安全的。此条属于主要要求。

(6)FV.5.8.6 控制点:用于收货后处理的生物杀灭剂、蜡和植物保护产品存储时是否远离产品和其他材料?

符合性规范:生物杀灭剂、蜡和植物保护产品等应储藏在特定区域,远离产品,应避免产品受到化学污染。此条属于主要要求。

应保存收货后处理的记录,并应包含以下要求 :

(7)FV.5.8.7 控制点:收货后产品的身份标识(即农作物的批次/批号)。

符合性规范:在采收后生物杀灭剂、蜡和植物保护产品使用记录中应记录所有处理的农作物的批次/批号。此条属于主要要求。

（8）FV.5.8.8 控制点：使用地点。

符合性规范：在采收后生物杀灭剂、蜡和植物保护产品使用记录中应记录地理位置、农场名称、农作物处理地点。此条属于主要要求。

（9）FV.5.8.9 控制点：使用日期。

符合性规范：在采收后生物杀灭剂、蜡和植物保护产品使用记录中应记录植物保护产品的准确日期。此条属于主要要求。

（10）FV.5.8.10 控制点：处理方式。

符合性规范：在采收后生物杀灭剂、蜡和植物保护产品使用记录中应记录植物保护产品用于农作物时的处理方式：喷洒、浸透、气体处理。此条属于主要要求。

（11）FV.5.8.11 控制点：商品名。

符合性规范：在采收后生物杀灭剂、蜡和植物保护产品使用记录中应记录使用植物保护产品的商品名。此条属于主要要求。

（12）FV.5.8.12 控制点：使用量。

符合性规范：在采收后生物杀灭剂、蜡和植物保护产品使用记录中应记录使用的植保产品的使用量，如在每升水或者溶液中加入的重量或者体积。此条属于主要要求。

（13）FV.5.8.13 控制点：操作人员的姓名。

符合性规范：在采收后生物杀灭剂、蜡和植物保护产品使用记录中应记录对采收作物使用植物保护产品的操作者人名。此条属于次要要求。

（14）FV.5.8.14 控制点：使用的原因。

符合性规范：在采收后生物杀灭剂、蜡和植物保护产品使用记录中应记录所处理虫害/病的原因。此条属于次要要求。

（15）FV.5.8.15 控制点：所有采后植物保护产品的应用是否考虑了 CB8.6 部分的要求？

符合性规范：应有记录证明生产经营者考虑了采收后使用生物杀灭剂、蜡和植物保护产品符合 CB8.6 部分的要求，并进行了相应的操作。此条属于主要要求。[①]

三、麦咨达生产加工采用的标准

（一）GMP 良好操作规范

GMP 是英文 Good Manufacturing Practice 的缩写，中文的意思是"良好作

---

① 资料来源：http://www.mybaina.com/download/197.html

业规范"，或是"优良制造标准"，是一种特别注重在生产过程中实施的对产品质量与卫生安全的自主性管理制度。它是一套适用于制药、食品等行业的强制性标准，要求企业从原料、人员、设施设备、生产过程、包装运输、质量控制等方面按国家有关法规达到卫生质量要求，形成一套可操作的作业规范帮助企业改善卫生环境，及时发现生产过程中存在的问题，并加以改善。简要地说，GMP 要求食品生产企业应具备良好的生产设备、合理的生产过程、完善的质量管理和严格的检测系统，确保最终产品的质量（包括食品安全卫生）符合法规要求。

（二）SSOP 卫生标准操作程序

卫生标准操作程序（SSOP）实际上是 GMP 中最关键的基本卫生条件，也是在食品生产中实现 GMP 全面目标的卫生生产规范。

SSOP 是企业为了达到 GMP 所规定的要求，保证所加工的食品符合卫生要求而制定的指导食品生产加工过程中如何实施清洗、消毒和卫生保持的作业指导文件。它没有 GMP 的强制性，是企业内部的管理性文件。

GMP 的规定是原则性的，包括硬件和软件两个方面，是相关食品加工企业必须达到的基本条件。SSOP 的规定是具体的，主要是指导卫生操作和卫生管理的具体实施，相当于 ISO9000 质量体系中过程控制程序中的"作业指导书"。制定 SSOP 计划的依据是 GMP，GMP 是 SSOP 的法律基础，使企业达到 GMP 的要求，生产出安全卫生的食品是制定和执行 SSOP 的最终目的。

SSOP 计划至少包括 8 个方面：

①加工用水和冰的安全性；

②食品接触表面的清洁卫生；

③防止交叉污染；

④洗手、手消毒和卫生间设施；

⑤防止污染物（杂质等）造成的不安全；

⑥有毒化合物（洗涤剂、消毒剂、杀虫剂等）的贮存、管理和使用；

⑦加工人员的健康状况；

⑧虫、鼠的控制（防虫、灭虫、防鼠、灭鼠）。

（三）HACCP/ISO 22000 危害分析及关键控制点

HACCP 作为一个系统化的方法，是现代世界确保食品安全的基础，其作用是防止食品生产过程（包括制造、储存和销售）中食品有害物质的产生。

从 20 世纪 50 年代后期，为了给宇航员提供安全食品，美国宇航局（NASA）和食品生产企业 PILLSBURY 共同开发 HACCP，到 20 世纪后期，HACCP 已经得到持续发展。HACCP 系统已经从最初的三个原理，即危害识别、确定关键控制点和控制任何危害、建立监视系统，发展到目前的五个初始步骤和七个原理，这五个初始步骤是：建立 HACCP 小组，描述产品及其销售特性，描述产品预期用途及产品用户，绘制过程流程图，验证过程流程图；七个原理是：对危害进行分析，确定关键控制点（CCP），建立关键限值，建立关键控制点的监视体系，当监视体系显示某个关键控制点失控时确立应当采取的纠正措施，建立验证程序以确认 HACCP 体系运行的有效性，建立文件化的体系。

HACCP 不是依赖对最终产品的检测来确保食品的安全，而是将食品安全建立在对加工过程的控制上，以防止食品产品中的可知危害或将其减少到一个可接受的程度。

ISO22000 是基于 CAC 法典委员会在《食品卫生通则》附件中《危害分析及关键控制点（HACCP）体系及实施指南》为原理的食品安全管理体系标准。ISO22000 覆盖了 CAC 关于 HACCP 的全部要求，并为 HACCP"先决条件"概念制定了"支持性安全措施"（SSM）的定义。

（四）GMP、SSOP 和 HACCP 的关系

HACCP 可以作为一个确保食品安全的预防性体系，但不是一个独立存在的体系。HACCP 必须建立在食品企业的食品安全程序的基础上方能使其达到效果。食品安全程序是指为保证产品安全卫生的基本工厂环境和操作条件，包括食品企业良好操作规范（GMP）和卫生标准操作程序（SSOP）。GMP 是保证食品具有高度安全性的良好生产管理体系，其基本内容是从原料到成品全过程中每个环节的卫生条件和操作规程。

SSOP 实际上是 GMP 中最关键的基本卫生条件。SSOP 强调食品生产车间、环境、人员及与食品接触的器具、设备中可能存在的危害的预防以及清洗（洁）的措施。SSOP 既能控制一般危害又能控制显著危害，而 HACCP 重点用于控制显著危害。一些由 SSOP 控制的显著危害 HACCP 可以不作为 CCP，而只由 SSOP 控制。GMP 和 SSOP 内容的有效实施有助于 HACCP 中关键控制点数量的确定，甚至减少关键控制点的数量。实际上，危害是通过 SSOP 和 HACCP 中关键控制点数量的组合来控制的。如肉禽产品中单核细胞增生性李斯特氏菌的控制，在 HACCP 中通过蒸煮对关键控制点进行控制，在 SSOP 中的车间消毒和员工卫生等亦对该菌有很好的控制作用。

也就是说，GMP、SSOP 控制的是一般的食品卫生方面的危害，HACCP 重点控制食品安全方面的显著性的危害。仅仅满足 GMP 和 SSOP 的要求，企业要靠繁杂的、低效率和不经济的最终产品检验来减少食品安全危害给消费者带来的健康伤害（即所谓的事后检验）；而企业在满足 GMP 和 SSOP 的基础上实施 HACCP 计划，可以将显著的食品安全危害控制和消灭在加工之前或加工过

程中(即所谓的事先预防)。GMP、SSOP、HACCP 的最终目的都是为了使企业具有充分、可靠的食品安全卫生质量保证体系,生产加工出安全卫生的食品,保障食品消费者的食用安全和身体健康。

除上面讲到的三个标准之外,还有 IFS 国际食品供应商标准(针对麦德龙自有品牌)和国际屠宰标准。

除此之外,为给消费者提供绿色、安全商品,麦德龙在 2007 年推出了食品全面追溯系统——麦咨达。麦咨达最大的特点就是可追溯性,一旦产品出现问题,马上可以从追溯信息中获取出错的环节,从而最大限度保证消费者的利益。麦咨达的方法是收集和记录供应链中具体的信息点,以确保安全和质量,因为一旦保证了这两点,就能够降低风险,产品追溯也变得更加容易。例如,对肉鸡而言,该系统将记录出生地点和日期、疫苗注射历史、饲料类型、屠宰日期、烹制及包装流程以及物流信息。在麦咨达公司成立之前,麦德龙商店中发现的产品违约或污染曾经由于供应链中缺乏信息联系而导致大规模召回。现在,随着信息和流程标准化,企业可以快速、高效地确定污染源,从而限制了召回范围。例如,某种麦咨达产品曾经由于质量相关的问题需要被召回。接到报告后第二天,麦咨达公司就确定了应对该产品承担责任的农场以及导致该问题的流程错误。这部分内容将在第七章讲述。

第三节　乐购(Tesco)合格农超对接伙伴的寻找

一、乐购(Tesco)农超对接采购流程[①]

乐购的采购流程按顺序分别为(见图 5-7):

1. Tesco 商品部与潜在合作厂商沟通了解其背景资质等,包括产地、产量、商品销售时间长短、员工结构、加工车间等。

2. Tesco 贸易法规与技术部门进行技术审核(其中的合法性审核见本节第二部分)。

3. Tesco 贸易法规与技术部门审核通过后,Tesco 商品部与厂商拟订合同。

4. Tesco 财务和法务部门审核合同。

---

① 资料来源:全国农超对接进万村行动参阅资料。

5. 合同通过签署后,Tesco 为合作厂商建立厂编。

6. 合作厂商和 Tesco 贸易法规与技术部门及商品部共同制定收货标准。

7. 合作厂商报价,Tesco 商品部确定销售价格。

8. Tesco 质检部门根据收货标准验收货物,合格后送到门店,不合格退货。

9. 合作厂商产品进入 Tesco 门店销售。

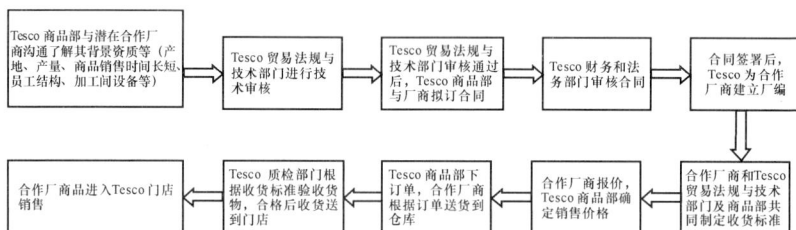

图 5-7 乐购(Tesco)农超对接采购流程

二、乐购(Tesco)蔬菜供应商合法性审核标准

乐购的蔬菜供应商合法性审核分文件审核、现场审核和合法性评估三种。除此之外,还要检查营业执照、税务登记证、卫生许可证、QS 证书(若需要)以及其他证书等。审核结果分审核不符合项及发现、关键不符合项、严重不符合项和一般不符合项等。

(一)文件审核

文件审核分审核质量管理体系、关注顾客和顾客投诉等 11 个方面。

1. 质量管理体系审核

质量管理体系审核由四部分组成,即审核质量管理体系和方针、质量体系执行审核、组织结构和管理职责和体系和文件管理审核。各部分审核内容和审核指引见表 5-6。(表 5-6 到表 5-23 原是连在一起的,本书为讲解方便,把完整的文件审核表分成几部分。部分表的结构有所微调)

表 5-6　乐购(Tesco)蔬菜供应商文件审核标准(一)(质量管理体系)

1		质量管理体系	指　引
1.1	质量管理体系和方针	管理层是否履行相应的质量程序?	在审核完成后,做出结论。审核员给出一个全面的判断,基于考虑现有的系统的各个方面和管理者的态度。应有具体好的和不好的例子作为证据
		工厂应有文件化的质量方针,并在工厂经过沟通、理解和执行	质量方针定义了工厂对质量、安全和合法的承诺。询问主要职员和工人质量方针是怎么被沟通、理解和应用的
		工厂是否通过 ISO9000、食品 BRC 或类似标准的认证?若有,是在何时?由谁进行的?	应该看到证书和报告的副本。检查认证的生产程序的范围是否与现在审核的一致。记录认证公司名称和有效期限,在审核文档上附加相片副本
1.2	质量体系执行	应有授权的质量控制手册,包括简要的操作规范和方法	质量手册应该明确公司操作方法与质量、合法和安全的关系,质量手册应该在需要时可获得,向员工询问其应有的文件,质量手册应该定期评估
		所有文件、程序和工作手册是授权的有效版本	在使用的文件应该是质量手册中的最新版本,文件应该在需要时可获得,向员工询问一些其应有的操作规范
1.3	组织结构和管理职责	主要人员的职责描述	工厂应有安全、质量、合法方面的负责人员的职责描述
		主要员工应有代理人	主要人员缺席时,应有相应的代理人。通常写入个人职责描述或者作为质量手册的一部分
		组织构架图	应有详细的组织架构图
1.4	体系和文件管理	有识别和管理紧急事件的体系	访问贸易或者工业杂志,访问互联网、贸易伙伴或工业组,访问咨询顾问
		记录的变更必须得到授权,影响合法、安全和质量的风险要进行评估	变更的文档适当管理
		明确记录保留的期限	记录应保留规定的时间

资料来源:全国农超对接进万村行动参阅资料。

2. 关注顾客和顾客投诉

审核关注顾客和顾客投诉方面是否有管理投诉和技术问题的体系,具体见表 5-7。

3. 工厂审核和整改措施

工厂审核和整改措施分内审和外审两方面:内审主要是审核供应商是否按质量管理体系要求进行内审;外审主要是审核以前审核中发现的不合格项目是否得到适当的管理。具体如表5-7所示。

表 5-7　乐购(Tesco)蔬菜供应商文件审核标准(二)

审核种类	审核内容		审核指引
2. 关注顾客和顾客投诉	应有管理投诉和技术问题的体系	建立了处理客户投诉的政策和程序	有明确的客户投诉处理的政策和程序,这也包括产品的拒收
		应有客户投诉的趋势分析,必要时,定期将报告发给技术经理	按照要求将趋势分析和报告及时发给技术经理
		应有事故管理程序和产品召回程序	应有明确的产品召回程序,并定期测试,保证其操作有效
3. 工厂审核和整改措施	3.1 内审	定期按质量管理体系要求进行内审,以确定产品的安全、合法性和质量	内审计划、范围和频率已确定。内审应由有能力的人执行。应保存内审记录
		审核中发现的不符合项和观察项应得到适当的管理	不符合项应通知相应的负责人。根据不符合项的情况,确定整改措施和完成时间表。对整改措施的完成情况按时进行验证
	3.2 外审	外部审核中发现的不合格项和观察项得到适当的管理	查看之前 Tesco 的审核、BRC,农场的保证和自然选择等,验证工厂是否按照同意的措施进行整改

4. 虫害控制

审核 4.1 虫害防治措施,内容分三方面:

(1)定期对厂房设施进行检查和处理以阻止或消除虫害滋生。

指引:由虫害公司或内部受过适当培训的杀虫人员进行虫害控制。

(2)应有虫害控制手册或程序

指引:详细说明虫害控制的地点和方法。有虫害控制的检查和处理记录,及改善意见。有灭蝇灯更换记录。

(3)正确放置诱饵和灭蝇灯。

指引：正确放置常开的灭蝇灯或其他诱饵，要防止灯泡破碎。以及其他装置。

5. 设备的维护保养

审核5.1维护保养计划，审核内容分三方面：

(1)制定了和产品的质量、合法性、安全相关的设备的维护保养计划。

指引：最新的保养计划。

(2)应有维护保养记录。

指引：应有维修保养记录。

(3)维护保养时，包括更换照明设施和玻璃或易碎塑料时，应采取措施把潜在的产品污染降到最低。

指引：当工厂关闭、周末或晚班时，此工作有合理的安排。

6. 异物控制

异物控制审核分三方面，如表5-8所示。

表 5-8　乐购(Tesco)蔬菜供应商文件审核标准(三)

审核种类	审核内容		审核指引
6.异物控制	6.1应有额外的异物管理体系，管理维修保养活动中存在的潜在异物风险	建立了未计划性的维修程序	应有口头的未计划性的维修管理程序，应有控制记录，证明该设备在干净和安全的状态下进行生产
	6.2玻璃控制	建立了在生产、挑选、包装和储存区域玻璃意外破碎的管理程序	当比例或相似的破碎事件发生时，有详细的玻璃意外破碎的管理程序。程序应被员工容易得到和理解。适当时，应被记录
		根据风险评估，定期对玻璃进行检查，保留记录	根据风险评估，有确定的频率对玻璃进行检查，保留记录。检查计划应是最新的，是否包括所有产品的检查？
	6.3木制品控制	在包装和存储区域，应排除木制品的使用	除了仓板和箱子，其他不允许使用木制品。是否进行风险评估？如果使用木制品，它们必须被控制，适合使用
		制定了木制品政策	充分详细的木制品政策

7. 校准

主要是对校准和控制测量监控设备进行审核,具体如表 5-9 所示。

表 5-9　乐购(Tesco)蔬菜供应商文件审核标准(四)

审核种类	审核内容		审核指引
7.校准	校准和控制测量监控设备	应按规定期限测量监控产品安全和合法性的设备的精确度,确保其正常运作	应有所有监控和检测设备的清单,设备要求按照国家标准和精确度检查
		应保留校验证和精度检查记录	有最新的和按照规定期限检查的记录和证书
		应建立检查监控和测量设备的程序或方法	对每天使用的设备,其校验的方法应适用于该设备的精确度要求,如:当探针式温度计来检测冷藏来料时,仅检测其 100℃ 时的准确性是没有意义的
		应建立设备发生偏差时的校准程序	设备发现超出规定限值或进行维修时,应有适当的设备进行代替

8. 清洁

主要是对生产场地和设备的清洁进行审核,具体如表 5-10 所示。

表 5-10　乐购(Tesco)蔬菜供应商文件审核标准(五)

审核种类	审核内容		审核指引
8.清洁	生产场地和设备的清洁	应建立书面的设施、设备的清洁程序和安全使用的化学品的程序制定	有书面的设施、设备的清洁程序,使用的化学品的详细说明和安全手册
		制订清洁计划	清洁计划包括需要清洁的对象和清洁的频率
		适当时,应监控化学品的配制和水温	某些化学品应有指定的配制课题以达到有效的清洁或消毒。这些是否有监测?
		记录显示清洁是按程序和计划执行的	记录显示清洁是按程序和计划执行的
		适当时,验证清洁的有效性	适当时,验证清洁的有效性(例如:审核)
		建立不合格情况的管理体系	有不合格情况的管理体系。再清洁、培训或更改化学用品等等

9. 健康审查

对所有操作工人和来访者或分包商进入生产区域,应进行健康检查,具体如表 5-11 所示。

表 5-11 乐购(Tesco)蔬菜供应商文件审核标准(六)

审核种类	审核内容		审核指引
9. 健康审查	所有操作工人和来访者或分包商进入生产区域,应进行健康检查	适当时,应对食品操作工人进行雇用前的健康检查	可以用调查问卷的形式,可以是医生或通过职业健康部门出示证明
		来访者和分包商在进入生产区域前,应填写健康调查表	调查问卷详细程序依据产品的不同而定。应包括卫生规范、工厂的健康安全和一些适应的个人健康问题(例如:你是否在感冒? 你是否和感染的人接触或 24 小时内有呕吐? 你是否有外露的伤口?)
		公司应建立程序,要求所有员工包括临时工,当患有传染病,或其他身体不适,或有接触过类似疾病时应通报	通报制度应针对食品人员

10. 水质

主要对水质的处理和检测进行审核,具体如表 5-12 所示。

表 5-12 乐购(Tesco)蔬菜供应商文件审核标准(七)

审核种类	审核内容		审核指引
10. 水质	水质的处理和检测	用于设备和车间的清洗,或者在食品的加工制作过程中的水源,都应符合饮用水标准或经过适当的处理	使用饮用水或适当处理后的水进行产品和设备的清洗
		适当时,应定期对水进行抽样检测	有水的取样计划、详细的取样点和检测频率
		对直接与食品或包装接触的水、蒸汽、冰的质量应定期监测	每次水的质量检测要识别氯含量的高低或菌落总数和大肠菌群,并保持记录
		建立水样监测程序和方法,包括有效率、TVC、大肠菌群限值	有合适的取样方法。技术标准中显示氯含量、菌落总数和大肠菌群的限值及其他限值

213

审核种类	审核内容	审核指引
	应建立不合格情况的处理方法	不合格情况有适当的处理和验证的纠偏措施
	适应时,进行水中军团菌的检测	适当时,军团菌的检测有规定的频率。特别是当过程有水塔或使用喷雾储存产品时

11. 环境

包括对环境政策、环境质量管理体系、合法性、不合格项的管理和废物处理的审核,具体如表5-13所示。

表 5-13　乐购(Tesco)蔬菜供应商文件审核标准(八)

审核种类	审核内容		审核指引
11.环境	11.1 环境政策	建立环境政策,有具体的责任人负责符合法律要求和监测	有详细的环境政策并有专人负责。工厂要遵守规定的要求(ISO14001 Tesco的要求)
	11.2 环境质量管理体系	管理体系应确保环境问题的管理	工厂应意识到潜在发生的问题和目前问题的管理
	11.3 合法性	工厂不违反当地或国家的环境保护法	工厂不违反环境保护法。至审核日未被识别出严重的环境问题
	11.4 不合格项的管理	内审和外审中被识别不合格项已处理	不合格项在进行整改
	11.5 废物处理	废物的处理符合法律法规的要求	包括任何清洗后污水的处理,使用有资质的废水承包方,废水的再循环

(二)现场审核

现场审核分原料,包装材料,加工控制—产品预加工控制,包装、存放和发货,人员、厂房和设备,道德规范及健康安全六方面。

1. 原料

原料审核分四方面,具体如表5-14所示。

表 5-14　乐购(Tesco)蔬菜供应商现场审核标准(一)

审核种类	审核内容		审核指引
12.原料	12.1 进入的农产品按照已确认的技术标准进行验收	按照标准进行进货质量验收程序	进货验收程序应充分识别质量和物理特征,确保不符合技术标准的产品被识别并拒收。进货验收标准和相关的文件照片标准,技术标准/取样方法应是现行有效和合理的
		产品证书的验证	被鉴别的产品(例如:有机产品)有验证的产品证书
	12.2 若有需要,将产品和控制设备适当分开,防止交叉污染	将产品适当地分开加工,控制/流通,防止交叉污染(例如有机产品和常规产品的包装场地)	合理的隔离。若常规产品被装在有机产品的包装内或标签上显示有机产品,这对公司的声誉会造成很大的危害
		有机产品的常规产品共用的设备和包装机器,应适当控制	设备或包装线必须有书面的程序确保适当的清洁,避免任何预知的交叉
	12.3 适当的储存条件	所有储存区域清洁、干燥和有合适的灯光、温度	产品的储存环境必须合适,避免质量或安全的变化。例如:土豆为控制变绿时对储存光线的要求,或存放常规产品的箱子用于存放有机产品
	12.4 建立适当的库存周转体系	收货凭证或产品标识应方便正常的库存周转,并可追溯到来源/农场/地块/批次	产品至少能追溯到来源的农场和田地
	12.5 建立拒收或返工产品的隔离和管理系统	拒收产品应和其他使用的产品隔离	拒收的产品应明确标识和放置,避免误用。最好进行隔离
		产品因等级或大小缺陷需要返工时,必须明确标识并隔离	由授权人签字,例如:QA经理。若有任何让步接收,识别的问题和可接受的原因必须被记录

2. 包装材料

主要对按照技术标准进行包材验收审核以及对适当的储存条件,废弃包材和不合格品的隔离审核。主要内容如表 5-15 所示。

表 5-15　乐购(Tesco)蔬菜供应商现场审核标准(二)

审核种类	审核内容		审核指引
13.包装材料	13.1 按照技术标准进行包材验收	建立验收程序	针对每个产品,按照技术标准进行进货检查
	13.2 适当的储存条件,废弃包材和不合格品的隔离	包材储存应干净、干燥	原料的储存环境应避免质量变化或产品污染。若使用Tesco的箱子作为包装,接受时应干净并在内部妥善储存。若存放于外部则应遮盖,并远离有污染的区域,如农机、排水沟、废弃物、空地等

3. 加工控制—产品预加工控制

主要对利器的控制和突击检查程序两方面进行审核。主要内容如表 5-16 所示。

表 5-16　乐购(Tesco)蔬菜供应商现场审核标准(三)

审核种类	审核内容		审核指引
14.加工控制—产品预加工控制	14.1 利器的控制	建立刀子、剪刀的控制(发放和回收)程序	有文件和书面的程序显示刀子和剪刀已被控制
	14.2 突击检查程序	建立适当的突击检查的程序。例如:每日/每星期检查秤、温度和机器刀片的状态	突击检查和程序将根据产品的包装而定。如果 Tesco 的技术经理有提出一些合理的要求(例如:Tesco 的一个小组)。设备应进行定期的损耗零件的检查(例如:机器刀片)
	按照程序和 Tesco 的要求进行突击检查,有记录	根据程序完成记录	

4. 包装、存放和发货

包装、存放和发货审核分四方面,具体如表 5-17 所示。

表 5-17　乐购(Tesco)蔬菜供应商现场审核标准(四)

审核种类		审核内容	审核指引
15.包装、存放和发货	15.1 有效的包装/标签程序	建立正确包装的发放和无用标签隔离的控制程序	标签发放和无用包装及标签的控制有明确的程序
		保留发放和检查的记录	根据程序进行记录
	15.2 产品的质量、安全和合法性的有效的管理程序	建立生产日期和癖好的检查记录和程序	有明确的程序定义样本量。有检查记录
		建立重量/体积的检查记录和程序	有明确的程序定义样本量,符合平均净含量的法规要求。有检查记录
		建立包装完整性和合理性的检查记录和程序(例如:包装漏气和标签格式)	有明确的程序定义样本量,有检查记录
		当使用金属探测器或其他异物探测设备时,应建立测试盒使用的程序和记录	金属探测仪有定期检查的程序。应在每天开始和结束时检测探测器,对于大量的产品应每小时检测探测器,并保持记录
	15.3 有效的程序对生产过程和返工过程的识别和追溯	建立返工和正常生产的控制程序	有明确的程序确保产品在生产和返工时的可追溯性
		召回和扣留不合格的程序。拒收产品应隔离,明确标识以及控制其重复使用	有召回和扣留不合格品的程序。拒收产品应和其他产品有效地隔离,防止误用。应有不合格品的处理程序并执行,可以是返工、复检、评估,并经授权人批准
	15.4 有效的程序通告产品的合法和安全性问题	建立和 Tesco 公告产品的合法和安全性问题的程序	应建立程序,当产品已发货时,及时通告任何潜在的影响产品合法和安全的问题
	15.5 产品应在干净、安全的环境下处理、操作和存放	产品应在干净、安全的环境下处理、操作和存放,以降低污染的风险	产品存放于清洁的环境,降低污染的风险。机械操作设备和农业机械的管理、储存和维修应远离产品,避免产生任何风险

217

审核种类	审核内容	审核指引
15.6 运输过程的温度控制	运输工具应清洁无异味，并满足产品的温度要求	应和所有相关部门沟通清洗的流程。运输工具(工厂自有的或承包的)应清洁，没有异味，温度满足产品运输的要求。书面的检查流程有被执行

5. 人员、厂房和设备

人员、厂房和设备审核分 12 个方面，具体如表 5-18 所示。

表 5-18　乐购(Tesco)蔬菜供应商现场审核标准(五)

审核种类	审核内容	审核指引
16.人员、厂房和设备	16.1 化学品的控制(包括杀虫剂、润滑剂和溶解剂)　危险品应存放在有管控的区域，与产品和饭票隔离。所有存放窗口应标识清楚	上锁的，只有授权人员才能进入的地方
		适当的通风
		不被 EU/UK 认可的化学品要和其他储存物适当隔离
	所有危险品的使用应有安全数据，操作人员应得到相应的培训	必须有安全数据，查看工人是否了解简单的安全知识和使用方法。农药的使用人员有进行适当的培训并有相应证书
	可能与产品或包装物接触的润滑剂应是食用级的。溶解剂必须是没有气味的，可以适用于食品	查看原料食用级的证书
	16.2 工程和设备的维修保修的控制　维修和保养区域不应对产品造成污染的风险，是可控制的	观察维修和保养活动(例如:不卫生的移动操作造成污染的风险)。要有指定的工作区域，是可控制的
	16.3 废弃物的控制　应有减少废弃物积聚的体系	工作区域没有过多的废物积聚。现场看到的清洗和制定的定期清洗的操作政策是一致的
	应有充足的废物清除设施，满足当地和国家的要求	外部废物收集箱应带盖。使用认可的承包人，符合相关法规要求
	场地整体清洁和整齐	工作区域一般清洁和整齐

审核种类	审核内容		审核指引
	16.4 员工、来访者和场地的卫生	合理的人员更衣设施	相对干净的区域
		相应的洗手消毒设施,必要时提供热水	有足够的洗手设施
		相应的员工设施:衣帽间、茶水间/休息室和厕所	留出旁边干净的区域
		只可以再指定的区域吸烟	只可以在指定的区域吸烟。包括在野外
		员工应当被提供适当的个人防护用品并正确使用(发网、帽子、手套、围裙等)	提供个人防护用品并穿着合理,不会对产品造成污染风险或对个人自身健康安全造成风险
		个人防护用品的清洗或整洁度的监控(若在家清洗)应有适当的程序	穿着干净的个人防护用品
	16.5 卫生规范及方针	应有适用于生产过程的卫生规范	不同的生产过程有不同的卫生规范。员工了解卫生规范,并在现场有复印件可以提醒员工
		基本的食品卫生和健康安全被执行、理解和适当的培训	有卫生、健康安全政策,并有培训执行
		来访者应有卫生和健康安全意识,同时在现场应能遵守	来访者进入生产区域时,应遵守卫生、健康安全流程
	16.6 工厂安全	场地安全和有效封闭	工厂应适当防护,有门卫防止未经许可的人员在非工作时间随意出入。工厂应足够的封闭,防止虫害的进入
		场地不允许有家禽	家禽不允许在包装、储存和加工区域
	16.7 厂房—基本结构	墙壁、地面和天花板的设计结构和维修应减少对产品的污染风险	差的结构/设计或墙面、地面或天花板的维修不会对产品造成污染的风险。应有足够的斜度,防止地面积水

审核种类	审核内容		审核指引
	16.8 厂 房— 窗户	能开启的窗户应防护,避免玻璃的破碎和安装适当的网,以防虫害进入	开启的窗户应贴膜或使用有机玻璃,并应有适当防护,防止虫害的进入
	16.9 厂 房— 灯光	相应的区域有足够的灯光	应有足够的灯光,并有防护。应用授权的方式或在不生产的时候更换灯泡
	16.10 厂房—外部储存	外部储存的产品应适当防护,防止污染和变质	例如郊外的箱子应防止损坏和污染
	16.11 厂房—设备的清洗	托盘或工器具(斩肉板/菜刀)的清洗应和生产分开,要遵守程序,降低污染的风险	托盘/器具的清洗应和生产适当分开,防止对产品造成污染
	16.12 设备	设备应满足原定的目的,使用得当,能降低污染的风险	设备应满足原定的目的,观察其使用得当,不造成污染
		设备的安装位置应离地、离墙,便于清洗和维修	良好的清洁和维护。设备配件也应包含在内

6. 道德规范及健康安全

审核分道德规范政策、SEDEX、劳动力提供商、雇佣四方面,具体如表5-19所示。

表5-19　乐购(Tesco)蔬菜供应商现场审核标准(六)

审核种类	审核内容		审核指引
17. 道德规范及健康安全	17.1 道德规范政策	道德贸易规范应涵盖全职、临时工、代理商和劳动群体等	有书面的道德规范政策。工厂对道德规范有意识和认知
	17.2 SEDEX	适当时应满足SEDEX的要求	工厂有收到Tesco通知的风险的等级。工厂在SEDEX进行注册,输入的信息已经得到Tesco的确认。工厂已经完成了SEDEX的自我评估,信息真实有效
		SEDEX为所有的种植商、二级工厂编制程序	显示有编制程序

审核种类	审核内容		审核指引
17.3 劳动力提供商	对劳动力提供商提供的员工进行适当的检查,有相应的记录		对劳动力提供商提供的员工进行适当的检查,有相应的记录
	不符合项适当管理		劳动力提供商或工厂的不合格项的管理
17.4 雇佣	雇用是否自由选择?		没有奴役或者抵押劳动
	员工可自由结社		有证据显示员工可以自由结社
	工作环境是否安全、卫生?		工作环境安全卫生。员工可以获得消防设备和急救用品
	指定专人负责健康和安全,健康和安全评估有在适当地进行。		查看书面文件证明有在进行
	没有雇佣14岁以下的儿童或者小于法定年龄(如果工厂所在的国家要求大于14岁)的青少年。		符合法律要求
	薪水符合国家的标准要求		查看书面文件证明有在进行
	工作时间要符合国家法规要求		查看书面文件证明有在进行
	机会平等,没有歧视政策,包括种族、等级、年龄、性别、宗教等		必须有证明
	雇工符合国家政策		有雇佣合同
	对员工不粗暴,或不仁道的对待		没有发现粗暴或不仁道的待遇。员工没有遭到身体虐待或口头的辱骂、威胁

注:SEDEX是一家总部设在英国伦敦的非营利组织,世界上任何地点的公司都可以申请会员资格。SEDEX已获得了许多大型零售商和生产商的青睐,许多零售商、超市、品牌商、供应商和其他组织都要求与之合作的农场、工厂和制造商参加SEDEX成员道德经营审核(SMETA),以确保其经营符合相关道德标准的要求,审核结果可以得到所有SEDEX会员的认可并被他们共享。

（三）合法性评估

合法性评估分 HACCP 风险评估、产品开发、Tesco 的技术标准、原料、包材、加工控制等十方面。

1. HACCP 风险评估

HACCP 风险评估分四方面，具体如表 5-20 所示。

表 5-20　乐购(Tesco)蔬菜供应商合法性评估标准(一)

审核种类	审核内容		审核指引
18. HACCP 风险评估	18.1 已经完成了生产过程的风险评估，并覆盖了产品的安全和合法性	工厂已进行风险评估（如：运用 HACCP 原理）	应有书面的文件描述产品在工厂操作中需要控制的潜在风险，尤其是那些靠检查无法控制的危险（例如：种植商的农药残留）
		有必要的程序	应有必要前提方案（虫害控制、清洁和维修保养等）
		制定的代表或团队应能证实其对风险评估有足够的理解和实施能力	有能力的个人或小组成员。最好经过了外部培训，除非理解能力很强
		风险评估被测试和验证适用于生产过程	风险评估已经得到验证并涵盖了整个生产过程。执行过程有适用流程图，所有过程步骤都被涵盖
	18.2 有文件描述危害分析法的结果和明确的控制方法	被识别的关键控制点	被识别关键控制点应有充分控制程序和记录
		每个控制点都指定了可接受的限值	明确定义接受/拒收的限值。
		每个控制点都指定了相应的负责人	负责关键控制点的员工应进行适当的培训，对控制流程的执行非常清楚
	18.3 应建立系统，确保风险评估的文件持续有效	风险评估文件定期评审	文件应按规定的期限进行评审或当产品和生产过程改变时进行评审
		保持评审记录	文件评审记录、会议记录是否保持？以证明进行过评审

2. 产品开发

产品开发评估分两方面,具体如表 5-21 所示。

3. Tesco 的技术标准

Tesco 的技术标准评估分条款和条件评估,和在包装现场有准确的被批准的技术标准评估两方面,具体如表 5-21 所示。

4. 原料

原料评估分三方面,具体如表 5-21 所示。

表 5-21　乐购(Tesco)蔬菜供应商合法性评估标准(二)

审核种类	审核内容		审核指引
19. 产品开发	19.1 当产品开发由工厂进行时,应保留最初产品开发的记录,比如包装审核、保质期测试、品种试验等	通过产品要求和技术参数评审来确保其一直满足客户和技术标准的要求	对认可产品更新的流程和办法进行评述
		保存相应的技术文件	产品修改的方法和产品开发过程的说明。品种试验和生产、目标产品的记录。周期性的数据,相关的证书或有机项目的研究
	19.2 产品采购	适当的产品采购的批准程序和方针	对新供应商和新产品有成文的批准程序
		被批准的二级工厂/包装厂/种植商/农场的清单	有合格供应商的名单。适当时有农田的信息
		技术资料的管理和存储	保存足够的数据(书面的活电子的)。由有能力的人负责质量和技术现状的管理
20. Tesco 的技术标准	20.1 条款和条件	Tesco 的条款和条件已签字	有条款和条件的签字
	20.2 在包装现场有准确的被批准的技术标准	技术标准年限在 2 年以内	Tesco 要求技术标准在 2 年以内

审核种类	审核内容		审核指引
21.原料	21.1生产场所/包装厂/种植商的认可	所有相关的生产场所、包装厂、种植商有对应的审核计划	根据风险评估对供应商进行审核。可采用供应商内部的自我评估、现场审核或代表性的审核,或委托第三方审核。如:BRC,IFS,Natures Choice,Soil Association。审核程序必须持续更新。若采用BRC认证作为供应商比准要求,则认证公司必须在Tesco认可名单内。若由工厂或工厂代表审核,则应有人员能力的证明
		保存审核文件和相应的整改资料	应有审核文件,详细的不符合项、整改措施和时间。有整改措施的验证,并提供证据。
	21.2采购、材料、原料的技术标准	有种植商/包装商的技术标准	Tesco技术标准通常适合于包装现场。包装商/生产商执行什么类型的技术标准?是否适用?
		被认可的农产品来源/规格/品种	只适用认可的产品来源。供应商有详细的经Tesco技术经理确认的产品的来源,这应检查确认的清单
	21.3原料的测试和验收	按照书面程序或取样方法对进入的原料进行测试和验收,并保持纪录	根据书面的进货检验程序和技术标准进行产品的检验,超出技术标准的产品应适当处理并保存纪录
		运输工具必须进行适当的检查,防止产品遭到可能的污染和伤害	适当时对到达的车辆进行有害、气味、清洁和温度的检查,如有需要应记录

5. 包材

包材合法性评估分三部分,具体如表5-22所示。

6. 加工控制

加工控制是对应有加工控制程序和记录进行评估,具体如表5-22所示。

7. 填充、包装、储存和发货

填充、包装、储存和发货是对应有包装记录、第三方签订运输合同两方面进行评估，具体如表 5-22 所示。

8. 农残和微生物检测

农残和微生物检测主要对实验室资质、农残和微生物检测、来源控制三部分进行合法性评估，具体如表 5-22 所示。

表 5-22　乐购(Tesco)蔬菜供应商合法性评估标准(三)

审核种类	审核内容		审核指引
22. 包材	22.1 适当时，有包装的技术标准和图样	应有包材的技术标准的复印件	应有包材的技术标准/包装材料和标签
		所有包材符合现场欧盟或相应的法律法规的要求	包装材料符合欧盟或相应的法律法规的要求，如：食品接触材料和基本的包材处理法规
	22.2 包材的批准	包材来源于被批准的或通过 BRC/IOP 认证的供应商	包材仅来源于被认可的或者已经通过 BRC/IOP 认证的公司
		有包材的证明材料	证明材料的存在
	22.3 包装材料来料的测试/验收	必要时，进行包装材料完整性检验	检验程序至少包括外观和样板的对照、条码的在线确认
23. 加工控制	23.1 应有加工控制程序和记录	现场的记录与风险评估中识别的控制点和程序文件或取样方法一致	记录与程序文件和方法一致
		现场生产符合 Tesco 操作规程、产品标准、GAP 和 GMP 的要求	遵守 Tesco 的规程，GAP 和 GMP
		现场的记录有可追溯性	现场记录有完整的可追溯性
		所有记录完整、清晰	记录在保留期限清晰、完整，并按规定的期限保存

审核种类	审核内容		审核指引
24.填充、包装、储存和发货	24.1 应有包装记录	有按程序规定发放包装材料和标签到生产区域的记录	标签和包装有放行记录,经授权人签名,并保存标签或包装样品
		现场质量检查记录	记录显示现场、成品检查:癖好、重量/体积、包装完整、温度等,符合质量和抽样要求
		产品发货记录	发货的产品有装卸记录,包括细节的车辆和环境情况(清洁、温度设定等)
	24.2 与第三方签订运输合同	若使用第三方运输,合同中应包括温度、卫生和应急处理的详细要求	是都与第三方签订运输合同
25.农残和微生物检测	25.1实验室资质	根据 Tesco 的指导方针,所有检测所需实验实均使用认可的或计划要认可的实验室	有资质或经核准的实验室进行杀虫剂、水、土壤等的检测
	25.2 农残和微生物检测	建立农残的检测计划,包括有机产品检测,应有最新的检测计划。	根据风险评估,建立杀虫剂残留检测计划
		应有农药的使用指南	在季节开始前,应有农药使用指南
		农药用量符合最大使用限量	对照建议使用量交叉检查实际用量清单
		适当时,分析农药检测趋势,并检查其合理性	农药检测结果进行趋势分析,监控其使用情况与农药使用文件和法规的符合性
		出现不合格时,进行有效控制,必要进与 Tesco 沟通	出现不合格项时,进行纠偏行动并与 Tesco 沟通,并有整改措施证明
		对灌溉/清洗用水进行微生物检测	根据风险评估,对灌溉清洗用水的测试和对 FPC 规程的执行
	25.3 来源控制	对二级生产场所的农药用法和最大使用限量,以及微生物测试进行控制	二级生产场所签署农药使用方法。对照计划的时间和操作规程检查农药检测记录

9. 人员与培训

人员与培训主要对健康审查程序、卫生培训、专业技能培训、评估四部分进行合法性评估,具体如表 5-23 所示。

10. 追溯性

追溯性主要对产品可以完全追溯、产品放行、追溯性测试三部分进行合法性评估,具体如表 5-23 所示。

表 5-23 乐购(Tesco)蔬菜供应商合法性评估标准(四)

审核种类	审核内容		审核指引
26.人员与培训	26.1 健康审查程序	适当时,对员工/合同工和参观人员进行健康检查	当必要时,应有相应的健康审查证明记录
	26.2 卫生培训	入职培训计划	入职培训包括卫生规范、健康、安全和特殊产品需求处理(例如:有机产品的控制)
		应有卫生培训记录	应有所有全职、兼职、代理员工的培训记录
	26.3 专业技能培训	应有专业技能培训和岗位培训的记录和相应的证书。	应有专业技能培训和岗位培训的记录和相应的证书(例如:农作物喷洒操作员、叉车驾驶员,设定不同等级机器的操作人员)
	26.4 评估	定期评估培训效果	定期或流程修改时,对培训效果进行评估。
27.追溯性	27.1 产品可以完全追溯	发出的货物从顾客端直到其最初采购可以完全追溯	产品完全可以从来源追溯到顾客
	27.2 产品放行	产品只能由质量测试和追溯的负责人才能放行发货	只有安全的、合法的、符合技术标准的要求而且有完整的追溯性的产品才可以发货,若超出技术标准要求的产品需要让步放行,只有与 Tesco 技术经理讨论后才能决定。不安全、不合法或没有追溯性的产品不允许放行。
	27.3 追溯性测试	追溯体系应在 6 个月内进行过测试,并且保留测试记录	追溯系统每 6 个月测试一次
		不合格项已经适当整改	不合格项的管理

第四节　华润万家合格农超对接伙伴的寻找①

华润万家零售农产品合作基地运行流程分三个阶段,即审核、基地监控和评估,具体流程如图 5-8 所示。

华润零售农产品合作基地动作流程
流程图

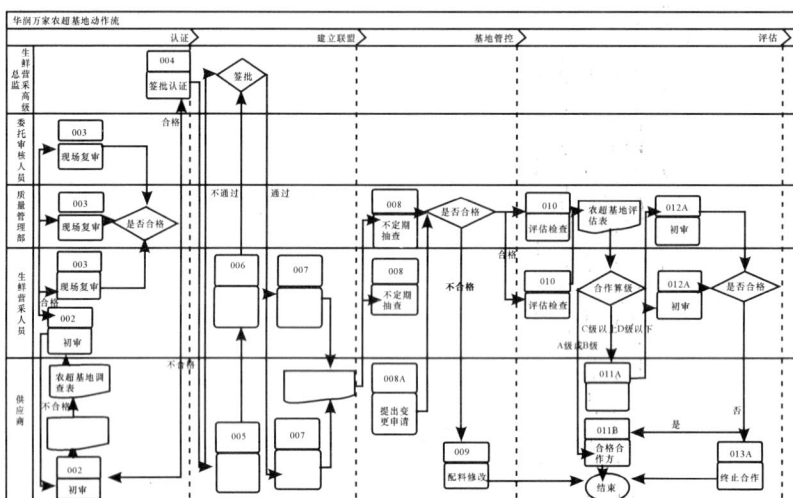

图 5-8　华润零售农产品合作基地运行流程

一、审核

(一)合作方获得并阅读合作基地运作流程文件,并执行质量管理流程

合作方提出申请(合作基地登记申请表)并准备资料清单(基地等级申请资料清单),利用合作基地检查表做内部检查(合作基地检查表)。

合作方需准备以下资料清单:

①营业执照及法人身份证件;

②基地平面图(有每个地块编号);

---

① 资料来源:全国农超对接进万村行动参阅资料。

③基地照片,照片要显示基地名称、能代表基地地点的标志性建筑、农药仓库等照片;

④租地合同,要有所在村或乡里加盖公章的证明材料;

⑤一年内有效的基地环境检测报告(水、土),需送样至有资质的实验室检测;

⑥植保员防疫员任命书、身份证件及资质证明;

⑦基地质量流程文件。

(二)华润零售生鲜营采人员初审

①检查是否有不符合规定的项目,如无,合格;

②检查有不符合规定的项目,是否整改,整改后复查,如无,合格;

③整改后仍有不符合项目,不能通过。

(三)华润零售生鲜营采人员、质量管理部现场复审

①检查是否有不符合规定的项目,如无,合格;

②检查有不符合规定的项目,是否整改,整改后复查,如无,合格;

③ 如再次检查不合格的,存在不符合国家食品安全或产品质量要求的,予以清场处理;

④对新合作方复审不合格则不予引进。

为保证审核质量,华润万家对零售生鲜营采与质量管理部人员的素质也提出了一定要求:

①良好的职业道德,即公正、可靠、忠诚、诚实和谨慎。

②思想开明,即愿意考虑不同意见或观点;明断,即根据逻辑推理和分析及时得出结论。

③具有相应专业技术领域的基本理论知识和实践经验。

④熟悉相应产品的生产和服务过程;熟悉质量管理基本理论和质量保证能力要求,能够掌握质量控制的关键环节。

⑤掌握审核和(或)检查的标准、方法,能够结合相应良好农业规范相关技术规范特点,对组织的质量保证能力进行审核和(或)检查。

(四)审核通过

①复审合格,报华润零售生鲜营采高级总监审批通过。

②基地通过审核后,协商使用华润零售授权铭牌。

③审核后有需改进项目,合作方按照要求确定的改进日期并及时反馈改进进度。

二、基地管控

1. 由生鲜营采与质量管理部采取不提前通知方式,根据年度检查计划,到基地现场抽查,对现场真实情况进行现场检查,现场出检查结果。如是新基地产品,由生鲜营采与合作方联系确定检查、查验,并予以现场考核审核,作为引入依据。如考评不合格,则淘汰。

有如下情况的,合作基地应在 7 日内向华润零售生鲜营采提出变更申请:

①基地种植面积扩大;

②基地承包者或是负责人、植保人发生变化;

③种植及加工品种发生变化;

④其他较大的变更情况。

华润零售生鲜营采收到上述变更申请 7 日内修改相关资料,并作出相应复核计划。

2. 对于不合格的基地,现场填写整改通知书整改,并在约定期限内反馈整改进度。

如基地监督管理存在以下情况的,则责令限期整改,直至整改符合要求:

①不按规定使用农用化学品;

②周围出现环境污染的;

③未按规定在包装上标明有关信息或者标识的;

④检疫处理设施出现较大技术问题的;

⑤政府部门检测有害生物或有毒物质超标的。

基地出现下列情况之一的,取消其审核资格:

①限期整改不符合要求的;

②隐瞒或瞒报质量和安全问题的;

③拒不接受华润零售监督管理的;

④基地管理落后,被其他对手超过的。

三、评估

1. 评估参加人员由华润零售生鲜营采与质量管理部共同组成,评估采用实地检测的方法。评估周期,每年集中评估一次,评估后根据结果作监督检查。

A 级(90 分以上)供应商每一年评估一次,不用监督检查;

B 级(80—89 分)供应商半年检查一次;

C级（70—79分）供应商三个月检查一次；

D级（60—69分）供应商一个月内复检。

2. 在评估检查过程中，对于不合格的，责令限期整改。整改未到位者，作淘汰处理。

C级合作方——需要整改，如三次整改仍然没有改善的，降级为D类；

D级合作方——复审不合格，有权要求作淘汰处理；

D级以下合作方——直接判定不合格，作淘汰处理；

检查等级为D级，逾期（15个工作日）未整改或整改不合格将依据协议给予经济处罚。

3. 评估检查合格者，方为合格的合作方。

A级合作方——优秀合作伙伴，公司按规定给予合作上的优惠；

B级合作方——作为合格合作方。

4. 对于限期需整改的合作者，由生鲜营采与质量管理部进行复审。

5. 整改未到位者，作淘汰处理，终止合作关系。并视情况作如下处理：

①评估检查中发现其他重大农产品安全问题的，例如农残超标等，应立即终止合作，并向相关政府机关报告。

②如评估检查中发现存在重大食品安全隐患或产品质量问题的，需要及时上报总部。

③在华润零售组织的合作方基地检查、考评中发现存在重大食品安全问题的，除立即终止合作外，将依据双方合同约定处罚。

第六章

农超对接协议签订以后的操作

签订合同以后，农民专业合作社就可以向超市供货了。在供货前，我们必须了解超市的农超对接采购系统。

第一节　农超对接的采购系统

农超对接的采购系统属于超市物流运作系统，在供货之前，我们先了解超市的物流运作系统后，再来具体了解超市的农超对接采购系统。

一、超市的物流运作系统

一个完整的超市企业物流运作系统如图 6-1 和图 6-2 所示。从图中可以看出，超市物流系统以信息系统作为链条，将采购与供应商管理系统和配送系统进行连接并形成网络，完成经由门店、总部、采购部、供应商、配送中心等在内的采购、配送和销售全过程。

（一）超市连锁门店

超市各门店通过 POS（销售时点系统）终端将商品的数量信息（包括销售信息和库存信息）传向总部后台的 POS 主服务器。根据门店实际销售情况，预计未来销售数量，并通过 EOS（电子订货系统）向总部订货。信息传递有时也通过 FAX（传真）或 VAN（增值网络系统）进行。

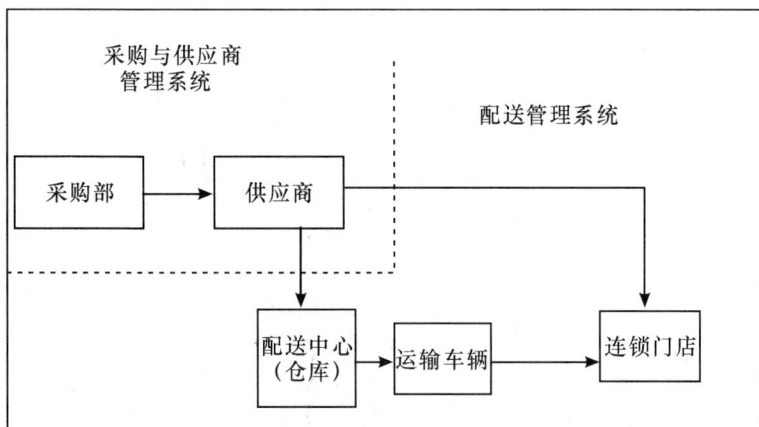

图 6-1　超市企业物流系统运作简图

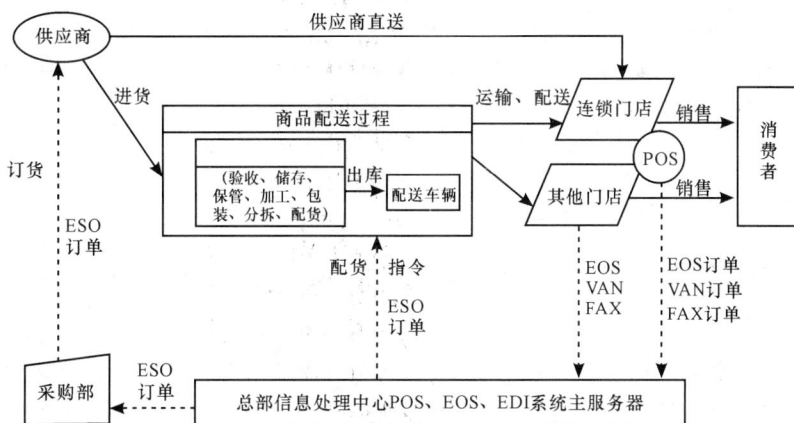

图 6-2　超市企业物流系统运作详图

（二）总部信息处理中心

总部从整体上把握超市各分店的经营和管理，起指挥协调的作用。总部信息处理中心一般设有 POS、EOS、EDI（电子数据交换）系统主机服务器。通过服务器处理各门店、采购部、配送中心，以及供应商等主体之间的信息交换和共享。

（三）采购部

采购部根据总部发来的进货采购计划，选择商品的质量、价格、供货能力等符合要求的供应商，签订订货合同，发出订单，采购商品。供应商依照订单进行判断，一部分商品由供应商直接配送到门店，另一部分商品则送至配送中心。

（四）配送中心

配送中心将从各处供应商运来的整货验收入库，并进行分类、编码，利用自动化机械进行分装、加工、储存和保管。然后根据各门店的订货要求，将不同商品进行分拆和配货，在规定时间准时发出货物。

（五）供应商出货物

货物经过途中不同运输工具的输送，在规定时间之内到达指定的门店，完成配送作业。[①]

在采购模式的选择上，很多超市，如沃尔玛和物美都采用了相同的方式，即购买与销售分离的采购模式。购销分离模式严格地将从供应商处选择、购买商品的采购职能和超市门店出售商品的销售职能分离。与供应商直接进行联系的是位于地区总部的采购中心，他们将决定是否采购某种商品，并与供应商就销售品种、零售价格等达成共识，沃尔玛甚至还将协议细化到商品的陈列位置、促销活动堆码等细节。采购完成之后，采购中心将上述详细信息发布到各门店，各门店只需按照规定码放商品，并按照指示的品种和零售价格（部分商品门店有自主权，可少量增加零售价格）等进行销售活动即可。

二、农超对接采购系统

农超对接采用的采购系统有两种模式，即竞价系统模式和订单采购模式。

（一）竞价系统模式

竞价采购，又称"竞争性报价采购"，是用逐步降低销售价格方式赢得标的物的过程。相比传统的招投标方式，竞价采购将投标的静态报价转换为动态报价，允许供应商在公平竞争的环境中多次报价，从而能够快速达到采购产品的平均市场成本线。

架构于先进互联网信息技术的网上竞价采购，以其竞争气氛激烈、降价效果明显、业务流程简便易操作、业务周期短等特点被越来越多的企业所接受。

家乐福农超对接采用的就是竞价系统。即超市与农民专业合作社在平等的基础上，合作社提出自己农产品的价格，超市根据顾客对价格的承受能力、竞争对手的销售价格来判断能否购买，购买多少数量。

参加竞价系统有三方面的人，第一方是农民专业合作社，第二方是超市的全国采购总部，第三方是城市采购部门。采购总部发挥的作用是组织和形成交易。

---

① 资料来源：齐悦：《沃尔玛与物美大卖场物流运作系统比较研究》，北京工商大学论文，2009。

报价途径是,农民专业合作社在每周的固定时间,为自己的产品报有效期为一周的价格,采购总部把所有的专业合作社报价汇总起来,传送给各个超市采购部门,超市采购部门按照对市场的判断制定出愿意购买商品的总订单,报送给采购总部。采购总部进行审核,然后制定成各个合作社的采购单,分发给各个合作社,让合作社备货和送货。

这种购货系统本身就包含竞争的因素在内。竞争者有两类,即供货的合作社与合作社之间,超市的各个城市采购部门之间。如果商品供应的货源充足,同种商品同时有若干农民专业合作社愿意供货,超市就会选择在性价比上更有竞争力的合作社。在货源不足或短缺的时候,在超市的各个城市采购部门也引起竞争,这时采购总部就会选择把商品提供给出价高的城市采购。由于农产品在大部分情况下是供大于求,因此,主要还是在农民专业合作社之间的竞争。但后一种也经常发生。

超市的这种竞价采购系统的优点是具有灵活性,随行就市,对于农民专业合作社和超市双方都公平。缺点是,农民专业合作社难以制定供货计划,或有计划地备货。对于超市来说,他们也会在需要的时候却找不到供货的商品。

(二)订单采购模式

随着农超对接的发展,合作社与超市相互磨合而熟悉对方以后,逐渐地采用订单采购模式。

农超对接的订单采购就是农民专业合作社在农业生产经营过程中,按照与超市签订的合同组织生产的一种农产品采购模式。它是通过合同形式,把农超对接双方紧密连接起来,明确双方各自的权利和义务,按照所规定的品种、数量、质量、价格、交货期、结算方式、违约责任等内容的约定,完成农产品生产经营中产销活动的全过程,其实质是超市通过订单的形式把市场需求反映出来,引导农民按市场需求进行生产,克服农业生产的盲目性和波动性。在订单采购模式中,超市一般在农产品播种前同农民合作社签订订单协议时,确定一个蔬菜保底价,即使遇到行情不好的时候,超市也不能突破这个价格收购,而如果当时蔬菜价格高企,还可以再议价,基本保证高于市场批发价收购。

在订单采购模式,农民专业合作社为了获得订单,在农超对接中取胜,就必须在提高农产品的科技含量、增强农产品的市场竞争力上下工夫。这就调动了农民专业合作社在发展订单农业的过程中学科技、用技术的积极性。如引进良种、实行标准化生产,建立农产品可追溯系统,建立配送中心,采用喷灌、速冻冷藏、真空脱水等先进技术。

235

农超对接订单式种植①

2011 年 4 月,在各地菜农饮泪碾碎地里的卷心菜时,浦东新区彤瑶果蔬合作社负责人徐惠忠已开始指导农民播种下一茬蔬菜。

"我们没受到任何影响。"电话那头,他底气十足。

彤瑶果蔬合作社是全国第一家以"零费率"进入大型超市的农民合作社,在上海的蔬菜界有着举足轻重的地位。负责人徐惠忠告诉记者,目前他们合作社种植 2000 多亩蔬菜,其中 50%～60%都是通过"订单式种植"销售至家乐福、大润发等各大卖场。

"也就是按单种菜,种植前超市都会给我们发一张清单,提前告诉我们下一批需要哪些菜,我们和他们签约后再把需要的菜种下去。也就是说,播下去后,就已经找到买家了。"徐惠忠告诉记者,这样的模式,既可以避免蔬菜供应过量烂在地里的情况,也保证了价格,不至于让蔬菜"贱卖"。

他所说的签约,即在播种前与超市方签订一个蔬菜保底价,即使遇到行情不好的时候,超市也不能突破这个价格收购,而如果当时蔬菜价格高企,还可以再议价,基本保证高于市场批发价收购。

从 2008 年与家乐福签约后,彤瑶果蔬合作社已与世纪联华、沃尔玛、易买得等全市 100 多家大型超市形成农超对接。

在订单采购实际操作中,作为合同一方的农民专业合作社不论在经济实力还是在市场信息拥有上,都逊于超市,所以在签订订单合同时要注意一些关键条款,如农产品名称、农产品的计量单位、农产品的质量、农产品的价格、农产品的包装、农产品的交货、农产品的结算以及违约责任问题。2008 年 3 月,浙江省出台了全国首部《订单农业合同文本指引》,收录了具有代表性的 159 种订单农业示范合同文本,全方位地指导农民签好订单合同。浙江省订单农业合同文本指引中的合同文本(如浙江省三门西兰花收购合同)都是经过审查的合法文本,企业和农户可放心使用,特别是订单中关系农户核心利益的定价模式的确定,为订单农业发展突破确立了基础。目前指引中实行了最低保护价＋市场浮动价的灵活定价模式,保证农户的最基本利益不受损失。

---

① 资料来源:http://news.hexun.com/2011-04-28/129124423.html

浙江省三门西兰花收购合同①

收购方(甲方)：_____

种植方(乙方)：_____

根据《中华人民共和国合同法》及其他有关法律法规的规定,甲乙双方在平等、自愿、公平、诚实信用的基础上,就西兰花种植、收购的有关事宜达成如下协议。

第一条　产品基本要求:

产　品　名　称	规　　格	保　护　价
西兰花	9.5cm≤直径≤11.5cm	0.80 元/只

第二条　质量要求

1. 内在质量:西兰花应通过甲方委托单位的农残检测;

2. 外观质量:新鲜嫩绿、无杂质、无病虫害、花蕾紧实。

第三条　甲方提供西兰花栽培技术资料和技术指导,统一品种和质量。

第四条　乙方按当地土壤和生产条件落实种植面积(亩),乙方必须严格按照甲方提供的栽培技术进行精心管理。按时、按质提供产品,不得擅自将产品外流或转卖。

第五条　交货时间:乙方于_____年_____月_____日至_____月_____日交货,如遇气候变化交货时间由甲方另行通知;地点:浙江省三门县三清农产品保鲜厂厂内;计量方法:以交货地的称量为计价重量;运输方式及费用承担:由乙方自行将西兰花运至交货地点,费用由乙方承担。乙方上午采摘的西兰花上午交货,下午采摘的西兰花下午交货。

第六条　检验方法:甲方在收购前一天到乙方的种植地对西兰花随机进行检测。

第七条　结算方式及期限:甲方在收进乙方货物后_____日内现金支付货款。

双方约定保护价的,当交货时市场收购价格低于保护价时,以保护价为

---

① 资料来源:浙江省工商局,http://www.zjaic.gov.cn/zjaicwsbsddnywb/scl/200805/t20080514_64464.htm

准;市场收购价格高于保护价时,按市场价成交。

第八条　违约责任:

1. 乙方迟延交货或甲方迟延支付收购款的,应当每日按照迟延部分价款的15%向对方支付违约金;

2. 乙方交付的产品不符合约定要求和外观质量的,甲方有权要求补足、换货或退货,由此发生的费用由乙方承担;但甲方应在_____日内通知乙方,否则乙方有权拒绝甲方的要求;

3. 乙方将产品擅自转让或变卖的,应按照该部分产品的市场价格的_____%向甲方支付违约金;

4. 甲方提供的技术指导培训或提出的种植要求存在差误等问题造成乙方损失的,甲方应按平均亩产量和保护价的标准向乙方赔偿损失。

第九条　因发生自然灾害等不可抗力的原因,造成本合同无法履行或无法全部履行的,经核实可全部或部分免除责任,但应当及时通知对方,并在合理期限内提供证明。

第十条　争议解决方式:本合同项下发生的争议,由当事人双方协商或申请有关部门调解解决;协商或调解解决不成的,当事人也可以按下列第_____种方式处理:

(一)提交_____仲裁委员会申请仲裁;

(二)依法向人民法院提起诉讼。

第十一条　本合同自双方签字盖章后生效。合同一式二份,甲乙双方各执一份,具有同等法律效力。

甲方(签章):　　　　　　　乙方(签章):

法定代表人:

签订时间:　　年　　月　　日

第二节　农超对接协议签订以后的操作流程[①]

上一节,我们了解了超市的物流运作系统及其农超对接采购系统。接下来我们主要以家乐福为例简单介绍农超对接协议签订以后的操作流程。一般情况下,家乐福供应商首先与商品部接触,协商谈判后签订合同。商品部包括位于上

① 本节部分参考了胡定寰:《"农超对接"怎么做?》,中国农业科学技术出版社2010年版。

海总部的全国商品部和位于各个城市的城市商品部 CCU。全国商品部负责全国供应商,城市商品部负责地区供应商。各门店向供应商订货,供应商送货到各门店仓库,送货同时取得验收单。验收单由家乐福各门店的收货区的电脑系统打印,由系统自动编号。验收单是供应商与家乐福结算货款的重要凭证。供应商的发票直接送交区域财务中心。家乐福在上海、广州、成都、北京设立四个财务中心,处理对应地区内门店的发票。付款中心位于上海,统一向供应商支付货款,并在供应商网站上公布财务数据,以便供应商对账。具体包括报价、订单确认、备货与产地质量检查、装货、运输、收货确认、配送中心质量检查、门店配送、开具发票和超市付款等几项。目前一些超市的订货和结算都在网上进行。

一、报价

报价是农超对接交易的开端,也是重要的环节之一。如在每周一,农民专业合作社需要向家乐福超市总部采购部发送报价单。报价单可以通过邮件、手机短信等方式发送。家乐福的报价单内容包括以下几方面:

1. 农产品名称。农产品名称应使用国家规定的名称。2012 年 3 月 14 日,农业部发布《农业植物品种命名规定》,规定了品种名称"唯一性"原则,要求一个农业植物品种,无论是申请农作物品种审定、植物新品种保护,还是进行转基因生物安全评价,或是直接进入生产、销售环节,始终只能使用同一个名称。

2. 级别。即是农产品的等级,等级划分是按照超市总部生鲜直采部门制定的"产品标准及质量控制要求"进行。超市在采购前会对合作社进行培训,使他们熟悉。在前面也讲到,农业部制定并发布一些农产品的外观等级规格标准,在等级方面,每一种农产品原则上分为特等、一等和二等三个级别;在规格方面,原则上分为大、中、小三种规格。

3. 规格。指农产品个体的尺寸大小。一般以农产品横径,即最大横截面直径作为规格划分的标准。如 NY/T 1793-2009 苹果等级规格农业标准中规定,苹果大型果品种(如富士、元帅等)分为大、中、小三种规格,<65mm 的是小规格;65~70mm 的是中规格;>70mm 的是大规格。如我们常说苹果规格是 70# 就是表示苹果的直径是 70mm 以上。

4. 价格。是指农民专业合作社同意出售给超市的农产品价格。这里的价格是指"农产品的到货价格",即农产品送到某个超市的物流配送中心价格。包括:①农产品产地的价格;②包装材料;③分级、包装和运输人工成本;④运费;⑤其他成本等。

一般情况下,对于一些时间要求相对较高的商品,如生鲜食品、奶制品等,由于其保质期短、易腐易坏的特性,超市一般要求由供应商进行直接配送。同时超市为了节约人力成本,要求农民专业合作社社员按超市的采购要求对蔬菜进行分级,超市愿意将这部分附加值转移给社员。

农民专业合作社报价时可参考中国价格信息网、中国农副产品交易市场、中国农产品交易网、中国农业信息网价格行情等全国最具权威的农产品报价网。

5. 周最大供应数量。指一周内合作社能够向超市供应各个产品的最大量。因为,有时家乐福超市对农产品需求相当大,超市必须掌握供应量,以免下单以后,合作社无法满足订单。同时,在合作社供货数量不足的情况下,超市总部采购员需要在各个超市之间进行协调,把产品提供给最需要的地区。

6. 产品描述。如 HACCP-EC-01 要求应该对原料进行物理、化学、生物的描述。产品描述很重要,即使同种类的生鲜农产品,不同地区、品种和季节差异相当大,所以必要时应对这批产品的特征、特点进行描述。

超市的订单是按照合作社的报价来制定的,因此,要求合作社尽可能把所有的产品,以及不同规格的产品都列入报价单中,不遗漏。由于消费习惯不同,各个地区需要不同规格和等级的农产品。因此,合作社报价越细,被采纳的可能性越大。

订单也不仅仅是单方面由合作社向超市发送。有些情况下,超市门店会向总部提出自己需要某种农产品。这种情况下,超市总部的采购人员会主动向合作社询问,是否有这类农产品。

一般情况下,超市订单主要采用合作社的报价。如果遇上一些特殊情况,如城市门店采购部门认为合作社的价格不适合当地市场情况,他们也会通过总部采购人员与合作社沟通,看是否能够对报价进行适当调整。

二、订单确认

家乐福超市总部的采购人员把所有农民专业合作社的报价单汇总成一大张报价单后,发送到各个城市的采购部门,由采购部门确认他们所需要的采购数量、希望配送时间。城市采购部确认后,编制采购订单发给超市总部。总部把订单分解成各个农民专业合作社的订单,然后通过邮件或者手机短信发送给各个合作社,让合作社备货。

收到订单后合作社要检查订单上的每一项内容:下单的门店、供应商编号、公司名称(可能下错公司)、价格(正常进货价格与促销进货价格之分)、数量、送货日期、送货地址等。在送货之前请务必确认订单上的每一项内容都是正确的。对于任何不理解或者有疑问的地方请和订货门店确认。确认是错误的订单,门店更正后重新下订单,再按新订单送货。对于错误的订单一定不要送货;对于已经知道是错误的订单仍然坚持送货,而寄希望于在收货后重新来修正错误,需要花费很多倍的时间和精力。

三、备货与产地质量检查

备货阶段是考验农民专业合作社质量管理能力的关键时刻。因为超市有严格的采购标准,如家乐福规定产品的合格率必须达到95%。所以对于生鲜农产品怎样才能把不合格率控制在5%以下才不会被退货或扣点,是农民专业合作社在备货阶段重点要关注的。我们将在下一节专门针对该阶段讲解果蔬采摘后的商品化处理。

农产品合格率管理是超市与农民专业合作社互动的工作。如家乐福超市首先把自己的采购标准提供给合作社,同时,超市还派遣协调员到合作社,对社员进行直接的指导。在农超对接的初期,合作社每发出一批货都要经历至少三次质量控制点,每次控制点管理超市协调员都应该在场。协调员一方面是观察合作社操作情况,另一方面把超市的质量要求及时告诉现场的社员,培训社员更加严格、更加标准地执行筛选工作。

如水果,第一次控制点管理是社员的采摘阶段。采摘前协调员需要详细地把超市采购产品的详细质量标准,诸如成熟度、色泽、规格、瑕疵等要求向合作社社员解释清楚。然后协调合作社的管理人员,在现场对社员果农的采摘过程进行监管。在采摘过程需要不断地提醒社员果农什么样的果可以摘、什么样的果不能摘,提醒采用正确的采摘方式,减少不必要的人为损失。

在很多情况下,因为时间和地理原因,超市协调员不能亲自到现场监督采摘,所以第二次质量控制点就显得尤为重要了。第二次质量监控点指的是合作社产品的筛选和分级阶段。这项工作一般在合作社指定的收货点进行。收货点一般安排在地头或是某个社员的宽大庭院,在这里合作社组织固定人员负责质量验收。验收人员必须对社员果农送来的水果进行"倾筐"检查、逐一过目。对烂果坏果要挑出清理,次果劣果要分选入级。这次筛选是决定整批产品质量情况的关键时刻,超市要求协调员必须在场。

第三次质量控制点是在包装筛选过程。包装工在接过验收过的产品后,要对这些产品根据需要逐个做包膜、套网、入箱等工作。包装工是最后一个有机会逐个接触水果的人,合作社管理人和协调员需要向工人们指出,在规范包装的同时,需要将前两次筛选漏选的次果重新挑选出来。

经过三次筛选基本可以保证质量。但为保险起见,按照流程协调员还需要做发货前的最后一项质检工作,随机抽查。按照超市要求,协调员货物装车前须对货物进行随机抽样检查,抽检比例为 5%。将结果记录在"产地质量验收单"上,协调员签字,发送总部备案。

为了提高农产品的合格率,超市协调员需要对农民专业合作社社员进行三轮培训。第一轮,首先要让验收员坚定一个意识,即坚决清除一切烂、坏、伤、霉果等重大问题果,绝不能漏过一个。第二轮培训,要让验收员明确几项标准,即严格区分锈果、花果、小果、畸果等问题果,保证及时准确分级,尽量减少"混级"比例。第三轮培训,也可称为重点培训,即对不同的验收小组不同的验收员出现的具体操作性问题进行重点针对性的指导,强调验收员工作的重要性,指出验收员操作不当处,讲清这些不当会给整批货带来的严重后果。

四、装货

产品包装完毕后便进入物流环节,物流环节包括:产地装车、短途运输、长途运输、目的地短途运输、目的地卸车。其中每个环节都会直接影响产品的质量。农产品的装货方式和方法同产品品质有密切相关。在装货时必须排除野蛮装货,产品的堆放也有技术,尽可能堆放整齐,包装箱与包装箱之间减少空隙,一方面可以增加装载数量,另一方面可以避免在运输过程中的移动。为了最大限度地降低物流损耗,合作社最好组建自己固定的工作负责又操作熟练的装卸工队伍。

产品装车完成和发车之前,超市协调员需要填写订单收货确认表和产地质量检查表。

五、运输

农超对接对于农民专业合作社一大挑战是合作社必须负责农产品的物流配送业务。农民专业合作社一直要把农产品送到各个订货城市的物流配送中心,验收合格以后,任务才算完成。目前,我国物流业已经相当发达,已经建立起全国的物流网络,哪怕是偏僻的山区也能找到货物的物流配送公司。合作社一定要谨慎地选择规范、可靠的物流公司来运输农产品。合作社还必须把货车司机的身份证、手机等信息发给超市总部,以便于超市对司机的全程跟踪。

合作社送货要科学安排时间,需要给货车司机充足的行驶时间,保证行车安全。到货时间确定后,总部需要通知目的地验收人员准备接货,准备工作首先是让验收人员与司机取得联系,等司机到达城市周边时,验收人员要引导司机到达验收地点。其次是让验收人员组织卸货和助理验收人员，等货物到达验收地，要及时按照超市产品标准及质量控制要求的规定卸货验收。在合作社没有派遣人员跟车的情况下，需要安排司机旁观全过程。这样做既避免了货物的无谓滞留又让整个卸货验收更加公开透明，对可能出现的卸车问题、货物质量问题也是增加了几分"可溯"性。如出现问题，要求司机如实告之合作社，配合合作社解决突发的其他问题。

我国公路系统还不够完善，有很多不确定因素影响到物流时间，从而间接地影响产品的质量。比如，南北方运输需要考虑气候问题、东西方运输需要考虑地势问题、铁路运输需要考虑中转问题、水路运输需要考虑季风问题、夏冬季运输需要考虑雨雪带问题、节假日运输需要考虑车流量问题、乡村运输需要考虑水文地形问题、城市运输需要考虑限时限段问题。这些都需要合作社在不断地解决问题的过程中逐渐积累和丰富经验。特别是如运输涉及冷链问题，必须要求保持全程冷链，不能出现在途中为了省电而关掉冷藏设备的情况。

六、收货确认

农民专业合作社送货时要携带订单，门店按订单收货。没有订单不接受货物。要按订单上的预计收货日送货，提前或延后都不接收货物。在预计订货日后仍未送货则该订单作废。农民专业合作社要事先与采购和门店沟通实际能够把货送到的天数，以保证订单的有效期。

农民专业合作社的产品配送到指定的超市物流配送中心后，就进入超市的收货程序。配送中心有专门的验货员来检验合作社产品是否符合超市要求的质量标准。

供应商送货车辆到达收货区，家乐福一般按以下步骤进行收获：

1. 请将订单交给现场保安，向保安登记，按照次序取得车辆进出卡，分为整车收货及散货收货两种，分别到指定地点排队、等候，先到先收货。

2. 收货分为整车收货及散货。超过 10 箱或者 10 个单品为整车，小于 10 箱并且少于 10 个单品为散货。

3. 整车收货时，先打开收货笼的外层卷帘门，供应商将货物放在收货区的垫仓板上，供应商可进入收货笼与家乐福收货组员工一起进行第一次清点单品并收货，收货时两扇卷帘门将全部关闭；最多一次可以有两名供应商同时进入收货笼进行收货。

4. 散货收货时，先打开收货笼的外层卷帘门，供应商将货物放在收货区的垫仓板上，在供应商离开后外层卷帘门自行关闭；家乐福收货组员工进行第一次清点单品并收货,供应商在卷帘门外等候清点结果及收货单。

5. 为保证收货数量准确无误,维护各供应商基本利益,家乐福公司两名人员按照一定的规则对收货进行二次清点。并在收货组相应区域安装摄像头,进行 24 小时监控。

6. 供应商在收货区办公室领取验收单,核对并签字。现场检查验收单上内容是否与货物一致,发现差异在现场解决。

在农产品运抵目的城市之前,家乐福总部直接发给目的地城市的验收人员"产品标准及质量要求",验收人员凭借此标准进行质量验收。标准中明确规定验收人员的验货操作程序,包括:①怎样进行随机抽样;②怎样判定产品的合格与不合格;③如何分类记录。

"随机抽样"指的是每次在合作社送来的产品总数中抽取 5% 货物进行检验。按规定,抽取的样品必须在运输卡车的前中后、上中下、左中右位置上均匀抽样,只有这样才能保证抽取样品的代表性和科学性,即每一箱产品都有可能被抽中,都有可能不被抽中,大家被抽中的机会是均等的。而不是检验员随心所欲地抽取样品。

"判定产品的合格与不合格"的标准同协调员的产地质量控制标准完全一样。验收人员把从卡车上抽取的样品箱打开,逐个按照标准挑选产品,把合格与不合格的产品分开。

"分类记录"指验收人员把每箱检验后的合格与不合格产品的重量记录下来,计算所有样品的不合格率(即不合格样品的总量除以全部样品的总量),得到的数据就是该批货物的最终质量结果(即用样品的质量代表全部货物的质量)。根据家乐福超市的规定如下:

不合格率 3% 以内,合格,超市接受不予扣重;

不合格率 3%～10%,接收但给予扣重处理(扣重率＝不合格率－3%);

不合格率超过 10%,有权拒收。

四联单是发货前由合作社填写的装车详单,记载了装车数量、发车时间等内容。该单由合作社填写完成后,经产地超市协调员签字,由货车司机携带随从货物一并运抵目的城市,城市验收人员验收完毕后即将"各项数据"和最终数据以及扣重与否、拒收与否的验收处理结果详细记录在该四联单上,并签上验收员姓名和验收日期。签字后的四联单的最后一联会让司机带回合作社,由合作社备案,其他三联供家乐福财务、超市采购和总部采购部门分别保留备案。

七、门店配送

在门店较多的城市,超市一般会设立物流配送中心。因此,农民专业合作社把产品配送到物流配送中心就完成任务了。但是,对于那些门店比较少的超市,超市有可能要求合作社直接把产品送到门店。

八、开具发票

收货以后,超市会把具体数量发布在公司的网站上,农民专业合作社核对信息无误以后,按照超市收货信息的数量开具发票。农民专业合作社在发票开具后,通过窗口送票和邮寄或快递公司送票到超市的区域财务中心,不要交给任何其他部门。家乐福在上海、广州、成都、北京设立四个财务中心,处理对应地区内门店的发票。目前以家乐福为例,家乐福超市分为四个大区,分别是:①东区:包括上海、江苏、浙江、安徽和福建;②南区:包括云南、深圳、广州和海南;③北区:包括北京、天津、河北、黑龙江、吉林和辽宁;④中西区:包括湖南、湖北、四川、重庆、河南及新疆。如某合作社与家乐福武汉和昆明的店合作,那么武汉店的发票送交成都中区财务中心,昆明店的发票送交广州南区财务中心。

如选择窗口送票方式,供应商自己到对应的财务中心,面对面把发票交给财务中心工作人员,同时取得发票签收回执。签收回执是非常重要的凭证,回执上面注明发票号码、金额、签收日期等。若以后发生争议,比如发票丢失或供应商发现发票未及时入账等,需要凭这份回执才能核查。增值税发票有同现金一样的重要性,安全起见,建议您窗口送票,同时取得回执。异地供应商可将发票先交给财务中心所在城市的自己公司的业务员,然后由他前往窗口送票。

如通过邮寄或快递公司送票,由于快递公司一般不关心信封里面放了什么,家乐福无法与他们核对。若采用此种方式,供应商要随信附一份发票明细单,写明:供应商编号、店名、部门、联系电话、联系人、真实的通讯地址。家乐福拆封后,对照清单验收发票,若有不符,则按合作社所留的电话及时联系,以免时间耽误太久难以查证。在此特别提示,邮件上所有信息务必用力书写,否则复写件字迹太淡,无法辨认。

九、超市付款

对于农超对接,家乐福超市原则上在收到发票后的 5 个工作日以内通过银行给农民专业合作社转入货款。关键是,农民专业合作社必须在发票的开具上做到正确无误,如合作社名称、开户银行等,不然,有可能影响到超市的付款速度。

典型案例 6-2

北京超市发连锁股份有限公司网上结算系统(订货)操作指南①

一、登录结算系统

1. 打开 Internet Explorer 浏览器,输入网址(http://www.bjcsf.com/index.html)并确认。

2. 打开超市发主页后,点击标题栏上的"网上结算"文字导航条(见图6-3),进入超市发供货商网上结算系统(见图6-4)。

图6-3 超市发主页

3. 推荐计算机操作系统为 Windows XP 以上,屏幕分辨率为 1024 * 768 以上,网络浏览器为 Internet Explorer 6 以上如出现显示不全,打印不全现象(如打印出的对账单不能显示17%税额),请先设置您的计算机为以上配置。

4. 打开 Internet Explorer 浏览器选择工具菜单—Internet 选项(O),在弹出的菜单中点击安全—可信任站点—站点(S)按钮,在弹出的对话框中找到"将该网站添加到区域(D):"下方的文本框输入 http://www.bjcsf.com 将"对该区域中的所有站点要求服务器验证(https:)(S)"复选框前边的对钩取消,点击添加(A)按钮。点击关闭,此时该窗口将被关闭,最

---

① 资料来源:http://www.bjcsf.comNEWSJSXX/

图 6-4 超市发供货商网上结算系统

后点击 Internet 选项面板,下方的确定即可。

5. 打开 Internet Explorer 浏览器选择工具菜单—Internet 选项(O),在弹出的菜单中点击隐私,在隐私设置页面中找到"弹出窗口阻止程序",将下方的打开弹出窗口阻止程序(B)多选框前边的钩去掉。最后点击 Internet 选项面板下方的确定即可。

6. 清除浏览器缓存数据(显示数据不符问题)

第一步,在 IE 浏览器处单击右键,选属性。

第二步,点击浏览历史记录的设置

第三步,再检查所存网页的较新版本,选中每次访问的网页,确定即可。

二、供应商操作指南下载

点击需要的手册下载即可(见图 6-4)。

三、登录商业供应链管理系统

1. 可点击"供应商系统登录 2011 年 4 月 1 日后入库、返厂销售结算数据"(见图 6-4)进入登录界面(见图 6-5)。

图 6-5 超市发商业供应链管理系统

2. 订货

供应商每日下午 16:00 登录商业供应链管理系统,确认订单。

①点击标题中的"订货",默认进入采购订单界面;

②在查询订单中,"过期状态"选择"未过期";

③"发货状态"选择"未发货";

④点击查询按钮,可查询出需发货状态的订单(见图 6-6)。

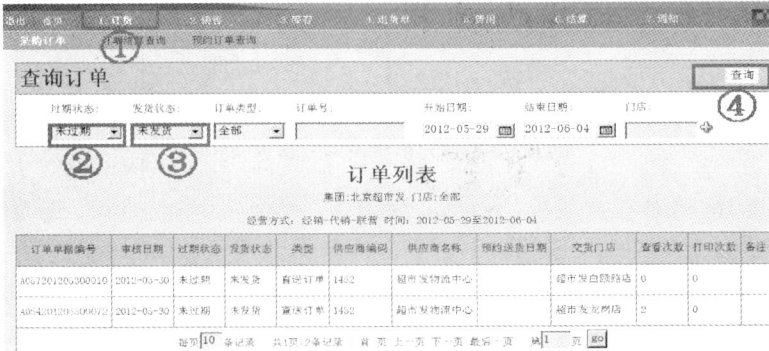

图 6-6　超市发采购订单界面

3. 确认发货

①点击订单单据编号,弹出订单下级菜单(见图 6-7)。

图 6-7　查询订单页面一

②选择预约时间,预约送货时间必须在送货有效期内,否则将无法确认发货。

③确认无误后,点击屏幕右上角确认发货(见图 6-8)。

图 6-8　查询订单页面二

④点击确定(见图 6-9),系统会默认弹出打印界面,单据状态由未发货变为已发货。

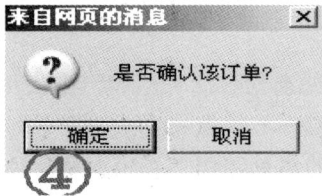

图 6-9　是否确认订单

⑤点击开始打印报表即可打印订货单(见图 6-10)。

同样在图 6-6 的界面上点击标题中的"6.结算",随后点击"结算单生成"文字按钮,将进入供应商结算单生成页面。有兴趣的读者可以去超市发供货商网上结算系统下载结算手册(见图 6-4)。

北京超市发订货单

超市发白颐路店

订单编号:	A057201205300010	供应商:	1452|超市发物流中心	订货机构:	超市发白颐路店	供应商联系人:	
管理部类:	0|		结算方式:	11|购销日结0天	订单类型:	特价	供应商手机:
送货方式:	直送		送货地点:		制单日期:	2012-05-30	供应商传真:
单据状态:	已发货		送货有效期:	2012-05-30至:2012-06-05	审核日期:	2012-05-30	供应商电话:
订货审批单:	A057201205300009	备注:	无	预约时间:	2012-06-05	

序	商品编码	商品名称	规格	单位	包装数量	订货数量	实收数量	进价	金额	赠品数量	备注
1	105518	8mg中南海	8mg*10	盒	20.0	200.0		4.05	810.0		
2	105498	大前门	1*10	盒	10.0	100.0		1.6	160.0		

图 6-10　订货单打印页面

第三节　果蔬采后商品化处理

全国蔬菜重点区域发展规划(2009—2015)中指出:采后商品化处理和加工是现代商品蔬菜生产的重要环节。首先要从改良品种着手,推广外观形状好、整齐一致、耐贮运、货架期长的鲜食和加工专用优良品种,特别是出口专用品种,并发展标准化生产,提高产品档次。二是加强蔬菜采后分级、包装等商品化处理以及贮运设备和技术的研发和推广,提高商品化处理率和处理水平,改善产品外观质量。

所谓果蔬采后商品化处理是指为了保持或改进果蔬产品质量并使其从农产品转化为商品所采取的一系列措施的总称,包括水果蔬菜采收后所经过的挑选、修整、分级、清洗、预冷、愈伤、药物处理、吹干、打蜡抛光、催熟、精细包装等技术环节。

一、采收

果蔬的采收与产品品质和耐贮运性有着很大的影响。采收过早或过晚会造成果蔬减产,会影响果蔬的品质,还会影响果蔬的耐贮运性。特别是采收过早或过晚,易使果蔬在贮运过程中发生生理病害和由微生物引起的侵染性病害。过早采收的果实比适期采收的果实失水快。采收过晚,会使水解过程加剧,果实会很快达到过熟阶段,因而降低了果实的品质指标及其耐贮运性。

（一）采收成熟度的确定

在果蔬采收过程中,主要问题是果蔬商业成熟度(即能够转化为市场需要的采收时机,主要以风味品质的优劣为依据)的鉴定。一般用以下方法作为判断果蔬成熟度的参考:

1. 表面色泽的显现和变化

一些果菜类蔬菜常用色泽变化来判断成熟度。如作长途运输或贮藏的西红柿,应该在绿熟(此时果顶呈现奶油色)时采收;甜椒一般在果皮深绿而有光泽时采收;茄子应在表皮明亮而有光泽时采收;黄瓜应在瓜皮深绿色时采收;豌豆从暗绿色变为亮绿色,菜豆由绿色转为发白表示成熟。

但颜色的变化,经常受到气候特别光照的影响,因此,在具体应用过程中,要充分考虑到当地的气候条件。

2. 硬度和质地

一般随着果实成熟度的提高,硬度会逐渐下降,因此,根据果实的硬度,可判断果实的成熟度。果实硬度的测定,通常用手持硬度压力测定计在果实阴面中部去皮测定,所测得果实硬度以 kg/cm^2 来表示。如红元帅系和金冠苹果采收时,适宜的硬度应在 $7.7kg/cm^2$ 以上,青香蕉为 $8.2kg/cm^2$,秦冠、国光为 $9.1kg/cm^2$,鸭梨为 $7.2\sim7.7kg/cm^2$。莱阳茌梨为 $7.5\sim7.9kg/cm^2$。此外,桃、李、杏的成熟度与硬度的关系也十分密切。

一般情况下,蔬菜不测其硬度,而是用坚实度和质地来表示其发育状况,确定采收度。

3. 主要化学物质含量

果蔬的主要化学物质有淀粉、糖、有机酸、总固形物等,它们含量的多少也可以作为衡量品质和成熟度的标志。可溶性固形物中主要是糖分,其含量高标志着含糖量高、成熟度高。

如四川甜橙采收时以固酸比(可溶性固形物与总酸的比值)为 10∶1,糖酸比(总含糖量与总酸含量的比值)8∶1作为最低采收成熟度;苹果和梨的糖酸比为 30∶1 采收时,风味品质好;葡萄、枣在糖分积累最高时采收为宜;而柠檬则需在含酸量最高时采收为宜。

有些果实也可用淀粉含量的变化来判断成熟度。如不同品种的苹果成熟过程中淀粉含量的变化不同,可以制作不同苹果品种成熟过程中淀粉变蓝图谱,作为糖和淀粉含量也常常作为蔬菜成熟度的指标,如青豌豆、甜玉米、菜豆都是食用其幼嫩组织为主的蔬菜,糖含量多、淀粉含量少时采收,风味品质好。而马铃薯、芋头的淀粉含量高时采收品质好,耐贮藏。

4. 果梗脱离的难易度

有些种类的果实(如苹果和梨)在成熟时果柄与果枝之间产生离层,稍一震动就可脱落,此类果实离层的产生也是其成熟度的标志之一。

5. 生长期

不同品种的果蔬由开花到成熟有一定的生长期,如苹果一般早熟品种应在盛花后100d(农作物成熟的生育期天数)内采收,中熟品种100~140d采收,晚熟品种140~175d采收。应用生长期判断成熟度,有一定的地区差异,应根据多年的经验得出适合当地采收的平均生长期。

6. 果实形态和植株生长状态

不同成熟期的果蔬都有其固定的形状及大小。例如香蕉未成熟时,果实的横切面呈多角形,充分成熟时,果实饱满,横切面为圆形。

一些蔬菜可根据植株生长状况来确定成熟度。如洋葱、芋头、荸荠、生姜等蔬菜,在地上部枯黄后开始采收;黄瓜、丝瓜、茄子、菜豆应在种子膨大硬化之前采收;南瓜、冬瓜在果皮硬化、白粉增多时采收;叶菜类蔬菜则在食用的最佳阶段采收为宜。

总之,在判断成熟度时,应根据果蔬的特征,综合考虑各种因素,并抓住其主要方面判断其最适采收期。农民专业合作社也可向专家请教,判断农产品成熟度的方法,避免产品被超市拒收或扣点。

(二)采收方法

果蔬的采收方法可分为人工采收和机械采收。

1. 人工采收

作为鲜销和长期贮藏的果蔬,最好人工采收。目前世界上很多国家和地区都采用人工采收,即使用机械采收,同样要有手工操作相配合。具体采收方法应根据果蔬的种类而定。如葡萄、枇杷等成穗的果实,可用剪刀齐穗剪下;苹果、梨等,采收时用手掌将果实向上一托,果实即可自然脱落;柑橘类果实一般用采果剪剪下;香蕉采收时,用刀切断假茎,紧扶母株让其轻轻倒下,再按住蕉穗切断果轴;枣、山楂等小型果实,摇动树枝使之脱离;坚果类的核桃、板栗可用竹竿打落。

2. 机械采收

机械采收适用于那些在成熟时果梗与果枝之间形成离层的果实。一般使用强风压或强力振动机械(用一个器械夹住树干并振动),迫使果实脱落,在树下布满柔软的帆布传送带,以接住果实,并自动将果实送到分级包装机内。对于地下根茎类蔬菜如马铃薯、洋葱、胡萝卜等,国外已经用挖掘机采收,并配有收集器、运输带等,边采边运。

图 6-11　新疆:员工用机械采收番茄①

为了保证采收质量,采收过程中应注意一些问题,如采收人员最好事先经过技术培训;采收最好选择在晴天的早晨露水干后,避免在雨天和正午采摘;采后应避免日晒雨淋,迅速加工成件,运到阴凉场所散热或贮藏库内贮藏等。

二、分级

分级就是根据果蔬产品的大小、重量、色泽、形状、成熟度、新鲜度、清洁度、营养成分以及病害虫和机械损伤等情况,按照一定的标准,进行严格的挑选,并分为若干等级。果蔬的分级是果蔬产品实现标准化的重要操作步骤。

分级标准我们已在第五章讲过,这里重点讲解分级方法。

(一)分级方法

目前分级方法有人工分级和机械分级两种。

1. 人工分级

人工分级主要依靠人的视觉,同时借助一些简单的分级器具,如分级板、分级环等,将产品分为若干等级。分级板是在一块木板上按要求打上单孔或一系列不同直径的孔而成。

水果的分级应先按外观品质分级,主要靠人的视觉对水果的外观品质级别进行感官判断。一般是在果形、新鲜度、色泽、品质、病虫害和机械伤等方面分出优劣级别,剔除一些达不到要求的伤害果以及成熟度过高或过低的次果。在此基础上,再根据水果的重量和大小进行分级。

---

① 资料来源:http://www.wlmqwb.com2860/btdz/200908/t20090812_792271.shtml

2. 机械分级

机械分级是利用果蔬分级机进行的。机械分级适用于不易受伤的果蔬产品,而且可使分级标准更加一致,其分级过程大多由电脑控制,目前我国很多地方已开始使用。机械分级机一般与清洗、打蜡、烘干、自动贴标机和包装机等装连配套,进行流水作业。

(二)自动化分选装置

水果和蔬菜的种类、品种繁多,大小、形状、质地差异很大,难以设计出通用的分选装置,目前也难以实现全部过程的自动化,一般都是以人工与机械结合进行分选,一般有以下几种:

1. 重量分选装置

重量分选装置有机械秤式和电子秤式等不同的类型,多用于苹果、梨、桃子、番茄、甜瓜、西瓜、马铃薯等,如图 6-12 所示。

机械秤式分选装置主要由固定在传送带上可回转的托盘和设置重量等级分口处的固定秤组成。将果实单个地放进转托盘,当其移动,接触到固定秤,秤上果实的重量达到固定秤的设定重量时,托盘翻转,果实即落下。适用于球形的果蔬产品,缺点是容易造成产品的损伤,而且噪声大。

图 6-12　重量分选设备

电子秤式重量分选装置则改变了机械秤式装置每一重量等级都要设秤,噪声大的缺点,一台电子秤可分选各重量等级的产品,装置大大简化,精度也有提高。

2. 形状分选装置

形状分选装置按照被选果蔬的形状、大小(直径、长度等)分选,有机械式和光电式等不同类型。

机械式形状分选装置多是以缝隙或筛孔的大小将产品分级,当产品通过由小逐级变大的缝隙或筛孔时,小的先分选出来,最大的最后选出。适于柑橘、李子、梅、樱桃、洋葱、马铃薯、胡萝卜等,如图 6-13 所示。

光电式形状分选装置有多种。有的是利用产品通过光电系统时的遮光,测量其外径或大小,根据测得的参数与设定的标准值比较,进行分级。较先进的装置则是利用摄像机拍摄,经电子计算机进行图像处理,求出果实的面积、直径、高度等。例如黄瓜和茄子的形状分选装置,将果实一个个整齐地摆放到传送带的托盘上,当其经过检测装置部位时,安装在传送带上方的黑白摄像机摄取果实的图像,通过计算机处理后可迅速得出其长度、粗度、弯曲程度,实现大小分级与品质(弯曲、畸形)分级同时进行。该装置适于黄瓜、茄子、番茄、菜豆等。

图 6-13　柑橘分级选果机[1]

3. 颜色分选装置

根据果实的颜色进行分选,颜色的分选主要代表了成熟度的分选。例如,利用彩色摄像机和电子计算机处理的 RG(红、绿)二色型装置可用于番茄、柑橘和柿子的分选,可同时判别出果实的颜色、大小以及表皮有无损伤等。当果实随传送带通过检测装置时,由设在传送带两侧的两架摄像机拍摄。果实的成熟度根据测定装置所测出的果实表面反射的红色光与绿色光的相对强度进行判断;表面损伤的判断是将图像分割成若干小单位,根据单位放射光的强弱算出损伤的面积,最精确可判别出 0.2~0.3mm 大小的损伤面;果实的大小以最大直径代表。RGB(红、绿、蓝)三色型机则可用于色彩更为复杂的苹果的分选。

4. 内部品质分级机

这种分选机是用一定波长的光照射产品,在不破坏产品的情况下,通过测定透过光的强度来判断产品中的糖和酸及其他成分的含量。还可测定番茄内部着色情况、果心的褐变和果实内部出现的空洞。

三、愈伤和晾晒

愈伤的原意是治愈伤口。甘薯、马铃薯、洋葱、大蒜及类似的作物采收后,在贮藏或销售之前,于高温高湿下使受伤的货擦伤的伤口迅速形成木栓层从而使表层愈合,称为愈伤,可有效地防止黑斑病等病菌的侵入。柑橘果实在采收后,在 30℃~35℃温度,90%~95%的相对湿度下放置两天,称之为"发汗"湿度,有助于碰伤、刮伤、指甲伤的愈合。除甘薯、马铃薯、洋葱外,其他蔬菜也具有愈伤的有利作用,如甘蓝、南瓜等采后在高温高湿或干燥条件下都可加速愈伤组织的形成而有利于贮运。

晾晒主要是针对蔬菜而言,是蔬菜贮运中行之有效又简便易行的预处理。

——————————
① 　资料来源:http://www.zjol.com.cn05snsystem/2005/11/23/006376840.shtml

晾晒一般用于含水量很高、生理作用旺盛的叶菜类。因为叶菜类的含水量在采收时很高,组织脆嫩,因此贮运中很容易损伤或发生病害。此外,叶菜类的呼吸作用和蒸腾作用很旺盛,如不经晾晒,直接包装入库,库内或车内就会增大相对湿度,有利于微生物的生长繁殖,导致产品的腐烂。除叶菜类外,葱蒜类蔬菜在贮藏、运输前也要晾晒,使外层鳞片充分干燥,形成膜质保护层,对贮藏运输都很有利。

四、清洗、灭虫、防腐处理

果蔬采收时有时会带有一些泥土、污物,特别是一些靠近地面生长的果品蔬菜和根茎类蔬菜,严重影响产品的外观。所以果蔬产品在采收后需进行清洗、涂膜处理,容易生虫的果蔬还要进行灭虫处理。

(一)清洗

大部分果蔬采用水洗法,水洗程序包括入池、洗涤、干燥三个过程。短期贮藏或立即上市的果蔬清洗程序为:采收果实→水池→喷淋洗涤→清水冲洗→干燥→喷涂→打蜡→干燥→分级→包装→上市销售。长期贮藏后再上市的清洗程序为:采收果实→水池→喷淋洗涤→清水冲洗→干燥→分级采收果实→水池→喷淋洗涤→清水冲洗→干燥→大包装采收果实→水池→喷淋洗涤→清水冲洗→干燥→入冷库贮藏。

一般深井水或自来水可直接用于蔬果清洗,但要事先经过检验,而江河、湖泊、水库的水,必须进行净化处理。在清水中加入防腐杀菌剂和保鲜剂,能够明显减少产品的带菌熟,延缓果蔬衰老速度,所以清洗常常和防腐保鲜剂等化学处理一次进行。

清洗的方法包括人工清洗和机械清洗。人工清洗是将洗涤液盛入已消毒的容器中,调好水温,将产品轻轻放入,用软质毛巾、海绵或软质毛刷等迅速洗去果面污物,取出在阴凉通风处晾干。机械清洗的方式可分为浸泡式清洗机、鼓风式清洗机、滚筒清洗机、刷洗式清洗机、喷淋式清洗机。

沾有水珠的果蔬很容易感染微生物引起腐烂,所以清洗后的果蔬应该充分沥干表面水分。沥干水分的方法有自然干燥和机械干燥法。机械清洗干燥一般在气候潮湿、水分蒸发慢的地区可使用。机械干燥的方法一般有辊擦式、振动式和离心分离式。

(二)灭虫处理

果蔬,特别是出口果蔬,在出口前应对果蔬进行适当的杀虫处理,商业上常用的灭虫方法有熏蒸剂处理、低温处理、高温处理和辐照处理。

（三）防腐保鲜处理

一般说，为了抑制采收后的果蔬品质的变化，延长果蔬的商品寿命，可在果蔬采收前后进行保鲜防腐处理。但在使用时，应在法规、条例或标准等允许的范围内，注意选用高效、低毒、低残留的药剂，以保证果蔬的安全。

果蔬贮运中常用的防腐保鲜剂主要包括生理活性调节剂和化学防腐剂。防腐保鲜处理根据施用化学物质的时间可分为采前处理和采后处理两种。一般采后处理要与水预冷和清洗结合起来进行，但也有单独进行。防腐保鲜处理方式有喷淋、浸渍、烟熏和蒸熏等。

五、打蜡处理

打蜡处理也称涂膜处理，是指通过浸渍、涂刷、喷洒在果蔬表面覆盖上一层薄膜。打蜡处理是果蔬采后商品化处理的一个重要环节，是现代果蔬生产的必备环节，也是根据市场对果蔬商品感官的基本要求。

果蔬打蜡能减少果蔬失水，保持果蔬新鲜；能美化外观，提高商品质量；能抑制呼吸，发挥气调作用；减少腐烂，抑制病菌入侵等。打蜡所用蜡液，是各国的专利，并且相互保密。蜡液一般分为果蜡、可食用膜和中药提取液等。

打蜡的方法分为浸涂法、刷涂法、喷涂法。国际上刷涂法的标准流程是：果实搬入→收货→输送机→洗净→干燥→涂蜡→刷果→干燥→选果→装箱。喷涂法的整个工序是在一台机械内完成。世界上的新型喷蜡机，一般由洗果、搓吸干燥、喷蜡、低温干燥、分级和包装等部分联合组成。果实由洗果机送出干燥后，喷布一层均匀而极薄的涂料，干燥后予以包装。

六、预冷

水果蔬菜的预冷是指将收获后的果蔬产品尽快冷却到适于贮运要求的低温的措施。与冷藏不同的是，预冷指任何能够将田间热更快速去除的方法，而不是简单地将产品放进设定好适宜温度的贮藏室内变凉。

预冷应遵循的原则是：采收的果蔬要及早进入预冷过程和尽快达到预冷要求的温度；预冷的最终温度要适当，一般各种果蔬的冷藏温度就是预冷终温的大致标准；预冷后必须立即将产品贮入已经调整好温度的冷藏车或冷库车内。

由于果蔬的品种产地、栽培地、加工处理方式、贮藏期限、市场对象和市场对品质要求不同，需要确定不同的预冷终温。同时，不同的果蔬形态对于预冷方式也有不同的要求。目前,果蔬预冷方法主要有空气预冷、水预冷和碎冰预冷和真空预冷等。

七、包装

包装是使果蔬产品标准化、商品化、保证安全运输和贮藏、便于销售的主要措施。果蔬包装的原则是:要能够防止产品的机械伤害,要利用温度管理,要能够防止果蔬失水,要能够起到调节气体的作用,要便于特殊处理等。

(一)包装材料与包装容器

1. 包装材料

我国农产品传统的包装材料多为草包、麻袋、藤条柳条篓筐和木箱等,至今仍继续使用,落后地区还常用质量低劣的简单盛具甚至散装运输,往往会造成大量泄漏、散落、挤压损伤和腐烂损伤。

随着技术、经济的发展,陆续出现了很多新型的包装材料,如纸制材料、合成塑料、轻金属和其他一些轻便适用的材料,从而使果蔬包装进入了一个新的发展阶段。

2. 包装容器

纸板、塑料和木板是目前最重要的三种包装材料,可用于制造外包装和内包装容器。

外包装的目的是保护商品,便于装卸和运输。常用的有瓦楞纸箱、塑料箱、木箱和塑料网袋。瓦楞纸箱最为理想,几乎满足外包装的各种要求。

内包装也称零售包装,它要与消费者直接见面,所以除要求保护商品外,还要注意造型与装潢美观,且具有宣传功能,起到促进销售的作用。内包装可以分为以下几种:防止机械损伤的内包装、防失水的内包装、达到气调效果的内包装、方便零售的内包装等。

总之,果蔬包装是以牢固、经济、实用、美观为原则,必须根据果蔬种类、品种、市场需要、贮运条件和流通环节、销售对象等诸多因素设计适宜的包装。

(二)包装机械

包装机械包括:

1. 单果包装机械

单果包装机械用纸或塑料膜把果实一个个地包装起来。果实分级是使用单果包装机的重要前提。为了增加抗撕裂性,纸要用蜡处理。

2. 内包装机

用内包装机进行零售包装,有塑料小袋包装机、塑料小网袋包装机、塑料盒包装机、塑料盒网袋混合包装机、塑料膜收缩包装机和塑料自黏膜包装机等。当使用塑料膜做小包装时要考虑其透气性和透湿性,根据果蔬种类、装量、流通温度和流通时间长短选择膜的种类、厚度,必要时要在膜上打孔或用针扎孔。

3. 外包装机

外包装机可把果蔬直接装入大箱。一般经过分级的果蔬经传送带直接进入容器内。可由计数机按个数装箱,或依重量或依体积装箱。当依重量装箱时,则应在装箱机处设一秤。当依事前决定的重量装足时,产品即停止落下。依体积装箱时,需要一个操作人员,以决定正确的装填程度。

4. 托盘裹包机械

为了便于机械搬运,一般要把装产品的箱或网袋放在木制托盘上码起垛来,由裹包机械把塑料网紧紧裹在垛上,使搬运更安全。

(三)装箱技术与包装要求

果蔬经过挑选分级后即可进行包装,包装方法可根据果蔬的特点来决定。包装方法一般有定位包装、散装和捆扎后包装。不论采用哪种包装方法,都要求果蔬在包装容器内有一定的排列形式,目的在于避免物品相互碰撞、挤压或松散、滚动而造成伤害,同时还能通风透气和充分利用容器空间。这对于柔嫩质软、承受振动冲力差的新鲜果蔬是必要的。装箱排列的方式有:

①直线排列。即产品在箱内直线排列,不互相错位、上下层对齐,便于计数统计。适于小型、条形果蔬。

②对角线排列。即将产品逐个错位排放在空隙中,适宜于大中型果蔬装箱,装盛量多,在箱内稳定不易滚动,底层承受力小,通风透气好。

③同心圆式排列。多用于圆形篓筐包装,将果实从底层沿篓边排列呈同心圆式直装到沿边,充分利用间隙,装量较多。

④格板式排列。箱内有定形隔板,果蔬逐个放入板隔内定位,操作简单,便于计数,安全可靠。

机械化、自动化装箱是高效率的装箱方法,适用于抗机械伤能力较强的果蔬在箱袋内的散装,一般都与机械化商品处理、计量、分级、堆码、装卸等工序配套连续操作,功效极高。欧美、日本等国在大批量的苹果、柑橘、番茄、胡萝卜、马铃薯的包装上都采用这类商品化处理生产线及机械化散装法装箱。

还有,包装应在冷凉的条件下进行,避免风吹、日晒和雨淋。包装时应轻拿轻放,装量要适度,防止过满或过少而造成损伤。不耐压的果蔬包装时,包装容器应填加衬垫物,减少产品的摩擦和碰撞。易失水的产品应在包装容器内加衬塑料薄膜等等。由于各种果蔬抗机械伤的能力不同,为了避免上部产品将下面的产品压伤,下列果蔬的最大装箱(筐)高度为:苹果和梨 60cm,柑橘 35cm,洋葱、马铃薯和甘蓝 100cm,胡萝卜 75cm ,番茄 40cm。

八、运输

果蔬运输过程很容易造成损失,主要是由于运输工具不良、包装不善、装卸粗放和管理不当引起的。

(一)运输的基本要求

1. 三快:快装、快卸、快运;

2. 两轻:轻装、轻卸;

3. 四防:防热、防冻、防晒、防淋。

(二)运输的环境条件及其控制

运输环境的调控是减少或避免果蔬破损、腐烂变质的重要环节,所以在运输中要考虑以下几方面的环境条件:

1. 振动

振动是运输环境中最为突出的基本条件,它直接造成果蔬的物理性损失,也可以发生由振动引起的品质劣化的反应。不同类型的果蔬对振动的耐受力不同,因此我们应该针对不同的果蔬种类因地制宜地选择运输方式和路径,并作好果蔬的包装作业和运输中的码垛,尽量减少果蔬在运输中的震动,另外要杜绝一切野蛮装卸,以保持果蔬品质和安全。

2. 温度

采用适宜的低温流通措施对保持果蔬的新鲜度和品质以及降低运输损耗是十分重要的。根据国际制冷学会规定,一般果蔬的运输温度要等于或略高于贮藏温度,且对一些新鲜果蔬的运输和装载温度提出了建议。在运输过程中特别要注意防止温度的波动,尽量维持在运输过程中的恒定适温,防止温度的波动。运输过程中温度的波动频繁或过大都会对保持产品质量不利。因为,在较低温度下,温度每波动 1°,对果蔬造成的品质下降要比较高温度下严重。

总之不论使用何种运输工具,都要尽量调节温度,使达到或接近果蔬的适宜贮运温度,以保证其质量和安全。

3. 湿度

对于果蔬来说,新鲜度和品质的保持需要较高的湿度条件。具体运输时的适宜湿度可根据果蔬贮藏的适宜湿度来选择。另外要注意码垛方式,不要堆积过密,不要损坏果蔬包装,以保持果蔬包装内的湿度。如果需要,有条件的可使用具有加湿装置的冷藏车,也可采用加冰运输车,提高运输环境的湿度。

4. 气体

气体环境对果蔬的腐败速度和腐败程度产生很大的影响。如 CO_2 是果品、蔬菜和微生物等呼吸生成的低活性气体,如果在贮运时,适当降低 O_2 的浓度(2%～5%),提高 CO_2 的浓度(5%～10%),可以大幅度降低果蔬及微生物的呼吸作用,抑制催熟激素乙烯的生成,减少病害的发生,延缓果蔬的衰老。对于其他一些加工果蔬,在包装中抽真空或充入惰性气体,如 CO_2 或 N_2,可以延长保质期。所以可以采用调节气体包装、低氧包装、加脱氧剂、真空包装、充氮包装或充 CO_2 包装等形式来调节果蔬所处微环境的气体组分,从而对果蔬达到安全防护目的。

运输中空气成分变化不大,但运输工具和包装不同,也会产生一定的差异,密封性好的设备使 CO_2 浓度增高,振动使乙烯和 CO_2 增高,所以要加强运输过程中的通风和换气,勿使有害气体积累产生伤害;另外在运输过程中要轻装轻卸,防止果蔬的包装破损破坏包装物内的气体组分,从而引起果蔬的腐败变质。

5. 装载与堆码

果蔬的装载首先必须保证果蔬运输的质量,同时兼顾车辆载重力和容积的充分利用。因此必须保证:

①果蔬在堆码时,每件货物都不应直接接触车底板和车壁板,在货件与车底板和车壁板之间必须留有间隙,以免通过车壁和底板进入车内的热量直接传给货物,而使品温上升。

②在装载对低温较敏感的水果蔬菜时,货件不能紧靠机械冷藏车的出风口或加冰冷藏车的冰箱挡板,以免导致低温伤害。必要时,可在上述部位的货物上面遮盖草席或草袋,使低温空气不直接与货件接触。

果蔬运输的装车与堆码方法基本上采用留间隙的堆码法,此法适用于冷却和未冷却的果蔬的运输,以及外包装为纸箱或塑料箱的普通果蔬的装载码垛。采用这种堆码方法按所留间隙的方式及程度不同又可分为品字形、井字形、"一二三、三二一"法、筐口对装法以及吊挂法(适用于新鲜冷却肉的运输)。

目前国外运输易腐果蔬时多使用托盘,在装车前将货物用托盘码好,用叉车搬运装载,各托盘之间留有间隙供空气循环。这种方法简便易行而且堆码稳固。

6. 光线

许多果蔬易受光线的影响,光线可以催化许多化学反应,进而影响果蔬的贮存稳定性。为了抑制果蔬变质,可以采用避光包装,即选择合适的包装材料阻挡某种波长光线的通过或减弱光的强度,在运输中也要采取相应的措施,譬如采用密闭性较好的货箱,如果用敞车运输应该覆盖苫布(草帘子、草垫子等),尽量减少光线对果蔬的影响。

三、果蔬的冷链流通

易腐的果蔬从生产到消费的过程中要保持高品质就必须采用冷藏链。在经济技术发达的国家,如日本、美国等,在果蔬采后贮运中已实现了冷链系统,我国这方面普及程度不高,冷链系统缺失成了农超对接的绊脚石,这部分内容我们将在第七章重点讲述。

第四节　农超对接协议签订以后的实践①

农超对接是政府提倡、市场运作、农民受益和消费者放心的一大创举,社会各方面对此非常关注。

已经与超市签订了直采协议的农产品是否就万无一失,百分之百赚到钱呢?中央七台"每日农经"栏目《探秘"农超对接"(3)》《农超对接协议签订以后》这一集中将重点介绍协议签订之后,种植者还会遇到的一些问题。比如采收时间的把握问题、运输中的保鲜问题等等。本集将用两次都遭遇失败的海南木瓜案例,来生动讲述农超对接在生产过程中的控制,用山东蔬菜的案例讲述农超对接运输过程中的细节要求等等。这些案例对于生产者会有一个很好的警示作用,让他们明白超市的"标准"其实是多方共赢的一个保障。

探秘"农超对接"(3):农超对接协议签订以后

铁面无私进超市,统一标准必须知。畅行无阻靠水平,练好内功好品质。

主持人李冰:这两天,咱们老杜真是忙得不亦乐乎,这跑前跑后地为农民朋友打听农产品到底怎么进超市。今天,老杜要来真格的了,他要真的带着这农产品去进超市。不过老杜这心里头还是没底,非要拉着我们记者云飞一起去。老杜带的这农产品到底能不能进超市呢?咱们一起去看看。

---

① 资料来源:根据录音剪辑,http://bugu. cntv. cnnewsfarming/meirinongjing/classpage/video/20110316/101128. shtml

（场景一）杜旭东提着一只菠萝到"每日农经"办公室找记者冯云飞，问这菠萝能在超市卖得怎么样。冯云飞尝过以后，认为这菠萝进超市没问题。

杜旭东：还别说，人家还真跟超市签订了供货协议。

冯云飞：这协议都签了，都进了超市了，还有什么问题？

杜旭东：听说这超市特别严，有人供的货都退回去了。我也不知道是真是假。我就担心，我兄弟这菠萝如果要是送到超市，没准也会让人退回来。

冯云飞：不过你说这拒收这事，我这倒有一本叫《"农超对接"怎么做？》的书，里面就有这种情况。

杜旭东：啊，还真有这事，协议都签了，要不要还得另说啊？

冯云飞：杜大哥，您先别着急，我这书里就有木瓜的故事，讲的就是这么一回事。你看……

（场景二）海南省乐东县盛产木瓜，产量占海南木瓜总产量的 90%，所产的木瓜果实饱满、外形美观，果肉红、多汁、甜度高，深受全国消费者的好评。

土生土长的唐丁清，2002 年开始种木瓜，当初只有 60 亩。2008 年 11 月 12 日，老唐看准了木瓜的发展前景，为了扩大木瓜的销路，和当地的五个木瓜种植户联手成立了当地第一家木瓜合作社。现在，合作社种植的木瓜面积达 500 亩，年总产量 6250 吨。2009 年 1 月，家乐福超市对合作社种植的木瓜的规模和产品质量、安全性等方面进行了严格的考察，最终确定他们生产的木瓜可以进入家乐福超市的直采项目，直接进入超市销售。

唐丁清（海南省澄迈紫祥农产品专业合作社负责人）：兄弟们，来看一看，家乐福的合同终于签了。

社员一：真签了？

唐丁清：那是板上钉钉啊，盖了这么多章。

社员二：什么时候供货呢？

社员三：超市给我们的价格是怎么样的？

唐丁清：这位是家乐福的协调员，叫孟毅，让孟毅给我们解释一下。

孟毅（家乐福中国区生鲜采购经理）：超市规定是这样的：第一，我们要求你们的木瓜规格是在 500 克以上；第二，我们要保证果品是干净的，没有疤痕在上面；第三，每周一你们唐社长会给我报一个一周的价格给我，然后我们会在 3～4 天之内会告诉你们一个订单量，然后把货发到全国各地的家乐福去。回款时间的话，我们会在你们发完货 15 天之内，把货款打到你们合作社的账户上。

三天后，老唐接到第一个来自超市的订购电话。

孟毅：你好，唐社长，这周木瓜报价是多少？

唐丁清：行，我合计一下，一会儿给你报过去。

孟毅：好的，没问题。

唐丁清：谢谢！

老唐根据市场情况，给超市报价后，很快得到超市的认可。合作社按照超市要求的时间和货量，装满了一车20吨的木瓜发往北京。然而3天后，当物流车抵达北京的家乐福配货中心时，送到的木瓜却出现了意外。

唐丁清：第一次我们跟家乐福合作，按照我们以往给批发商的这种成熟度的木瓜，就是表面是青的，瓤里面籽是黑的，这就是熟瓜。送到家乐福以后呢，他们普遍认为是不成熟的，表皮不黄不能吃，收了一部分表皮有半黄的，剩余的给了我北京的批发商，当时损失了2万多元。

赛伯（家乐福全国生鲜总监）：我们做农超对接，除了帮助合作社，还要为消费者提高产品质量，送到超市的农产品，达不到我们的要求，我们就要给它打折扣，甚至要退货。

赛伯告诉我们，家乐福超市对直采农产品的验货标准是：

不合格率5%以内，（超市）可接受；

不合格率5%～10%，（超市）选择性接收；

不合格率超过10%，（超市）可以不收。

第一次送货就遇到了麻烦，这并没有打消老唐继续向家乐福超市送货的念头，老唐打算再接一次订单，很快超市协调员又打来电话。

孟毅：喂，唐社长，这周又有新的订单，还是北京的，20吨，下周二到货。

唐丁清：好，行，没问题。

接受了上次的教训，老唐让基地的人摘木瓜时专找偏黄的摘，除了常规的操作流程外，还特别安排在包装库房内，用炉火升温，给木瓜加温催熟。经过一整天，木瓜很快变黄。这次，老唐把基本全黄的木瓜运往了北京。可是没想到，满怀希望的唐社长接到的又是被拒收的信息。

唐丁清：到北京以后呢，木瓜就自然成熟，全黄了，有一部分软了，成熟度过了，然后他们就又拒收。我就非常不理解。

赛伯（家乐福全国生鲜总监）：因为不符合标准的农产品，不仅我们卖不掉，而且给人坏的印象以后，第二次顾客就不会再来了，所以我们超市实行严格的收货标准。

吴赟皋（家乐福全国直采物流经理）：当时我们觉得他也挺不容易的，所以我们总部跟北区的一些采购部经理协商，同意让他们把发软的木瓜挑出来，把一些合格的再收进去。

唐丁清:这样就减少了我们的损失,损失在30%左右,五六千元。

通过前两次的教训,第三次得到超市给出的订单后,老唐请教了专家,超市也派来协调员帮助老唐确定采摘时间,终于发现采摘木瓜时,当木瓜有两个半黄的点时最适合采摘。并且发现密不透风的泡沫箱也是木瓜催熟过快的原因之一。于是,他在箱体上打上几个洞,增加透风性,装好车的木瓜再一次发往千里迢迢之外的北京家乐福超市。这次,木瓜到达北京后,完全符合超市的验收标准。

唐丁清:从那以后,我们跟超市的合作加深了,也扩大了订单量,占到合作社木瓜总产量的60%。

(场景三)杜旭东:拒收的事真的发生过,你不是跟超市都比较熟吗?这菠萝的事让他们宽容下。

冯云飞:事实上这农产品都是一样的,不管你送或者不送,超市的标准依旧在那里,这是为消费者负责。

杜旭东:你给我想个万全之策。

冯云飞:我亲自去趟菠萝的种植地,考察一下,把这个拒收情况向你朋友介绍下。您放心,这事肯定给您办好。

杜旭东:那就多谢谢你了。

冯云飞:没事,你等我好消息。

杜旭东:我走了。

冯云飞:好了。

(场景四)接下来,冯云飞飞往海南,在去往琼海菠萝种植基地的路上,又有了新的巧遇。

冯云飞:师傅,打听一下,离那个琼海的菠萝种植基地还远吗?

苏玉胜(海南万宁东城合作社负责人):还有两个多小时的路程,你有什么事?

冯云飞:我是中央电视台的记者,要到那里去办点事。

苏玉胜:刚好我们收西瓜,过来尝尝西瓜。

冯云飞:好。这西瓜看起来不错。(吃着西瓜)没想到海南的西瓜真甜,而且水分特别多,像你的东西都卖到哪里?是水果市场吗?

苏玉胜:我们没有卖到市场,是直接送到超市。

冯云飞:送到超市,有没有要求?

苏玉胜：超市要求规格是7～15斤，人工用手拍，看有没有空心、有没有畸形、有没有裂口，外观不能花皮，准备合格了装箱。也有过拒收或者质量不合格的情况，损失很重。慢慢摸索，现在基本上每车货都能很顺利地被接收。

冯云飞：真没想到，这么好的西瓜也发生过被超市拒收的事件，那边的菠萝合作社我还真该好好考察一下。

（场景五：海南香蜜菠萝基地）冯云飞：你好！现在超市对农产品要求挺严的，超市对咱们的菠萝有什么要求？

陈集群（海口鑫隆源种植专业合作社负责人）：要1.5斤以上，第二点，成熟度达到50%。

冯云飞：那你怎么知道菠萝它是否能摘了呢？

陈集群：有两点，第一看个头，像这个个头最少在3斤以上，其实要够了2斤，差不多就成熟了。第二看成色，这个成色，它的表皮已经变黄，也是一个成熟的标记，我们就可以采摘。采摘四到五成熟的，这样便于运输，如果太成熟采收，来不及运到超市就烂了。采完之后，我们就把符合超市要求的挑出来。

冯云飞：其实我这次来主要看采收过程是怎样把握标准的，把握好标准就不用担心被拒收了。

陈集群：其实我们也担心，但是现在我们不怕了，超市给我们派了协调员。这是孟协调员。

孟毅（家乐福中国区生鲜采购经理）：我们在签协议的时候，也跟合作社进行了沟通、了解、协商，但是你知道，合作社如果没有人下来监督，他们供应农贸市场习惯了，不会按照你的要求去做的，但是我们现在派了一个协调员，亲自到地头来，跟农民合作社的社长、社员进行现场监督管理，这样商品的质量会有保障。到目前为止，农民直供的货物到我们仓库，90%以上都是合格的。

冯云飞（打电话）：哎，杜大哥，你放心吧，这批菠萝已经发往北京了，到时您就听好消息啊！

（场景六：菠萝在超市销售）消费者一：菠萝挺新鲜！

消费者二：价格还行，好像这个东西直接从农民那儿采购过来的。

赵仁刚（家乐福双井店生鲜部经理）：农民直供的菠萝来自海南，它的价格要比本地采购便宜20%～30%，销量每天在1吨。

杜旭东：哎呀，菠萝还是那个菠萝，超市还是那个超市。这农超对接，真是不一样啊！这个农超对接，对于农产品的销售和消费来说，真是太给力了！

冯云飞：杜大哥，您看，通过这次了解，您也知道只要是农产品达到超市的生产、销售、运输的标准，而且农民他有了一定的生产经验以后，一般农产品是不会被拒收的，这样给他们增加一条多的销售渠道，多好的一件事！

杜旭东：真是希望更多的农产品能跟超市对接起来。

冯云飞：杜大哥，您说得太好了！不过要说到越来越多的农产品的品种，您想知道吗？

杜旭东：什么啊？

冯云飞：此处略去一万个字。

为了积极响应近日商务部、农业部联合印发的《商务部、农业部关于全面推进农超对接工作的指导意见》，2011 年 3 月 8 日，家乐福诚邀两会人大代表和各地农业合作社，在北京共同举行农超对接现场交流会。

罗国伟（家乐福集团副总裁，中国区总裁兼首席执行官）：在过去的四年中，我们也做过很多努力，比如对农民合作社不收任何进场费用，邀请各地的合作社探讨相互合作的方式方法，并帮助农民，让他们了解该如何跟超市合作，农超对接的项目在今后会越来越多。

最后，还是让农超对接这方面的专家给合作社支几招，帮您减少被超市拒收的几率。

胡定寰（中国农业科学院农业经济与发展研究所研究员）：第一，怎么提高合作社的管理能力。第二，我们合作社要提高自己的生产技术，我们要用好的种子，用好的农药、化肥和设备，使农产品的合格率达到比较高的程度。第三，设施设备的问题，冷链、冷库对我们来说，也是很重要的。

主持人李冰：这几天，老杜是上上下下地打探农产品进超市的事，还帮了农民兄弟把自己的产品打进超市。虽说是闹了不少误会，而且还走了不少的弯路。可是现在的老杜对农超对接的事那可绝对是门儿清了。其实我们也是想通过这样一个形式，能生动地向大伙介绍农超对接。这农超对接既可以保证农民的利益，农产品还能卖到好价钱，而且还能使消费者买到新鲜、安全、价格便宜的农产品。可以这么说，它是生产者、销售商、消费者三方都得益的好事。那我们也真诚希望这个项目能够越办越好，能够有更大的发展空间。

第七章

农超对接的发展

第一节　农产品可追溯体系

一、农产品可追溯体系的产生背景

可追溯系统最早应用于汽车、飞机等一些工业品的产品召回制度中。自20世纪70年代以来,食品安全问题日益突出,食源性疾病危害巨大。欧洲疯牛病、口蹄疫和二恶英等食物安全丑闻给欧盟的食品行业造成沉重的打击。为了恢复消费者对欧盟的信心,欧盟于2002年7月颁发了178/2002号法令,要求从2004年起,在欧盟范围内销售的所有食品都能够进行跟踪与追溯。除欧盟外,美国、日本、加拿大和英国等国也将可追溯要求纳入法律要求中。

为了应对欧盟在2005年开始实施水产品贸易可追溯制度,国家质检总局出台了《出境水产品溯源规程(试行)》。中国物品编码中心会同有关专家在借鉴了欧盟国家经验的基础上,编制了《牛肉制品溯源指南》。陕西标准化研究院编制了《牛肉质量跟踪与溯源系统实用方案》。一些地方和企业也初步建立了部分食品可追溯制度,发布了一些法规。2009年中央一号文件第八条明确表示"实行严格的食品质量安全追溯制度、召回制度、市场准入和退出制度"。2009年6月1日开始实施的《食品安全法》,虽没有标注食品可追溯,但明确表示加强各种记录(记录是实施可追溯的基础和前提),从而为我国可追溯纳入法律要求铺平道路。农产品可追溯体系建立是我国食品安全的发展方向。一些超市在农超对接中,也对农超对接合作伙伴提出建立农产品可追溯体系的要求,如麦德龙超市、家乐福超市等。

相关链接 7-1

九大类有机产品一品一码可追溯①

2012年7月1日起新修订的《有机产品认证实施规则》全面实施。按照该规则,有机产品销售须使用销售证并建立"一品一码"追溯体系,每个认证的产品都附有一个17位的有机码,也就是有机产品的"身份证"。每枚有机产品认证标志能够从市场溯源到所对应的每张有机产品认证证书、获证产品和生产企业。

消费者可登录中国食品农产品认证信息系统(www. food. cnca. cn)查询产品真伪,还可联系认证机构核实或拨打质监投诉举报电话12365反映、投诉。截至目前,本市有机产品涉及蔬菜、水果、杂粮、肉类、坚果、米面制品、肥料、水产品、保健品等九大类。

二、什么是可追溯体系

在麦德龙商场,顾客可以看到不少包装上标有"麦咨达可追溯产品"的商品(见图7-1)。如果选购有这种标志的产品,就算只买一个苹果、一棵青菜,也可以通过商品上的可追溯条码,在卖场内的信息终端或是在互联网上查询到它们的"前世今生",能知道这个苹果是谁种的,在哪里种的,什么时间种的,后续加工环节如何等

图 7-1 麦咨达标志

等。这就是麦德龙在食品安全方面的一个领先做法:可追溯体系。这种"一目了然"的方式,是让消费者对入口的东西感到放心的最好办法。

可追溯是在食品生产的各个环节过程中,对原材料的生产培育、食品的生产加工、包装、运输、销售等所有过程的记录回溯能力。消费者仅仅知道生产商是

---

① 资料来源:http://sp. chinadaily. com. cnnews20120711/38986. html

不够的,还需要了解产品的源头在哪里、产品制作各个过程等重要信息,即消费者需要产品全程可追溯。

　　国际标准化组织和欧共体管理法规(178/2002)将食品可追溯体系定义为:"在生产、加工及销售各个环节中对食品、饲料、食用性动物及有可能成为食品或饲料组成成分的所有物资追溯或追踪能力。"简而言之,如果一种农产品是可追溯的话,那么我们在农产品供应链上的任何一个阶段都可以知道栽培食材的农户姓名叫什么,加工工厂的精确地址在哪里(包括地块或大棚),生产过程中使用了哪些投入品,这些投入品又是什么,沿途采用的运输方式是哪种。这种可追溯体系把生产者的责任和消费者的担心联系起来,使得消费者可以充分了解这些农产品是否按照安全的方法生产,从而买得放心、吃得放心。

　　农产品可追溯体系具有非常重要的意义,首先可以提高农产品生产、加工和流通者的责任心,提高产品的质量,改善生产管理水平。其次增加消费者对所购或所消费产品的信心。最后,一旦发生食品安全事故,利用可追溯体系就可以实现准确定位受影响的产品,减少召回范围,降低召回频率,并能"按图索骥",迅速找出问题的真正原因,明确责任,把风险转移到真正的责任人,避免扩大责任范围,影响其他的安全农产品生产者的工作和积极性。同时也可减低问题企业的管理风险,及时分流问题批次产品。

典型案例 7-1

中国首家可追溯餐厅亮相上海①

　　2011 年 3 月 11 日,中国首家可追溯餐厅——1919 可追溯餐厅,在上海正式开门迎客。1919 可追溯餐厅位于乌鲁木齐中路 1 号,其绝大部分食材都采用坐落于淮海路商圈的麦德龙"餐饮通"商场的可追溯产品。作为全球自助式批发业务的领导者,麦德龙中国旗下的麦咨达可追溯系统享有盛誉。1919 可追溯餐厅的开业标志着一种全新食品安全管理模式首次引入中国餐饮业,为众多餐饮企业提供了最佳实践典范,也预示着公开透明的餐饮行业供应链已经走近市民大众的身边。

　　麦德龙"餐饮通"店长劳伦特先生表示:"我们很高兴能与我们的专业客户——1919 可追溯餐厅共同努力,在帮助客户取得商业成功的同时,更能

---

　　① 资料来源:http://www.eastmoney.com/

为提高餐饮业的食品安全管理作出贡献。这再次证明麦德龙是餐饮客户（酒店、餐厅及食堂等机构）值得信赖的合作伙伴和供应商。"

位于乌鲁木齐中路 1 号的 1919 可追溯餐厅隶属于意大利知名的"1919 咖啡"品牌，不仅为顾客提供优质咖啡，其主要食材均由麦德龙现购自运的麦咨达可追溯系统提供。例如生鲜食品，从蔬菜、水果到肉类，均可追溯其"从田地到餐桌"的整个过程：从生长培育、加工、包装、运输到销售的餐饮业供应链全过程。

"麦德龙可追溯系统所建立的安全透明的食品供应链，实现了 1919 可追溯餐馆对食品质量与安全的追求，为顾客提供最安全、新鲜、美味的食物。"1919 可追溯餐厅经理艾瑞克表示，"食品安全始终是餐饮业核心竞争力，1919 非常高兴能与麦德龙进行合作，希望此举能为顾客提供更好的用餐享受。"

三、麦咨达可追溯系统介绍

2009 年 6 月 1 日，麦德龙中国总部宣布，在《食品安全法》正式实施之际引入业界领先的保障食品安全可追溯体系，并推广麦咨达产品。消费者可以通过在商场内的信息终端或者麦咨达网站查询这些产品可追溯条码，知道这些商品的产地等信息。

2007 年，麦德龙创建了食品可追溯系统并成立了麦咨达农业信息咨询有限公司。麦咨达的可追溯系统有以下特点：①通过系统的培训和咨询服务贯穿种植、养殖、加工、包装、物流和市场，为企业提供最合适、最有效的方案。②建立完整的质量控制体系和可追溯体系，并定期复查。③从源头到市场整个供应链全程可控。④通过透明的网站平台让消费者便捷了解产品履历。查询网站：www.starfarm.com.cn

（一）麦咨达开展工作介绍

麦咨达开展的工作包括：

1. 选基地

麦咨达根据农业部门的推荐、企业自愿的原则，从"基地"的土壤、环境和设施进行项目评估，从优选择合作伙伴。评估合格的合作社式农业龙头企业成为"麦咨达农产品基地"。

2. 专业培训

麦咨达公司按照 GAP 和 IFS 的标准对企业进行专业培训，上市产品不断增多。麦咨达希望中国农副产品要像中国制造的工业产品一样大规模地走出国门、走向世界，关键是相关企业能否始终如一地把标准贯彻下去，做到咨询公司在与不在一样、培训前期与后期一样，牢牢树立质量面前人人平等的意识。

3. 建立质量可追溯体系

一方面，麦咨达公司帮助合作企业将其农产品建立完全的质量可追溯体系，该体系将从种植、养殖地（设施）、种苗、施药、喂食、加工、物流配送直至销售的全过程的各种信息（记录、数据）导入公司的农产品数据库。麦德龙对农副产品质量实行的是金字塔形的五星级标准，其中，只有质量达到四星级水平以上的产品才有望进入其全球采购链。目前，受发展基础、贮藏、运输等条件的限制，在中国经过麦咨达技术支持而上市的农副产品质量均达到了麦德龙三星级标准的要求，它们的生长环境、加工条件、包装、冷链控制、运输等均满足了麦德龙中国的供货要求，但仍有提高的空间，相信只要通过各方面的共同努力，这些产品进入国际市场是一个远大而可行的目标。

4. 提升品牌

麦咨达公司通过参展（中博会、中国连锁年会、国际食品展等）、"麦咨达"农产品推广会品尝会、产品专刊等多种形式，向专业客户介绍和推广"农产品基地"产品。农超对接项目提供的产品，公司一律冠名"麦咨达"商标，它与"麦咨达"口碑一起进入市场，广受欢迎。同时包括中央电视台和中国质量报等多方媒体进行了专题报道，提升企业形象。

另外，合作社和龙头企业也提高了业绩，扩大了市场。如安徽春然公司原来生产的猪肉只以半猪进入安徽市场，如今其产品以分割猪肉、包装肉进入全国市场。吉林正方公司的鹅肝以其质量优良入选奥运会供应商品。

典型案例 7-2

安徽合肥农产品借助"可追溯体系"闯世界

凭一张近日"春然"肉食品包装袋上的标签，登录麦咨达官方网站（www.starfarm.com.cn），将标签上面的追溯码输入"查询"后，"农场名称"、"地址"、"农场信息"、"生产加工"、"检测"等详细信息一一显示在电脑屏幕上。

合肥春然肉食品有限责任公司是双凤工业区内一家专业从事生猪屠宰和肉制品深加工的企业，拥有年屠宰能力 40 万头的生猪屠宰线，以及产品分割线和相配套的 1000 吨冷库。合肥春然肉食品有限公司是 2008 年伊始与麦咨达开展合作的。在与麦咨达合作之前,公司的产品种类单一,销售市场局限在安徽本地,可追溯体系也不完善。但到 2008 年年底,公司的发展已发生了巨大的变化:质量意识和水平与国际标准接轨;建立了有效实用的产品可追溯系统,可以给消费者提供从农场到市场所有环节中清晰透明的信息;产品种类从单一的白条肉增加了真空包装冷鲜肉;销售市场从合肥麦德龙进入了江苏、上海;品牌知名度实现了从地方向华东乃至全国辐射的转变。

如春然公司的生猪屠宰车间,经过麦咨达的系统培训后,屠宰车间增加了若干设备,做了多项技术改进,有效地提高了食品安全管理水平。如增加了刀具消毒环节,每屠宰一头生猪都对刀具进行消毒,避免交叉感染;不同工作区域之间增加了隔离门槛,并规定工作人员只能在各自区域操作,不得随意进入其他操作场所,其目的同样也是降低交叉感染的风险。

地产品牌跃上麦德龙这种全球采购平台并不是一件容易的事,"可追溯体系"的建立是关键。从农户养猪时的饲料、用药到育肥、繁殖、屠宰、加工等,麦咨达公司派专业的企业培训师驻厂,对全过程进行评估审核,采用国际标准对其进行指导、规范,建立可追溯体系。作为麦德龙集团在中国投资设立的首家从事农技指导、咨询和培训的公司,麦咨达农技咨询公司将先进的可追溯理念带给了企业,依据严格的质量保障体系和国际农产品质量标准,对合作企业和农民进行生产、加工、包装、物流以及市场运作提供全方位的专业培训与咨询。在其官方网站上,消费者可根据追溯码查询所购买的产品是哪天生产的、来自哪个育肥厂和种猪厂及养殖所有环节等详细信息,给消费者"从农场至市场"各个环节中清晰透明的信息,提升消费者对食品安全的信心。

(二)麦咨达产品可追溯信息

1. 麦咨达可追溯系统流程[①]

从图 7-2 可见,麦咨达可追溯系统的流程可以分成四部分。

(1)农场生产

合作农场首先对生产农产品过程中投入的饲料、所用的疫苗和药品进行记录,从该记录中可以追溯到饲料、疫苗和药品的供应商,保证投入品质量的可追溯。

农产品可追溯的关键在于认真记录与农产品生产有关的操作记录,需要把

① 资料来源:http://www.doc88.com/p-90657020022.html

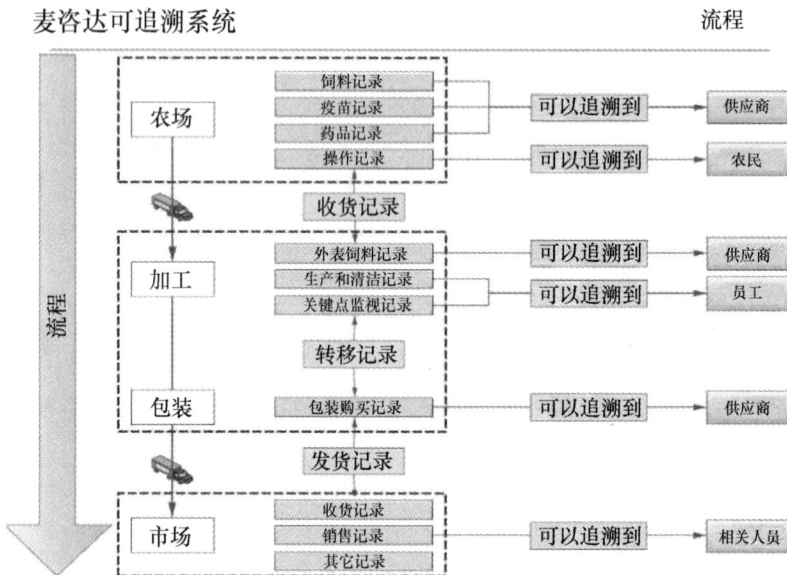

图 7-2　麦咨达可追溯系统流程

播种、灌溉、施肥、打农药、收获等信息不漏地记录下来,建立每种农产品的档案。一般可追溯体系首先要对大棚和地块进行编号,登记大棚或者地块的所有人或者使用人姓名;种植农产品的品种以及其他信息。接着进行农事记录,农事记录就是把同大棚内或者地块中的与农产品生产有关的信息记录下来。虽然听上去好像很繁琐,实际操作起来并不难,就是所谓的记流水账。其实,我们生产农产品的时候,并不是每天都在施肥打药,仅仅把主要农事记录下来,每月没有几行。种植业农事记录一般包括工作编码、日期、使用农药、使用化肥、使用除草剂以及其他农田活动等。

农产品收获的过程中,可追溯体系要求农产品采摘后,立即装箱,并且在采摘筐上贴标签,标签上写上可追溯码(可事先写),不能混淆从不同田块收获的农产品。

(2)加工车间收货

加工车间对外来物料进行记录,可以追溯到供应商。一般情况下,加工车间接受农户送来的农产品需要填写收货记录,收货记录必须分地块或者大棚填写。内容包括:编码、农户姓名、收货日期、品名、是否有吊牌、送货编码、总量,以及收货者签名。

一般情况下,农民合作社给超市送货时是需要对农产品进行分级、清洗的。

所以在可追溯体系中,要求对生产和清洗过程进行记录,对加工关键点的监视进行记录,这样当发现问题时,可追溯到员工。

（3）包装

包装车间收到加工处理过的农产品,应做好转移记录。对购买到的包装物进行购买记录,这样,当发现问题时,可以追溯到包装物供应商。农民合作社在发货时,要做好发货记录。

（4）市场

最为直接面对市场的超市,在对农民专业合作社的货物进行验收后,应做好收货记录。超市在销售可追溯产品时要做好销售记录和其他记录,这样当问题发生时,可以追溯到相关人员。

2. 与麦咨达可追溯系统有关的一些问题[①]

（1）查询到的可追溯信息是如何上传上去的?

麦咨达培训师从企业现场收集所有农场基地和工厂等信息,然后将所有信息上传至数据库。企业在每次发送货物时,同时将产品追溯自行上传至网上,从而通过追溯码就可以在麦咨达网站上获得查询结果。麦咨达产品追溯码格式见图7-3,追溯码由17位数字组成,前6位代表生产日期,表示是2009年2月24日生产,接下的3位是麦咨达给生产企业的编码,接下来的2位数是该企业生产的产品代码,接下来的三位数是该产品来自农场的代码,接下来的2位是该产品来自农场具体区域的代码,最后一位是工厂代码。通过追溯码,可以查到产品生产的源头。

（2）如何保证可追溯信息的真实性?

麦咨达派驻培训师至企业基地和厂地,收集第一手资料,并现场培训和指导直至企业建立符合规范的追溯体系(共约三周时间)。同时,后期会对企业进行监督和管理,而不仅仅是让企业在没有指导和监督下"自学成才",同时麦咨达每半年会对企业进行一次综合评估和审查。

（3）可追溯对于餐饮业带来什么作用?

通过可追溯系统,能让消费者知道所吃食物的源头在哪里,增加顾客对餐厅的信任度。如果餐饮业也能在企业内建立可追溯体系,对餐饮企业自身的质量也是很大的提高,借此可成为业内的领先者,同时也是很好的市场宣传亮点。最后,一旦发生食品安全事件,可通过可追溯系统快速找到真正应该承担责任的人员,快速给消费者和媒体等一个明确的解释以化解公关危机,而不需要餐饮企业自己背黑锅。

---

① 资料来源:http://www.doc88.com/p-90657020022.html

追溯码格式：

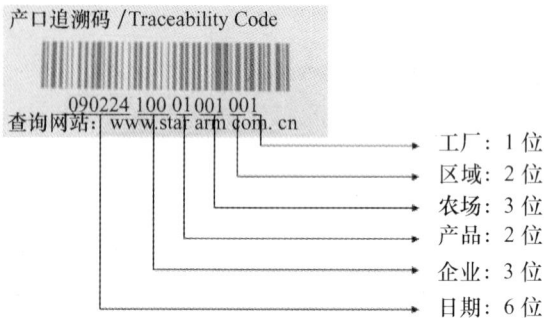

产口追溯码 /Traceability Code

090224 100 01 001 001
查询网站：www.starfarm.com.cn

工厂：1 位
区域：2 位
农场：3 位
产品：2 位
企业：3 位
日期：6 位

图 7-3　麦咨达产品追溯码格式

（4）除了可追溯，麦咨达产品还有什么其他特点？

麦咨达的流程是：筛选企业——签订培训合同——派驻培训师直至现场质量评估（约一周）——根据评估结果给企业提出整改建议——定期检查并维持。所以除了可追溯，麦咨达产品的质量和安全是得到保障的。

（5）怎样才能知道蔬菜是不是打了违禁农药？猪肉是否用了激素？

消费者可通过查询结果获得由权威第三方出具的产品检测报告，通过检测报告可以详细了解产品是否安全。同时通过查询结果可以知道产品的源头基地在哪里，麦咨达培训每个基地进行实际的生产记录（记录在网站上没有体现，但是要求企业文案存档两年），一旦发生问题，可通过实际的生产记录查询到问题的原因所在。

（6）麦咨达产品是不是绿色的有机的产品？

麦咨达采用的标准与中国的绿色和有机的标准是不同的，二者侧重点不同，没有必然的相关性和可比性。麦咨达产品确保是安全、高品质和可追溯的。

3. 麦咨达可追溯系统查询

麦咨达合作企业把产品追溯码上传到麦咨达数据库，消费者可以通过网站和商场终端进行查询（见图 7-4）。网站有 http://www.starfarm.com.cn（麦咨达农业咨询公司网站）和 http://www.safe-food.com.cn（麦德龙食品安全网）。至于商场终端方式，每一家麦德龙商场，均设有可追溯终端机，直线连通麦咨达可追溯系统。只需扫描产品包装盒上的可追溯码，终端机便可显示所查产品追溯信息。目前查询方式还增加了可追溯移动化方式，iPhone、安卓、塞班、WM四大手机系统均已开发出麦咨达追溯平台，诺基亚、摩托罗拉、三星、宏达、索爱等 60 多款智能手机可登陆麦咨达网站，追溯食品"从田地到餐桌"的一路历程。

接下来，我们以 2012 年 8 月从麦德龙宁波商场买来的一盒鸡蛋为例（见图

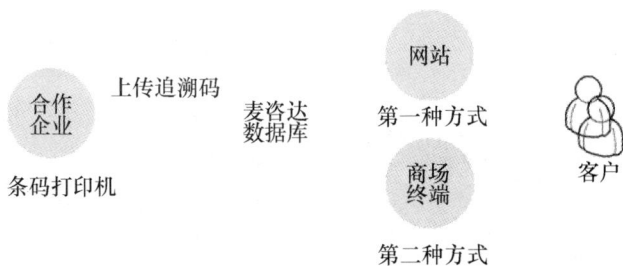

图 7-4 麦咨达产品履历信息展示给消费者的途径

7-5），进行麦咨达可追溯系统查询的演示介绍。

图 7-5 麦咨达鸡蛋

打开 http://www.starfarm.com.cn 网站，点击网站上的可追溯产讯系统按钮（见图 7-6）就进入了可追溯查询系统界面，麦咨达把产品分成五类，即畜禽类、果蔬类、水产类、乳品类和综合类。选择你要查询产品的类别按钮（见图 7-7），就进入了输入追溯码的页面（见图 7-8）。输入追溯码（12072711302998003）点提交按钮就出现了产品可追溯信息。产品可追溯信息包括以下几点：

图 7-6 麦咨达可追溯产讯系统按钮

图 7-7 麦咨达产品分类按钮

277

图 7-8 输入追溯码页面

(1)产品信息①

查询到跟实物相同的好土鸡蛋的介绍(见图 7-9),即通过对蛋品进行清洗、干燥、紫外线杀菌、剔除裂纹、涂油保鲜、喷码包装等工序处理,不仅除了有害物质,而且可以防止微生物侵入蛋体。

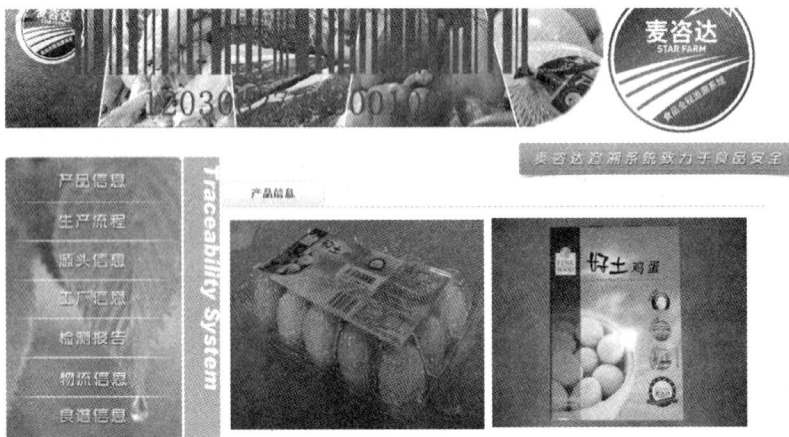

好土鸡蛋

通过对蛋品进行清洗、干燥、紫外线杀菌、剔除散黄、剔除裂纹、涂油保鲜、喷码包装等工序处理,不仅去除了有害物质,而且可以防止微生物侵入蛋体。

图 7-9 查询到的产品信息

---

① 查询结果直接全部以滚动方式出现在页面,如你点击图 7-9 左边的信息按钮,就只有出现相应的信息。

（2）生产流程

可以查看到鸡蛋的生产流程（见图 7-10），即从苗鸡→育雏→产蛋→加工 &
包装→销售。注意加工 & 包装阶段后面标注了一个日期，即 2012-07-27，与追
溯码前 6 位数的生产日期相呼应。

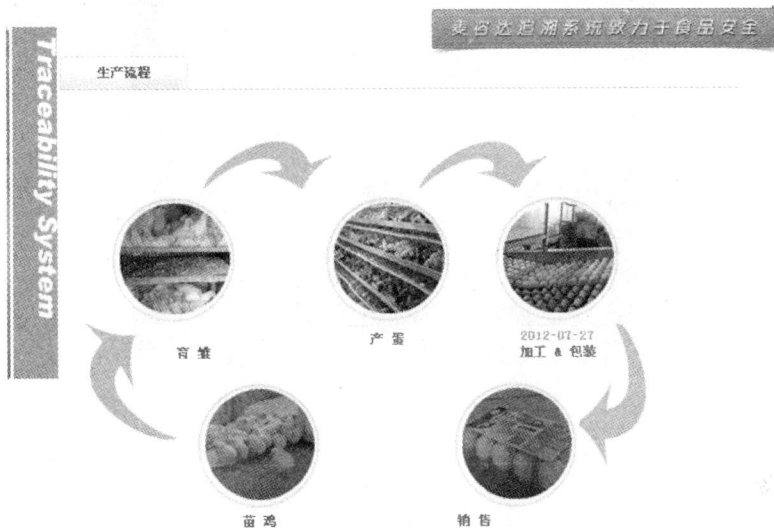

图 7-10　查询到的生产流程信息

（3）源头信息

通过 GPS 获得产品源头精确地址。通过查询知道这鸡蛋产自农场编号
998，农户姓名是李伟明，农场地址在湖北省武汉市新洲区，还可以查到农场所在
的坐标（见图 7-11）。

（4）工厂信息

在工厂信息里，可查询到加工工厂的名称，即湖北神丹健康有限公司三厂，
工厂地址为湖北省孝感市安陆市解放大道 3 号。同时可查询到工厂的操作流
程，包括原料验收、清洗干燥、紫外线杀菌、光照检测和包装（见图 7-12）。

图 7-11　查询到的源头信息

（5）检测报告

可追溯系统还可以查询到检测报告，双击检测报告可查询到检测报告详情（见图 7-13）。这份检测报告是湖北省产品质量监督检验研究所提供，主要对 14 个项目进行检测，即感官指标（包括外观、气室、蛋白、蛋黄、杂质、气味、破损率）、无机砷、总汞（以 Hg 计），铅（Pb）、镉（Cd）、六六六、滴滴涕、土霉素、磺胺类（以磺胺类总量计）、恩诺沙星、大肠菌群、致病菌（沙门氏菌、志贺氏菌）。其中标签应标明：食品名称、配料表、净含量、制造者、经销商的名称和地址、生产日期、保质期、产品标准号。检测依据是 DB42/T547-2009（清洁蛋流通技术规范）。

（6）物流信息

可查询到以下物流信息（见图 7-14），即物流方式是普通货车，贮存温度是常温运输，物流路线是湖北安陆到上海。宁波麦德龙超市的鸡蛋是从上海配送过来的。

图 7-12　查询到的工厂信息

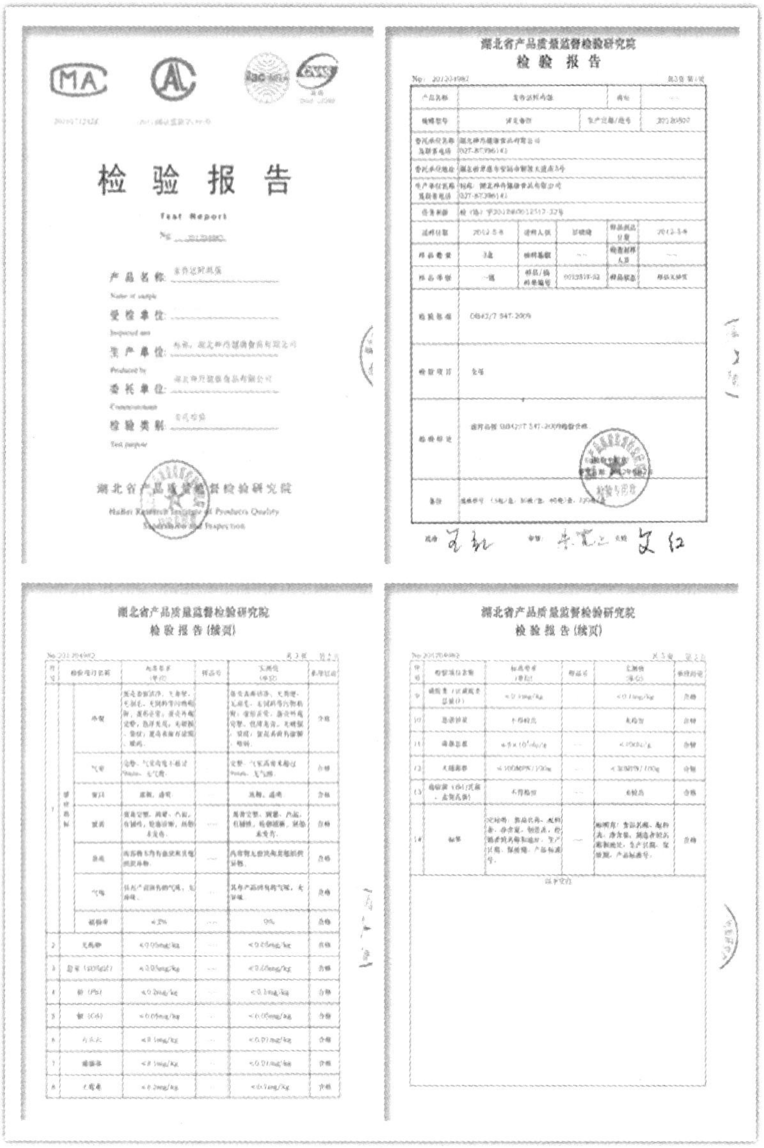

图 7-13　查询到的检测报告信息

282

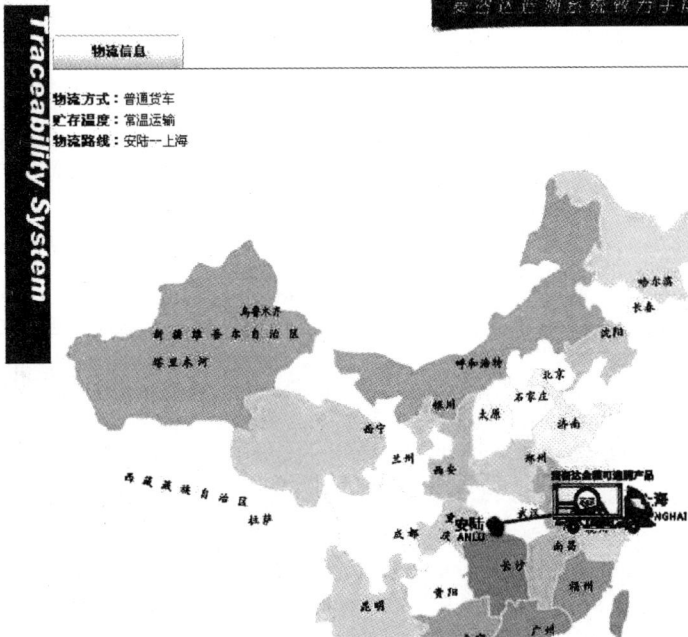

图 7-14 查询到的物流配送信息

典型案例 7-3

麦咨达咨询服务协议①

本咨询服务协议(以下简称"协议")于_____年_____月_____日,在_____由下列双方签署:_____(以下简称"甲方"),一家依中华人民共和国法律正式设立和存续的有限公司,其法定住址为:_____与麦咨达(上海)农业信息咨询有限公司合肥分公司(以下简称"乙方"),一家依中华人民共和国法律正式设立和存续的有限责任公司,其法定住所为:安徽省合肥市濉溪路 278 号财富广场 1912 室。

甲、乙两方共同致力于关于安全、高品质、可追溯性农产品的生产,以及先进农业生产技术的探索、创新推广,并引进良好农业操作规范以及先进经

① 资料来源:http://wenku. baidu. comview32dd82ea5ef7ba0d4a733b56. html ＃＃

营理念,乙方对甲方从选址、生产、包装、物流、市场进行全方位指导,共同推进先进农产品基地项目建设的顺利发展。双方本着平等、自愿、有偿的原则,订立本协议。

一、服务和技术指导

1. 甲方义务:

(1)甲方应提供所有乙方建立和更新网站所需的真实信息给乙方(每批次产品的生长全程控制资料、农户资料、所用农药及饲料状况、产品发货量及价格等)。具体信息可参考网站 www. starfarm. com. cn。

(2)产品在进入麦德龙市场,甲方须联合使用甲方"×××"品牌和乙方"麦咨达"商标;在同一销售市场,只带有甲方商标的产品不得与带有甲乙方商标或标志的同类或相似产品同时出现。

(3)未经过麦咨达允许不能使用麦咨达商标和包装设计。

(4)未经乙方同意,甲方不得在本协议规定的范围之外使用"麦咨达"标志的商品。

(5)甲方应在与乙方合作的过程中任命一名专业人员为质量经理,质量经理应作为乙方的联系点,并对乙方的建议负责实施;乙方质量经理将帮助指导甲方质量经理的工作。

(6)乙方定期对甲方质量管理体系进行审核,并按照需要给予进一步的培训,每年审核 2~3 次。

(7)甲方有义务提供乙方技术指导人员伙食和差旅费(包括飞机票、火车票、住宿),具体标准见附件。

(8)技术指导人员每天工作时间为 8 小时,周六周日为休息日。

2. 乙方义务:

(1)乙方负责对甲方的农产品从源头、生产、加工、包装、物流提供咨询服务;

(2)乙方依据 Global GAP 标准对甲方进行安全、质量与可追溯方面的指导;

(3)乙方协助甲方建立可追溯体系,并在麦咨达网站建立可追溯功能,同时乙方负责更新和维护;

(4)乙方负责对甲方进行卫生操作规范的技术指导;

(5)乙方对甲方的产品包装进行设计(材料,外观,规格等);

(6)乙方负责对甲方提供物流方面的设计及建议;

(7)乙方负责对甲方进入超市前相关注意事项(价格、合同等)提供咨询服务;

（8）乙方应每年对甲方进行审核一次评定星级水平；

二、质量

1. 甲方义务

（1）对所提供的农产品从源头至产品的全过程进行控制，严禁使用国家及行业的禁用和限用物质，保证所提供的产品符合国家及行业相关标准。

（2）在所提供的农产品正式供应前，甲方提供产品及产品相关的环境书面检测报告，检测报告须来自有资质的实验室，检验标准及方法应依据国家及行业标准。此后每半年更新产品检测报告，环境报告每年更新，检测费用由甲方负责。

果蔬类农产品的环境，包括土壤、灌溉水；

禽畜类农产品和环境，包括饲料、饮用水；

水产类的环境，包括水、饲料。

（3）对所提供的农产品应建立产品的追溯体系和召回制度，并有效实施和维持。

（4）对所提供的农产品须保证是来自质量有保障且乙方认可的基地提供，严禁收购其他任何来源的产品。

（5）遵守接受方的货品验收标准：具体产品将具体对待。甲方在送货时需要向采购和物流中心沟通。

（6）如出现不合格品，甲方不能私自处理带有麦咨达标志的产品，须同乙方共同协商解决办法。发生的处理费用和产品的损失由甲方承担。

（7）甲方应遵守只有当产品达到此合同约定的麦咨达三星级水平后，方可进入市场。

（8）甲方负责已交货产品的质量问题。

（9）如果甲方违反职责及合同约定，乙方有权利终止合同。

2. 乙方义务

（1）乙方应向甲方提供相关的技术指导和信息咨询，技术指导和信息咨询包含以下内容：

• 在农场基地方面，乙方根据 Global GDP 对甲方进行咨询；

• 在生产加工方面，根据 GMP、HACCP、IFS 等标准进行咨询；

• 在市场、物流、包装方面，提供包装设计，市场推广，物流方案服务。

（2）乙方将定期监督甲方的操作，并提出改进意见。

三、商标、包装设计的使用和保护

（1）甲方在没有得到乙方书面通知同意的情况下不允许对乙方的商标、标签和包装设计作任何更改。

（2）甲方在没有得到乙方书面通知同意的情况下，不得将乙方的商标"Star Fam"许可给第三方当事人使用，也不得在销售给其他方的商品上使用乙方的商标。

（3）乙方有责任保护与其商标相关的所有权利。

（4）甲方如果发现有其他公司使用乙方的商标应当即刻通知乙方。

（5）如果甲方在适当时间通知乙方有关商标权的争议，乙方需要及时采取措施防止带给甲方的任何损失和损害。

（6）如果甲方违反第三条所有细则，甲方承担相关费用和产品损失。

四、价格和付款

1. 服务项目和报价

表 7-1　服务项目和报价

项　　目	费用（元）	备　　注
技术指导费：依据 Global GDP、GMP、HACCP、IFS 等标准和麦咨达可追溯体系为供应商提供整套质量控制和产品可追溯解决方案	50000	3 个基地以内支付 50000 元，超过 3 个基地每多 1 个基地，另付 10000 元/基地
质量维护费：对企业 Global GDP、GMP、HACCP、IFS 等标准执行提供质量维护	5000	2 个常规维护/年；每次支付维护费 5000 元，视产品质量稳定情况随机安排增加维护次数
商标使用费：对于产品质量达到麦咨达三星级水平并建立起产品可追溯体系的供应商，许可其使用麦咨达商标	1000	5 种单品以内/年
	2000	5～20 种单品/年
	3000	超过 20 种单品/年
可追溯系统维护费：可追溯信息的更新和可追溯系统的维护；麦咨达可追溯数据库的登录和使用	2000	5 种单品以内/年
	3000	5～20 种单品/年
	5000	超过 20 种单品/年

2. 付款条件

（1）技术指导费：双方应就协议期内乙方提供的技术指导，甲方向乙方支付技术指导费 50000 元，若因甲方的原因，甲方决定终止技术指导服务的，仍须向乙方支付本条规定的技术指导费的 80%。

①协议签订后的 10 日内先支付技术指导费的 40%，计人民币 20000 元；

②技术指导结束后 10 日，支付技术指导费的 60%，计人民币 30000 元。

（2）质量维护费：甲方须在乙方进行质量维护安排开始前7天内支付。

（3）商标使用费：甲方在产品上市前7天内支付商标使用费。

（4）可追溯系统维护费：甲方在产品上市前7天内支付可追溯系统维护费。

银行账户信息：

公司名称：麦咨达（上海）农业信息咨询有限公司合肥分公司

银行：中国银行合肥三孝口支行

账号：498963145748091001

五、保密

（1）双方当事人有义务保密另一方当事人未经过授权分发和公开的信息。

（2）甲方同意不向第三方披露以乙方名义履行的任何手续、商业机密、本协议条款，也不能以口头、文字阐释或转移任何信息和文件。

（3）甲方承诺，对乙方在执行本合同过程中所提供的任何信息均严格保密。如甲方或甲方任何人员泄漏该等信息，甲方应承担相关责任，在该协议有效期结束后，或协议中断或宣布无效后，保密条款仍然有效。

六、期限和终止

（1）本条款自下面签字日期起生效，并限期有效执行。

（2）如任何一方当事人欲终止本协议，该方可以在每个公历年年末提前三个月以挂号信或其他书面方式通知另一方，在取得另一方书面同意的情况下，本协议可终止。

（3）如有下面情况发生的例子，乙方有权即刻单方面终止本协议：

①甲方违反条款二，并且该条款在乙方通知甲方后30天内没有纠正；

②甲方违反了条款三和条款五规定的职责；

③甲方违反了协议中的其他职责，并在乙方规定的合理期限没有纠正；

④甲方所有权的任何变化可能引起乙方利益的不利影响；

⑤来自甲方的破产、清偿或类似程序。

（4）如果本协议终止，条款三和条款五仍然有效。

七、其他

（1）本协议一式两份，甲、乙双方各执一份。

（2）对本协议增加或补充的内容，须以文字进行，双方签字。

（3）协议中的每个条款和子条款彼此都是独立的和分开的。如果任何条款被认为无效或不可实施的，也不会影响任何其他条款的有效性和实施。

（4）与协议有关的任何通知必须以书面方式交付到当事人在协议中规

定的地址。

（5）协议前言里的双方当事人的地址发生变化，当事人须以书面方式彼此通知，没有通知其地址变化的当事人对此造成的任何后果负责。

（6）当事人无条件同意本协议条款，并履行其职责。

鉴此，双方派其法定代表人或正式授权的代表人于最前规定的日期和地点签署本协议。

签署页

甲方（盖章）：

代表签字：

日期：

乙方（盖章）：　麦咨达（上海）农业信息咨询有限公司合肥分公司

代表签字：

日期：

附件：

表 7-2　差旅费用标准表

长途交通费	12 小时以上	12 小时以内
	飞机经济舱	火车硬卧
市内交通费	北京、广州、上海、深圳	其他地区
	40 元/天/人	30 元/天/人
住宿	北京、广州、上海、深圳	其他地区
	150 元/天/人	100 元/天/人

第二节　农产品冷链物流

一、冷链系统缺失成为农超对接绊脚石

我国农业专业合作社尽管数量不少，但不少合作社规模比较小，组织相对松散，种植标准化、市场化水平低，缺乏必要的包装、冷藏冷冻设备，难以满足超市

销售需求。其中冷链系统缺失成为农超对接的绊脚石。

同时由于缺乏完善的冷链,也造成了某些食品零售价高居不下。因为一些容易腐坏食品的售价中的七成是用来补贴在物流过程中弄坏货物的支出。而按照国际标准,易腐物品物流成本最高不超过其总成本的50%。

目前,我国规模化、系统化的冷链物流体系尚未形成,与发展现代农业、开展农超对接、扩大农产品出口的需求相比仍有差距。突出表现在:鲜活农产品冷链流通的比例仍然偏低,冷链物流基础设施能力严重不足,冷链物流技术推广滞后,第三方冷链物流企业发展滞后,冷链物流法律法规体系和标准体系不健全,冷链物流的科研投入和科技创新相对滞后,掌握冷链物流技术的科技人才严重缺乏。

为了促进农产品冷链物流的发展,国家发展改革委出台了《农产品冷链物流发展规划》,提出了"十二五"时期的发展目标。即,到2015年,建成一批效率高、规模大、技术新的跨区域冷链物流配送中心,冷链物流核心技术得到广泛推广,形成一批具有较强资源整合能力和国际竞争力的核心冷链物流企业,初步建成布局合理、设施先进、上下游衔接、功能完善、管理规范、标准健全的农产品冷链物流服务体系。肉类和水产品冷链物流水平显著提高,食品安全保障能力显著增强;果蔬冷链物流进一步加快发展,果蔬、肉类、水产品冷链流通率分别提高到20%、30%、36%以上,冷藏运输率分别提高到30%、50%、65%左右,流通环节产品腐损率分别降至15%、8%、10%以下。同时,还提出了八项重点建设工程,分别是冷库建设工程、低温配送处理中心建设工程、冷链运输车辆及制冷设备工程、冷链物流企业培育工程、冷链物流全程监控与追溯系统工程、肉类和水产品冷链物流工程、果蔬冷链物流工程和冷链物流监管与查验体系工程。

财政部、商务部出台了《关于开展农产品现代流通试点的通知》,通知提出,要在全国多个区域建设从产地到销地的冷链系统(周转冷库、冷藏车、冷柜、制冰机);发展冷藏集装箱运输,优化组合公路、铁路、水路等运输方式,扶持公路、铁路、海路冷链运输,同时,加强冷链物流配送设施设备配置(周转箱等),加快冷链标准化和信息化管理系统建设。

发展冷链物流的政策环境有利于减少农产品、食品等在流通中的损耗,也有利于提高农产品、食品等的安全性,对促进农超对接发展、改善民众生活都有积极的作用。

国内生鲜农产品冷链覆盖不足两成①

民以食为天,吃得好、吃得放心始终是市民关注的焦点。随着生活水平的提高,市民对生鲜农产品的新鲜度与品种要求越来越高,而在生鲜农产品的运输流通中,冷链物流是保证生鲜农产品新鲜度与品种的重要环节。不过从天津市社科界2011年会的"食品安全风险控制与研讨会"上了解到,国内目前冷链物流体系几乎尚未建立,生鲜农产品冷链覆盖率尚不足两成。

冷链物流目前在国内几乎尚未建立。我国人均冷库容量仅7公斤,冷藏保温车占货运汽车的比例仅为0.3%,铁路冷藏运输车辆仅占铁路运输车辆总量的2%,而我国每年约有4亿吨生鲜农产品进入流通领域,在这些生鲜农产品中,果蔬、肉类、水产品冷链流通率分别为5%、15%、23%,冷藏运输率分别为15%、30%、40%。现有冷冻冷藏设施普遍陈旧老化,且区域分布不平衡,大型农产品批发市场、区域性农产品配送中心等关键物流节点缺少冷冻冷藏设施。与之对应的是,国外蔬菜冷链覆盖率在90%以上,肉类、活禽类的冷链覆盖率则达100%。

制约冷链发展完善、冷链物流覆盖生鲜农产品的比率低的首要原因是成本问题。据有关企业介绍,冷藏运输车价格约为30万～40万元/辆,为一般车辆价格的2～3倍;进口冷储专用高架叉车价格为26万元/台,货架为1700元/组,按每万平方米仓库需叉车4台、近900组货架计算,需投资250万元;建设一个能检测生物9项、理化20多项指标的检测中心需投资400多万元。建10000平方米冷库,企业在硬件设备上需投入经费1000多万元,这样的成本并不是每个企业都能承担的。冷链发展受制约的另一个因素,在于国内目前的冷运节能技术不过关。

冷链物流的不完善,给生鲜农产品的流通带来的不利首先是损耗大、成本高的问题。以果蔬为例,损耗率就在20%～30%,物流成本更是高达30%～40%,其中冷链物流的应用比例仅在10%以内,物流效率和效益尚有待提高。虽然近年来农产品基地发展迅速,但是我国生鲜农产品生产仍然以个体农户为主,规模较小,生鲜农产品在流通过程中要进行多次集散,

---

① 资料来源:《每日新报》,http://www.tianjinwe.com/tianjintbbd201110/t20111028_4482747.html,2011-10-28。

增加了物流作业的环节。

冷链物流链完善后能给市民带来哪些好处？首先是市民能够享受到更新鲜、营养保存更好的生鲜农产品，生活品质将得到提升。生鲜农产品运输过程中衍生的个别食品安全事件，在冷链物流建设完善后，可以有效避免。而发展农产品冷链物流，既可以减少农产品产后损失，又可以带动农产品跨季节均衡销售，促进农民稳定增收。冷链物流完善后，可以丰富市民日常生活菜品种类，并满足其对农产品品质的要求，对整个社会经济秩序的稳定都将起到很好的作用。

冷链物流问题受到重视所反映的本质问题是生活品质的提高，市民比过去更注重农产品质量。过去大家可以接受冷冻肉，而现在大家更希望能吃到营养成分流失少、口感更佳的冷鲜肉，从过去对食品有的吃，进步到现在要吃得好、吃得鲜。冷链物流的重要性日益凸显，也得到了越来越多的重视。为加快发展农产品冷链物流，国家有关部门已经专门出台了规划，有针对性地解决我国目前冷链物流不完善问题。专家认为，总体来看，冷链物流建设是一个长期过程。

二、农产品冷链物流环节

冷链物流，泛指冷藏冷冻类食品从生产、贮藏、运输、销售，到消费前的各个环节中始终处于规定的低温环境下，以保证食品质量、减少食品损耗的一项系统工程。

不同种类的易腐商品对冷链的要求大相径庭、差别甚远，甚至同类产品的不同批次，要求也会有所不同。以下以果蔬（农产品）冷链处理为例，说明冷链的大致过程。需要注意的是，优良的冷链开始于高质量的商品，冷链处理所能做到的是保持品质，所以农产品进入冷链管理前必须经过恰当的采收、及时的转运和预冷。

农产品的具体冷链环节包括：

1. 冷链全过程的第一步是保证农产品在被运输前要达到或高于其销售目标市场和消费者的质量要求。农产品要按照符合规定的种植管理方法种植，应当没有影响食品安全的有毒微生物、残留化肥农药、没有病理性疾病或者虫害的影响。

2. 农产品仓储和运输中的包装必须能够有效"保护"农产品。例如，农产品的包装必须保证农产品周围能够流通足够的低温空气，从而达到所要求的温度环境。易腐食品包装必须能承受苛刻环境条件，同时保证在移送过程中适应作业的要求不会被压碎或挤破。如果包装内需要冰块或环境湿度很大,则要使用打蜡处理的硬纸板盒或塑料盒,确保不会受潮破损。包装还要注重透气性和保水性的统一。

3. 农产品经过合适的预冷处理可以保证其进入市场后良好的质量,将其预冷到最佳保存温度再进入运输环节是关键的一步。采收后越早进入预冷处理,越能够保证消费者所期望的营养价值、颜色、香味、口感等新鲜的特质。如果缺少了预冷步骤或者预冷不够迅速,那么农产品的货架期在离开产地之前就已经大打折扣。

4. 如果农产品需要冷冻处理,应采用先进的冷冻技术,以保证在极低的温度下迅速冷冻并维持在恰当的储存温度。经过冷冻处理的农产品保存期大大延长,甚至能反季节销售,获取更高经济效益。

5. 冷藏运输的设备必须采用良好的构造方式,设备的选择和维护要符合周围环境条件、产品所需温度和湿度条件。

6. 冷链的配送和零售环节中的操作规范和温度控制环节也非常重要。如果操作流程不恰当或者配送中心的冷库、冷藏运输工具、零售商的步进式冷库或低温展示柜不能维持商品的恰当温度,在到达消费者前,易腐产品在配送中心或零售商处质量就已经下降。对于冷链操作的各阶段的工作人员的培训也是保证冷链成功高效的必要手段。冷链各个环节食品安全标准和品质的提高,能够提升消费者信心,从而提升各环节营运上的利润。

中国是世界上最大的水果、蔬菜生产国。果蔬罐头也是主要的出口产品,占全球市场的1/6以上,但是当前我国的水果冷链系统的不完善,造成了大大的损耗和浪费。我国水果产地采后处理的基础设施还不完善,分选、分级、预冷、冷藏运输和保鲜等采后水果的处理问题均未得到有效解决,水果在采后流通过程中损失情况严重,每年损失率达到30%。冷链是未来果蔬流通行业的大方向,冷链除了能够降低损耗之外,还有一点也应引起重视,那就是其对果蔬品质的保障作用,合理的运输方式会减少果蔬储运过程中的养分流失。

目前欧美等冷链发达国家已普遍采用水果采后预冷、气调贮藏、洗果、涂蜡、分级和冷链运输规范配套的处理方式,水果采摘之后的商品化处理率几乎达到了100%,形成了完整的水果冷链体系。

果蔬保鲜提高标准　不要甲醛要冷链①

《农产品冷链物流发展规划》出台后,全国上下掀起了一波波冷链物流建设的高潮,但是目前国内冷链物流的发展主要围绕冷冻肉制品、速冻食品、低温乳制品三大块业务展开,而涉及果蔬类农产品的冷链业务尚未普及。

专家指出,在当前冷链物流行业竞争相对激烈的格局下,果蔬类农产品冷链物流市场潜力巨大,相关企业应未雨绸缪,调整发展思路。

果蔬保鲜甲醛"势力"大

2012年5月份,一则大白菜用甲醛保鲜的新闻见诸山东媒体,在网络转发后,迅速形成了热门话题。报道称,受气温影响,含水量较高的大白菜保存两三天就可能会烂掉,为了对长途运输的大白菜进行保鲜并节省成本,不少商贩不用冷链保鲜技术而是用化学品甲醛,对人身安全造成不良影响。

事件曝光后,又接连有知情人士爆料:山药和蘑菇也有使用甲醛的现象。而在相关质检部门的检测项目中,甲醛并不是检查项。当苏丹红、三聚氰胺、工业明胶等食品安全风波尚未平息时,甲醛保鲜蔬菜的风波,无疑再次让消费者感受到了国内食品安全的严峻形势。

国内农产品市场,由于市场与种植信息沟通不畅,果蔬类产品的价格"大小年"现象愈演愈烈,国内农产品的损耗率也呈现大幅上涨趋势。而随着城镇化进程的推进,约占城市居民食品消费结构72%的易腐食品也必将进一步提升。

如何将冷链物流建设成为降低易腐食品损耗率的安全链,确保食品安全,并让其成为农民增收的后盾,成为当前涉农产业的重要问题之一。

国外果蔬被划入"危险食品"从农田到餐桌要全程冷链

果蔬农产品应该如何保鲜,以确保餐桌上的食品都符合安全标准,同时又不让价格提升过高呢?我们不妨先看看国外对农产品保鲜的操作方式。

在第四届中美冷链物流会议上,美国农业部相关负责人凯瑟琳·斯丹利给与会代表讲述了美国农产品从农田到餐桌的过程。首先,在种植环节美国有一套环境评估标准,主要涉及种植土壤的成分、灌溉水质以及种植方

---

① 资料来源:http://info.hvacr.hc360.com/2012/05/310906444635.shtml,2012-05-31。

式等内容,这样就确保了农产品在种植环节的安全。

根据美国商品与药品管理局(FDA)2009年颁布的食品法典规定,鲜切绿叶蔬菜、番茄、瓜类等果蔬产品,由于需要将温度维持在5℃以保鲜保存,因此被划入为"危险食品"行列。而即将于2013年颁布的新法典将这类需要时间和温度安全控制的食品称为"TCS食品",内容主要包含乳制品、肉类、蛋类、部分果蔬食品等。

为了确保TCS食品的安全,美国制定了强制性的冷链物流标准,确保采摘加工后的果蔬,从农田到餐桌一直都在冷链保护下。

河南众品集团已建7个产地生鲜加工配送中心

据英格索兰公司的一份调查数据显示,如果将中国果蔬类食品损耗率从目前的30%降低到5%的水平,则可以节约一亿亩耕地,而这些耕地可为近两亿人提供一年的口粮。利用冷链物流降低易腐食品的损耗率,意义不言而喻。

河南众品集团的生鲜物流项目已经初具规模。在众品豫中生鲜加工配送中心中,两座50万立方米的冷库,配备了5000平方米的生鲜加工车间,冷库温度带覆盖从-30℃到23℃。众品集团从种植基地采摘的果蔬类产品,便通过加工车间进入冷库。

每天,来自上千家的众品生鲜便利店以及2000多个超市专柜的果蔬订单便会统一发往配送中心,通过众品冷链物流车,这些农产品便通过全程冷链的方式进入了销售柜台。而这种产地生鲜加工配送中心众品已经在全国建立了7个。

一份有关国内耕地的种植结构研究数据表明,到2025年,果蔬类农产品的种植面积将达到28%,这比2009年的18%提升了10个百分点。这也意味着,农产品冷链的服务对象有着更大的提升。在国内冷链物流主要围绕冷冻食品开展业务之时,农产品对冷链物流的要求正在逐步攀升,这也将是未来一段时间内冷链物流的重点发展方向。

三、冷链与食品安全的关系

食品安全事关国民健康,来不得半点虚假,维护食品安全成为关注民生的一件大事。食品腐败变质是造成食品安全事故隐患的主要原因,产生食品腐败变质的原因是微生物的生命活动和食品中酶所进行的生化反应所造成的,需要适当的温度和水分,如果在低温下,微生物的生长就会减少,酶的活性减弱,生化反应速度会变慢,食品的储藏期从而得到延长。食品安全催生了冷链物流,并促进了冷链物流的发展,冷链是食品安全的保证。

如何确保食品质量安全问题是冷链物流和传统物流的区别所在。冷链物流的特殊性就在于它的流通配送需要一个系统的、精确的、有安全保证的操作,需要一个保持冷度、持续供电、不带菌的环境去保持食物的新鲜、干净。冷链物流和传统物流相比,重在其可追溯性,通过信息系统记录生产、加工、运输、仓储各环节信息,使冷链物流各环节都有据可查,一旦发生问题就能及时召回问题产品。

冷链技术是在食品加工技术和制冷技术的基础上发展起来的,是涉及食品安全、具有较高科技含量的一项低温系统工程。由于冷藏食品在物流过程中因时间与温度、湿度因素而引起的品质降低具有累积关系,对不同产品品种和不同品质均要求有相应的产品控制与储存时间的技术经济指标。而目前,我国冷链物流的技术指标尚不完善,有必要在技术上向冷链物流企业提供一个统一、科学的推荐范围,明确肉类、冷饮、蔬菜等各大类具体产品的温度和湿度指标及储存期限。此外,在管理上也应制定统一的作业标准,如装卸速度、作业流程、检验验货制度以及运输、仓储、配送、销售各环节的低温对接要求。

总之,在食品运输中应用冷链物流是对食品安全的最强有力保证。要保证冷冻食品的质量和安全,最关键是"冷链"不能断裂,也就是说在食物的制造、储藏、运输配送、零售环节中,要始终处于受控的低温状态。

冷链物流的质量直接关系到普通老百姓的食品安全,加强对冷链物流的质量监管,是全社会共同的责任,需要生产企业、物流企业、销售企业、政府部门共同努力。

典型案例 7-6

冷链食品"断链"调查:冻肉发臭　酸奶致腹泻[①]

盛夏来临,雪糕、酸奶以及冷冻肉等冷链食品的安全问题引起了人们的关注。

近日,多位消费者向《中国企业报》记者反映:从超市刚买回来的包装完好的冷冻肉,经过解冻后却闻到丝丝臭味;直接从冷藏柜里拿出来的酸奶,

---

① 资料来源:http://www.gdfs.gov.cnxwzxShowArticle.asp? ArticleID=82932&Page=1,2012-07-24。

喝完却出现腹泻;打开包装完好的雪糕,发现冰与棍凝结成一团……

记者在对食品企业冷链业务的相关调查中发现,冷链产品在运输环节和终端销售保存环节上容易出现"断链"问题,冷链食品链条一旦"断链",食品安全就难以保证。

冷链产品链条"断链"

2012年7月,记者在对食品企业冷链业务和冷链产品的相关调查中发现,企业冷链产品在运输环节和终端销售保存环节上容易出现一些问题。

在冷链运输环节,我国常见的是小型冷藏车,但是有些企业在普通货车里配个冰柜,运输过程极不规范,同时,一些冷库企业业务模式相对简单,缺少专业、大型的配送中心,再加上冷链运输市场面临着价格竞争加剧、运输成本过高、无序竞争等一系列问题,致使冷链物流不断面临"断链"风险。

据悉,为了节省成本,司机在运输过程中关掉制冷机,快到目的地时再开机的情况较为普遍。个别极端的例子是,有青海的冻肉长途运到深圳,竟然在普通汽车外罩棉被,到了深圳再送进冷库急冻。

此前有报道称,在诸如沃尔玛、大福源这样的大型连锁超市,酸奶的冷链也出现了"掉链"现象。

在接受《中国企业报》记者采访时,丰台区一家中型超市负责冷链业务的负责人袁经理告诉记者,很多食品对于温度控制的要求很高,尤其是夏季更是如此,一旦失控,就非常容易发生质量安全问题。目前需要冷链保障的食品,主要是奶制品和饮料行业的低温产品、速冻食品、冰淇淋以及一些蔬菜、水果、肉、水产品等。"正规的操作程序是,这些有特殊要求的食品在加工过程中,都是在低温状态下进行。然后,供应商从工厂用冷藏、冷冻车将这些食品运到超市后,超市立即进行分类入库。比如速冻食品、冰淇淋等放入温度在零下18℃以下的冷冻库,而蔬菜、水果类的产品则放入温度在0℃~4℃之间的冷藏库。"

消费者反映的冷冻猪肉发"臭"的问题,袁经理分析称,很可能是冷链物流运输过程中"断链",或者是超市在保存过程中出现突然断电等之类的问题,造成食品"二次解冻"。

标准缺失是主因

业内人士介绍,现在很多消费者购买商品尤其是食品类的冷链产品,都会关注生产日期和保质期,但却很少有人知道"运输、储存、销售"冷藏保存环节,正是这条"冷链"中不可缺失的"链条"成为食品卫生安全的"死角",这个"链条"一旦断裂,冷链产品不仅达不到"冷链"的效果,而且很可能造成食品安全事件。

所谓冷链就是指食品在产品加工、贮藏、运输、分销和零售、到消费者手中，其各个环节始终处于产品所必需的低温环境下，以保证食品质量安全。在当前的高温天气下，对于冷链来说无疑提出了更高要求。

然而事实上，冷链产品链条常处在"断链"的尴尬状态。

业内人士分析，除加强超市、市场等终端的冷链产品保存外，问题的根源在于冷链物流的标准问题。目前我国冷链物流标准，大多是推荐性标准，对企业的约束力很小。

在法律法规层面，我国冷链物流法律法规标准并不健全，设备和操作规范等方面缺少统一标准，信息资源难以实现有效衔接。

从业人员对冷链物流的重视程度不够也是冷链产品链条"断链"的原因之一。部分食品企业和经销商不用甚至没有冷藏车运送冷链产品，很多人还停留在冷链食品"只要不解冻就是安全的"思维认识阶段，客观上对消费者造成不利影响。

业内人士呼吁，一定要有严格的技术标准和规范指导冷链行业的运输和保存，真正做到冷链产品的"无缝对接"，这样才能使"冷链食品"名副其实，同样也杜绝食品安全事件的发生。

据悉，在发改委、商务部的推动下，最近两年国内冷链建设进入前所未有的高潮期，高规格的冷库在各地兴建，国内冷链硬件建设也有较大改观。商务部还出台相关政策，支持在大中城市周边建立一批生鲜物流配送中心，完善冷链物流配套措施，提升配送和加工能力，还鼓励发展第三方冷链物流企业。

2012年6月29日，《冷链物流分类与基本要求》国家标准正式发布，标志着我国冷链食品产业将进入一个新的发展阶段。

四、冷链的全过程质量管理

由于冷链是以保证易腐食品品质为目的，以保持低温环境为核心，冷链的全过程要进行质量管理，具体包括：

（一）加工过程应遵循3C、3P原则

3C原则是指：清洁（clean）、冷却（chilling）、小心（care）。清洁也就是说，要保证产品的清洁，不受污染；冷却就是要使产品尽快冷却下来或快速冻结，也就是说要使产品尽快地进入所要求的低温状态；在操作的全过程中要小心谨慎，避免产品受任何伤害。

3P原则是指：原料（products）、加工工艺（processing）、包装（package）。要

求被加工原料一定要用品质新鲜、不受污染的产品；采用合理的加工工艺；成品必须具有既符合健康卫生规范又不污染环境的包装。

（二）贮运过程应遵循 3T 原则

3T 原则是指：产品最终质量取决于冷链的储藏与流通的时间（time）、温度（temperature）、产品耐藏性（容许变质量）（tolerance）。3T 原则指出了冷藏食品品质保持所允许的时间和产品温度之间存在的关系。冷藏食品的品质变化主要取决于温度，食品的冷藏温度越低，优良品质保持的时间越长。由于冷藏食品在流通中因温度的变化而引起的品质降低的累积和不可逆性，因此对不同的产品品种和不同的品质要求都有相应的产品控制和储藏时间的技术经济指标。

（三）整个冷链过程的 3Q、3M 条件

3Q 条件：即冷链中设备的数量（quantity）协调、设备的质量（quality）标准的一致，以及快速的（quick）作业组织。冷链中设备数量（能力）和质量标准的协调能够保证农产品总是处在适宜的环境（温度、湿度、气体成分、卫生、包装）之中，并能提高各项设备的利用率。因此，要求产销部门的预冷站、各种冷库、运输工具等，都要按照农产品物流的客观需要，互相协调发展。快速的作业组织则是指加工部门的生产过程、经营者的货源组织、运输部门的车辆准备与途中服务、换装作业的衔接、销售部门的库容准备等均应快速组织并协调配合。"3Q"条件十分重要，并具有实际指导意义。例如，冷链中各环节的温度标准若不统一，则会导致食品品质极大地下降。这是因为在常温中暴露 1 小时的食品，其质量损失可能相当于在 $-20℃$ 下贮存半年的质量损失量。因此，对冷链各接口的管理与协调是非常重要的。

3M 条件：即保鲜工具与手段（Means）、保鲜方法（Methods）和管理措施（Management）。在冷链中所使用的贮运工具及保鲜方法要符合农产品的特性，并能保证既经济又取得最佳的保鲜效果；同时，要有相应的管理机构和行之有效的管理措施，以保证冷链协调、有序、高效地运转。

（四）质量检查要坚持终端原则

冷藏食品的鲜度可以用测定挥发性盐基氮等方法来进行。但是最适合冷藏食品市场经济运行规律的办法，应以"感官检验为主"，从外观、触摸、气味等方面判定其鲜度、品质及价位。而且，这种质量检验应坚持"终端的原则"。不管冷藏链如何运行，最终质量检查应该是在冷藏链的终端，即应当以到达消费者手中的冷藏食品的质量为衡量标准。

台湾低温食品物流管制作业指引①

冷冻食品、冷藏食品等须温控的低温食品和其他加工食品最大的不同在于,采用"低温控制技术"加工以及全程低温(冷冻食品—18℃以下,冷藏食品7℃以下、冻结点以上)监控的仓储、运输和陈列与零售,达到保存食品原有品质(包括色、香、味、口感、营养等),以及卫生安全(抑制微生物生长)的效果,使食品保存与流通的时间得以延长。强调的即是以低温控制的技术和原理,来达到维护和确保产品的卫生安全和最佳品质的目的,因此产品的品质和卫生监控就必须涵盖加工制造和出厂以后的仓储、运输和陈列与零售等过程,甚至是消费者购买后的储存和食用。

其中,低温食品制造后成品的仓储、运输和陈列零售等物流部分的品质监控则在强调品温控制和维持,亦即必须要使用具有制冷效果的冷冻/冷藏库来储存,并以冷冻/冷藏车来配送,及使用冷冻/冷藏柜来陈列与零售。由于冷冻/冷藏等低温食品在加工过程中为了保存食品原有的品质,仅使用一般的加热程度来处理,所以也还残留了一定数量的微生物,因此在后续的物流过程中必须对这些低温食品的品温加以监控,亦即监控低温链的健全与否,此即冷冻/冷藏食品的 TTT(Time-Temperature-Tolerance)因子。

台湾"行政院卫生署"为了协助业者建立完善的低温食品物流系统,确保冷冻、冷藏食品的品质及卫生安全,提供国人安心满意的饮食生活环境,委托"中华 CAS 优良食品发展协会"(原"中华民国冷冻食品发展协会")办理模范低温食品零售店评鉴工作,20 世纪 90 年代起更将范围扩大至物流业者,针对低温物流业者倡导正确的低温物流观念,例如冷冻食品在装载配送时,冷冻车厢必须先降至—10℃以下,才开始装货,同时装货时间不得延滞过久,装货后的配送过程中还要维持车厢温度在—18℃以下,以免冷冻食品在环境温度下暴露过久或冷冻车厢的温差过大而造成品温回升,影响产品品质。至于陈列零售过程中,基于冷冻/冷藏等低温食品的 TTT 因子,除了陈列柜必须控制在能够维持产品品温于—18℃以下(冷冻食品)或 7℃以下、冻结点以上(冷藏食品) 外,冷冻/冷藏食品的陈列零售亦不得超过其陈列柜的最大装载线(量),陈列方式也不能影响到冷风的循环,同时还要定

① 资料来源:http://wenku.baidu.comview0dfc2e370b4c2e3f572763e0.html

期理货,将冷冻/冷藏等低温食品推陈出新,如此才能确保低温食品的品质与卫生安全。

以下即为收集国内外相关资料汇整后提供低温食品物流业界参考的"低温食品物流管制作业指引"内容。

一、目的(略)

二、适用范围(略)

三、本指南用词定义(略)

四、低温食品仓储的管理作业指引

1. 低温食品仓储企业应建立完善的仓储管理作业程序,包括低温仓库的温度管理、仓储作业管理,以及所有产品进货、储放、搬运、理货和出货等相关管理系统和应有的记录表单,并据以执行。

2. 低温仓库应有足够的容量,且应装配适当的冷冻、冷却制冷系统,使库内温度可以维持在-23℃以下的冻藏条件,或4℃以下冻结点以上的冷藏条件的能力,以维持冷冻食品中心温度可以控制在-18℃以下,冷藏食品中心温度可以控制在7℃以下冻结点以上。

3. 低温仓库应具备适当的设备,如出入门扉及遮蔽篷设备,能与运输商运输配送的厢体紧密结合,以降低装卸货时外部温湿空气的进入。

4. 低温仓库内每一储存空间(区域)均应设置温度测定装置,其灵敏度及显示刻度至少可达1℃或更佳,且应能正确反映该区域的平均空气温度,并依规划持续(每天至少三次或采连续式)记录库温的变动,且保存温度记录1年以上。

5. 低温仓库应有适度的照明,照明设施应有安全设计。

6. 低温仓库的出入库区宜有避免暖空气直接进入的设计,及避免低温食品暴露于暖空气中过久而产生结露的缓冲区设计。

7. 低温仓库应有适当的堆积栈板货架,货架排列及栈板堆叠方式应能使产品热量迅速去除,且不能影响到库内冷风的循环。

8. 低温仓库的仓储操作应能使产品温度维持在制造业者所设定的食品储存温度。

9. 低温仓储内装载、卸货及理货作业区应力求密闭,除非是作业上的必要,各作业场所的门扉应保持关闭。内部的任何拆箱理货、搬运作业或堆栈作业应迅速,以避免低温食品暴露于高温多湿的环境中过久,而使产品温度提升及表面冷凝水的产生。

10. 低温仓库应避免低温食品品温的过度变化,并降低其发生频率。物品的存放不宜置于出入门扉及人员进出频繁的附近区域。

11. 低温食品和冷却器表面的温差应尽可能降至最低,且应避免过度的冷风循流。

12. 未冻结、部分冻结或未冷却的产品不宜直接置于低温仓库内。冷藏食品与冷冻食品不可混合存放,同时具有强烈、独特味道的低温食品应单独存放,且应有换气设施。

13. 低温食品堆栈时宜使用标准栈板(1.0m×1.2m,高度15cm),货品堆栈应稳固且有空隙,并利于冷风循流及维持所需的温度。同时不能紧靠墙壁、屋顶或与地面直接接触,离墙离地应有适当距离(建议在10cm以上)。

14. 低温仓库应定期除霜,以确保其制冷能力;进行除霜作业期间,应尽量避免冰、水滴到低温产品上。

15. 低温仓库应定期清扫,库内不得有秽物及食品碎片;高相对湿度的低温仓库应避免其内壁长霉。

16. 用于搬运、储存低温食品的载具、运输车辆、栈板等应定期清洗和维持清洁。

17. 低温仓库仓储人员应记录每批产品的入库温度、时间、产品有效日期,以及堆栈位置等,同时依食品良好卫生规范保管产品,并保存温度记录至该批食品的有效日期后6个月。

18. 低温食品验收时,产品温度一旦异于制造厂商所设定的产品保存温度时,不论是高或是低,仓库管理员应马上通知货主并要求处理。

19. 每一批低温食品储存前,应有明显的产品标示,以便能有效辨识。

20. 低温食品仓储业者应依先进先出原则,并考量产品的有效期限排定出货顺序。

21. 装载、卸货及理货作业区内的环境温度应依低温食品的特性加以控制,原则上均应维持在15℃以下,各区应有适当区隔及管理。

22. 温度计或温度测定器等用于测定、控制或记录的测量器或记录仪,应能发挥功能且须准确,并定期校正。

23. 低温食品仓储业者执行简易组合包装时应以不破坏原始食品的完整包装为原则,从事简易组合包装人员亦应遵守食品良好卫生规范的相关规定。

24. 低温仓库内部应装置警铃、警报系统,以利作业人员在危急状况或系统设备故障时,可迅速获得帮助。

25. 低温仓库应装设温度异常警报系统,一旦制冷系统发生故障或温度异于所设定的警戒界限时,可迅速由专业人员加以维修和处理。同时应备有紧急供电系统，以便于停电、断电、跳电等突发状况发生时，维持低温仓储的正常运作。

五、低温食品运输配送的管制作业指引

1. 从事低温食品储运业者除应有本指引第五章第二款所列的低温仓库以及相关设施外，同时应备有足量可维持低温食品在−18℃以下的冻藏条件，或 7℃以下冻结点以上的冷藏条件的低温运输配送车辆。

2. 低温食品运输设备应与运输配送的低温食品所需的条件相符，并应有符合装载及卸货期间作业条件、运输期间冷风循流的温度及所需的运输时间等要求的设备。

3. 低温食品运输车辆的厢体构造和设施应符合以下的条件：

（1）结构良好、可密闭及有效的隔热且装设适当的制冷系统和冷风循流系统，在运输期间装载货品均能维持产品温度在产品标示的储运温度下。

（2）应于低温运输配送厢体内的适当位置装设温度感应器，以显示运输厢体内正确的空气平均温度，且应有温度自动记录设备；该设施的指针或数字显示部位应装设于厢体外运输配送作业人员容易看到的位置。

（3）应装设厢体防漏设施，包括紧密关闭的车扉、减少门扉开启时内部冷气损失装置以及适当的排水孔密闭装置，以防止空气泄漏。

（4）棚架、枝条、调节板等的构造应能保持装载货品周围空气循流的畅通（使用蓄冷板或相似构造者除外）。

4. 低温食品运输车辆的厢体内部构造、材质选用应注意以下几点：

（1）所有可能和食品接触的表面必须使用不会影响到产品风味及安全性的材质。

（2）厢体的内壁必须使用平滑、不透水、可防锈、能耐腐蚀及清洁剂和消毒剂的材质。内部各板材的接缝少，且需用充填材料填入接缝。

（3）载运低温食品的货柜厢体的热传导系数（K 值）应低于 0.2 w/m℃。

（4）厢体底部应有沟道，以确保空气的循环流动。

（5）厢体内应有安全装置，以防人员被反锁。

（6）除了厢体内部设备及固定货物所需的设施外，不应放置具有突状物或尖角等的设施或物品。

（7）若使用的制冷系统可能对人体有害时，应有警语标示及安全的作业措施以确保人员安全。

（8）制冷系统泄漏时，应特别注意到所使用的冷媒的成分及毒性程度。

（9）假如使用对人体的安全有顾虑的消耗性冷媒时，厢体出入门扉附近明显处应有适当的警语标示，以防人员在未经适当换气以前进入厢体内。

5. 低温食品运输配送厢体应定期检查和保养维修,避免厢体伤害,以致破坏其隔热层的密闭性,应确保其隔热及冷风循流系统的良好;所有温度的量测装备及仪表亦应每年至少委托具公信力的机构校正一次,并做成记录。

6. 运输配送厢体的制冷系统不堪使用或故障时,不得装载低温食品。

7. 运输配送作业时,厢体内应随时保持清洁,不能有秽物、碎片或其他不良气味或异味,以防止产品受到污染,同时应维持良好的卫生条件。用于载运低温食品的厢体不可载运会污染食品或有毒的物质。

8. 低温运输配送厢体于装载前,应检查车辆及运输装备以及制冷系统和除霜系统在良好状态,厢体内应无结霜产生且与装载区结合的门扉应保持良好无损坏。

9. 装载低温食品前厢体应予预冷至内部空气温度达 10℃ 以下,才能开始装货,同时与装载区的作业时间、能量消耗、温度均应适当控制。

10. 低温食品的装载、卸货及运输配送等作业应在最短时间内完成,使产品暴露于温湿环境的时间降至最低;同时亦应有适当的措施以降低低温效果的损失,确保产品温度应能保持在制造厂商所设定的产品温度。

11. 低温食品的堆积排列应稳固,厢体内的冷风应能在所载的低温食品周围循环顺畅;冷风的出入口应避免迂回现象产生,致使循流的空气量不足;同时循流的空气温度各点的温差应在 3℃ 以内。

12. 运输配送人员应具备检测产品温度的能力,一旦产品温度未达规定的温度时,应以适当处理。

13. 低温食品的品温在装载、卸货前均应加以检测及记录,并保存记录至该批食品的有效日期后 6 个月。

14. 运输业者应记录装卸货的时间、冷风循流的回风温度、运输配送期间制冷系统运转时间等。运输配送期间,作业人员应经常检测和记录厢体冷风温度,并保存记录至该批食品的有效日期后 6 个月。

15. 运输期间检测的温度应记录在装载货物的运输文件上,以利接货验收人员的查看,同时验收人员亦应确实检测,一旦检测结果超过验收标准设定的温度时,应予退货,免遭误用。

16. 温度检测的位置应由货主、运输业者或运输业者及验收人员共同决定,并针对同一样品,在低温仓库内的环境条件下加以完成。

17. 有关低温食品品温以及外观品质的检测只有在低温的环境下方可进行。

18. 运输配送期间,厢体门扉的开启频率应降至最低。

19. 一旦装载或卸货作业中断时,低温厢体门扉应保持关闭,且制冷系统应保持运转。

20. 运输商配送期间车辆或厢体重要部位意外损坏时,应进行货品的损坏调查,并安排适当的运输工具及良好运输配送厢体进行后续的运送作业。如有卸货及再装载的作业,亦应尽速完成,并测试产品温度及记录结果。

六、低温食品展售的管制作业指引

1. 低温食品零售业者应具有足够空间且可维持低温食品品温于-18℃以下及7℃以下冻结点以上的低温食品展售柜和低温仓库(储存柜)以便于库存控制。

2. 低温食品于低温仓库储存期间应遵循本指引第五章低温食品仓储管制作业指引的相关规定。

3. 低温食品展售柜或低温仓库应备有冷风循流系统,且应有维持柜(库)内温度于-23℃以下及4℃以下冻结点以上的能力。

4. 低温食品展售柜应具有除霜系统,以维持其冷冻能力。

5. 低温食品展售柜应有适当措施,如货架或隔板、夜间遮蔽罩等,以利冷风循环,以及防止外界的温湿空气进入柜内。

6. 低温食品展售柜均应装置准确的温度计(建议准确度可达 1℃以上),以确实显示柜内温度。温度计的感应部分应设于蒸发器冷却盘管的回风循流的位置上。

7. 低温食品展售柜应具有清楚标示低温食品的装载限制线,即最大装载线的符号。

8. 低温食品展售柜内装设的货架或隔板应有足够的孔洞,以确保冷风能在柜内充分循流。

9. 低温食品零售店有权拒收产品温度高于制造厂商设定的产品保存温度的低温食品。

10. 低温食品于展售柜储存期间,应能保存产品品温于-18℃(冷冻食品)或7℃(冷藏食品)以下。

11. 低温食品不得于低温柜的最大装载线以外的区域。

12. 展售的低温食品应遵守先进先出的存量管制并定期翻堆。

13. 低温食品从运输配送厢体到展售柜的时间延迟应降到最低。

14. 非低温食品的品项或温度较高的产品不宜陈列于低温展售柜内,以免影响低温展售柜的低温效能。

15. 售价标示作业应在不会影响低温食品品温的环境下进行。

16. 低温展售柜不可设置于通风口、阳光直接照射、热源等设备或其他可能会降低其功能等因素的位置。

17. 低温食品展售柜内应保持干净并维持冷风循流的通畅。

18. 每天应记录低温展售柜的温度至少三次以上,如有异常,应采取必要的矫正措施。

19. 低温食品展售柜的温度计应每年至少委托具有公信力的机构校正一次,并作成记录,以维持正常的功能。

20. 温度的检测不应在除霜期间完成,除霜的时段应能在低温展售柜上清楚显示;作业上许可的话,包装产品内的品温也必须加以测试及记录。

21. 低温展售柜的空气冷却器和冷冻机应定期清洗;同时除霜系统亦应定期检查;每天应定期除霜,以维持其冷冻能力,同时除霜水的出口应保持干净畅通。

22. 低温展售柜发生故障或电源中断时,应停止零售,并采用各种保护措施;一旦障碍排除,应立即测定产品品温,若有解冻现象,则产品不得零售。

23. 零售店应自备有小型的发电机(足够所有的低温设备的电力),以备电源中断时使用。

24. 低温食品零售店的管理人员应具有检测产品温度的能力,并确实执行进货时的验收温度管理。

第三节　农民专业合作社的发展

一、农民专业合作社是农产品质量安全的有效载体

我们在前面介绍了超市开展农超对接的目的之一是为了采购到质量安全的农产品。而真正对产品质量起决定作用的,除了企业的诚信以外,最关键的是食品制造商或农户的质量管理能力。所以,在超市业态的质量管理工作中,供应商质量管理,尤其是针对一些超市自有品牌产品的质量管理,是关键的一个环节。但长期以来,由于农业生产形式主要以家庭经营为主体,在农产品安全生产上具有点多面广、分散经营、缺乏规模经营等特性,使得农产品安全生产控制面临着重重困难。

要保障农产品质量安全,必须从农产品生产的特点出发,将农产品质量安全保障工作镶嵌到农产品从生产到消费各个环节,尤其立足于早期阶段的预防,从生产源头控制并对有问题的农产品甄别追溯。而要做到这一点,关键是要从农业生产的微观主体——农户入手,对农户在农产品生产过程中投入品的应用、简单初加工以及成品或半成品的运输贮藏进行有效的控制和监督。因此,建立一个能够有效管理和控制农业微观生产主体的组织载体,就成为问题的关键。

(一)农民专业合作社在农产品质量安全生产中的优势

农民专业合作社是由同类农产品生产者依据一定的原则组成的、对本组织成员的生产经营行为具有较强协调和约束作用的经济组织。由于合作社成员间利益联结紧密,生产区域相对有限,便于对成员的生产经营行为进行有效的控制和监督,因而,农民专业合作社在保障农产品质量安全方面可以发挥突出的作用。合作社作为一类企业形式实现了"自然农户"向"法人农户"的转变,大大提高了农业生产组织化率,促进了农业生产者的农业经营理念、运行机制、经营模式等重大变革。生产安全优质的农产品将成为合作社社员的共同追求和自觉行为。另一方面,农民专业合作社"法人地位"的确立,有利于建立农产品质量安全追溯制度和检验检测体系,从源头上控制农产品安全生产。

(二)合作社的集体行动是对农产品安全性的有效保障

合作社实现了农业生产过程的全控制。农民专业合作社是"民办、民管、民受益"的互助经济组织,一般实行统一生产资料供应、统一技术服务、统一质量标准、统一营销经营的运作模式,以实现合作目的。产前,对主要农业生产资料实行统一采购供应,确保投入品安全。产中,制定保障农产品质量安全的生产技术要求和操作规程。实施农业标准化生产,做到生产过程有纪录、生产质量有保证,确保产品优质。产后,进行统一分级和包装销售。按质定价,确保利润实现。

(三)生产优质农产品是合作社社员共同追求和自觉行为

合作社要创立和维系一个好的品牌,农户之间要想树立合作的形象,为自己赢得良好声誉,合作社社员生产优质农产品将成为全体社员共同追求和自觉行为。这一行为取向,是农产品质量安全的重要保证。

二、农民专业合作社建立农产品可追溯体系的条件

前面我们介绍了农民专业合作社有利于建立农产品质量安全追溯制度,保障农产品质量安全。目前很多农民专业合作社都有建立农产品可追溯体系的意愿,但是,建立农产品可追溯体系需要具备一定的外部条件和内部条件。

（一）农民合作社具有超前意识

农产品可追溯体系的建立需要有一定的资金、技术和人才的支持。如麦德龙的农产品可追溯体系的建立需要技术指导费、质量维护费、商标使用费、可追溯系统维护费等，一个合作社至少要支付 5 万元的技术指导费，每年还需支付8000 元以上的各种费用，包括质量维护费、商标使用费、可追溯系统维护费等，合作社还有义务提供麦德龙技术指导人员的伙食和差旅费（包括飞机票、火车票、住宿）等。同时合作社应在与麦德龙合作的过程中任命一名专业人员为质量经理，质量经理应作为麦德龙的联系点，并对麦德龙的建议负责实施。而资金和人才是目前合作社发展的瓶颈所在，同时在实施可追溯体系过程中，超市对农产品提出了较高的标准，这些因素都制约了合作社建立农产品可追溯体系的意愿。再加上可追溯体系属于新生事物，在没有看到收益之前，农民往往不愿意着手去干。一些合作社产品质量如果较好，市场渠道多，不愁卖，也认为没有必要花很多时间和投入去做农产品可追溯体系。因为在目前的情况下，即使建成可追溯体系，也不一定能卖好的价钱。所以，如果合作社没有意愿、缺乏主动性的话，那在合作社内建立农产品可追溯的条件就不可能成熟。但建立农产品可追溯体系是我国农产品发展中的趋势，如商务部办公厅、财政部办公厅在 2010 年 9 月 26日发布《关于肉类蔬菜流通追溯体系建设试点指导意见的通知》指出："为贯彻落实《食品安全法》、《农产品质量安全法》、《生猪屠宰管理条例》等法律法规，解决肉类蔬菜流通来源追溯难、去向查证难等问题，提高肉类蔬菜流通的组织化、信息化水平，增强质量安全保障能力，中央财政支持有条件的城市进行肉类蔬菜流通追溯体系建设试点。"2011 年 10 月 20 日，商务部又发布《关于"十二五"期间加快肉类蔬菜流通追溯体系建设的指导意见》。所以合作社要有超前的市场理念和创新意识，运用超前的运营意识，投入必要资金和技术，整合本合作社的农业资源，尽早建立农产品可追溯体系，从而扩大合作社产品的品牌影响力。

相关链接 7-3

沪食药安全"十二五"规划：2015 年九成农产品可追溯①

到 2015 年，上海将对外地入沪的主要农产品实施准入制度，农产品质量安全追溯体系覆盖率达到 90％，与人民生活密切相关的主要食品安全风

---

① 资料来源：http://www.cnnb.com.cn，2012-05-09。

险监测平均合格率达到 95％以上。这是最新的《上海市食品药品安全"十二五"规划》中就农产品质量安全提出的一系列发展目标。

规划中所指的"与人民生活密切相关的主要食品"为粮食、蔬菜、水果、肉、蛋、奶、植物油等 10 余种食品。在上海，75％以上的食品依赖外省市供应，如何对这部分食品也做到全程监控，一直是上海食品安全管理领域内的难题。未来 5 年，上海将开展全面攻关，并致力于建立食品药品安全风险监测和风险评估体系。

一直以来，食品产业规模化较低，给食品安全监管带来难度。"十一五"时期，本市农业组织化水平为 62.5％，市郊 70％左右蔬菜生产面积仍处于小规模生产，食品生产规模亦如此，"门槛低、分布散、规模小"，导致企业抵御风险能力低，监管难度和不确定性明显增加。

为强化食品源头控制，提高食用农产品质量，未来 5 年，上海将提升食用农产品生产组织化、规模化、标准化水平。农业标准化生产率达到 80％以上，农业规模经营比重达到 80％，培育 100 家市级以上农业龙头企业，引导龙头企业与农民专业合作社、农户有效对接。着力提高农业组织化水平，培育 200 家年销售额千万元以上的农民专业合作社，农业组织带动农户数占全市务农农户数比例达到 80％。

目前将重点推进本市食品安全风险监测与评估中心建设，形成"从田间到餐桌"覆盖完整食物链的风险监测网络。进一步完善与本市食品生产供应和居民消费相适应的污染物监测点，建成与国际接轨的食源性疾病诊断和溯源实验室。

(二)合作社具备凝聚力与治理能力

农产品可追溯体系的关键点是通过标识和记录，对农产品种植、采收、运输、加工、发货等各个环节的历史经过、应用情况和所处场所进行跟踪的能力。所以，参加农产品可追溯体系的合作社的所有农户必须按照标准使用农药化肥，每天农事完成以后需要做农事记录。如果合作社负责人缺乏凝聚力和治理能力，农户管不起来，农户就不会认真按照可追溯体系的要求去做，可追溯体系就不能实现。

当前，我国的很多农民专业合作社还处于松散状态，农民与合作社双方有需要的时候，大家合作一把，在通常情况下，大家各干各的。农民种自己的地，合作社销自己的产品。处于这种状态的合作社负责人对社员很少有约束力，更谈不上对合作社产品生产与加工过程进行有效治理。这类农民专业合作社是不适合建立农产品可追溯体系的。

合作社建立可追溯体系需要具备凝聚力与治理能力，这样社员才有热心和恒心进行农事记录。农民专业合作社组织凝聚力分为：精神凝聚力和物质凝聚力。如精神凝聚力就包括：是否具有相同的人生观；是否具有共同的理想；是否具有良好的道德品质；是否具有一定的知识文化层次。物质条件、物质手段和物质成果对农民专业合作社的凝聚力产生影响。我国专业合作社发展的实践表明，专业合作社普遍存在内部人控制、产权不清、资金不足，缺乏有效的激励、约束机制等缺陷，专业合作社治理机制的不完善是一个普遍存在的问题，并影响合作社的活力、凝聚力和市场竞争力。合作社要想发挥对社员的带动作用，增强合作社的凝聚力，关键是建立起能体现合作社本质要求的治理机制，使合作社能为社员民主控制并增进社员福利。

典型案例 7-7

合作社自戴"紧箍咒"——茭白质量跟踪到户　买者放心茭农增收[①]

2012年8月17日早上，新昌县回山镇宅下丁村老梅茭白专业合作社里，旧里村村民丁文来用电动三轮车拉来了一车茭白，合作社社长梅伯良马上帮着卸车、过磅、记录。拿到钱一数，老丁很开心："一共是1730元！"老梅则忙着给老丁的茭白袋子上贴上"质量追踪卡"。

在公众越来越关注食品安全问题的同时，作为茭白合作社社长的老梅也一直在思考一个问题：怎样才能让客户对我们的茭白有信心？

老梅茭白专业合作社一共有52户注册社员，能辐射200多户茭农，去年，老梅一共卖出了180多万斤回山茭白。今年，茭白下种后，老梅统一购买了化肥，要求社员们规范使用。"我是负责旧里片的，用肥、用药情况我都做了记录。"老丁告诉记者。

6月底，第一批茭白上市了，合作社推出了"质量追踪卡"。追踪卡并不复杂，一张圆形白纸上面印有收购时间和编号，通过这个编号就可以追查到这批茭白产自哪位茭农。

有喜欢看西游记的茭农形容这个质量追踪卡，就像戴在孙悟空头上的"紧箍咒"。

---

① 资料来源：http://www.shaoxing.com.cnnewscontent/2012-08/18/content_757963.htm，2012-08-18。

"这会提高我们的质量安全意识,安全有保证了,客户会越来越多,茭白的价格自然就上去了,对我们有好处!"显然,茭农老丁对"质量追踪卡"挺支持,他觉得卡片既有约束力也是动力。他告诉记者,自己今年种了5.5亩茭白,卖出的茭白价格都不错。

"质量追踪卡"的使用,也得到了贩销户们的支持。他们说,多花一些钱,能拿到质量有保障的茭白,对他们来说是值得的。

"我唯一的要求就是质量好、安全,价格贵一点其实没关系。"娄荣星是来自上虞的贩销户。他说,现在他要收购3000斤左右的回山茭白,最多的时候一天要收购1万斤,"质量追踪卡"让他更加放心了。

不过,在老梅的计划中,这一切还只是个开始。他打算进一步加强管理,统一采购,使用低残留农药,加强农残检测,并且完善质量追溯机制,用条形码作为编号对应每个农户的产品,实行统一包装,力求农产品规范达标,创出自己的特色品牌。在此基础上再考虑打入超市销售。

(三)产品品种相对集中

可追溯体系要求从田头到餐桌的整个农产品供应链上的每个产品都能够追溯。如果产品品种过多,那在运输、加工、包装等各个环节需要增加很多工作,成本会增加,同时监管的难度也提高了。所以刚开始建立农产品可追溯体系的时候,比较适合的是农产品品种相对集中的农民专业合作社,即整个农民专业合作社社员中的大部分集中生产某一种产品。

(四)社员农民需要一定的文化,主动学习先进的管理和种植技术

建立农产品可追溯体系需要社员在农药化肥采购、种植、采收、运输等方面都要进行标识和记录。如 NYT1761-2009《农产品质量安全追溯操作规程通则》标准里规定农产品追溯标识包括:农产品经过生产、加工、包装等过程后形成最终产品时应同时形成追溯标识;追溯标识内容应包括农产品追溯码、信息查询渠道、追溯标识;追溯标识载体根据包装特点采用不干胶纸标签、锁扣标签、捆扎带标签等形式。信息应包括产地、生产、加工、包装、储运、销售、检验等环节与质量安全有关的内容。信息记录应真实、准确、及时、完整、持久,易于识别和检索。采集方式包括纸质记录和计算机录入等。因此,建立农产品可追溯体系需要所有的参加者能够读写,具有一定的文化水平。而这却是我国目前农民专业合作社发展中的软肋。农民专业合作社需要吸引人才和进行现有社员的培训,使社员主动学习先进的管理和种植技术,把被动接受质量检测的观念转变为自觉加强质量监管。

海南：合作社既是"摇钱树"又是"紧箍咒"[①]

"请刷卡！"海南澄迈县永发镇农民梁居庄在该镇惠民农资超市买了两瓶哒螨啉农药，超市收银员提醒老梁，要先刷农产品溯源卡。

梁居庄一边掏钱一边说："自从加入了合作社，我们每次购买农药都要记录在溯源卡里，这真是'紧箍咒'啊，我们农民现在种菜都非常小心啦！不按标准打药施肥菜是没人要的。"

永发惠民农资超市是澄迈永发惠民果菜产销专业合作社开办的。超市以优惠价格向社员出售各类农资，包括农药、化肥、种子等，同时要求社员购买的农资通过专门制作的农产品溯源卡记录在案，保证所有种植记录都可追溯。

永发惠民果菜产销专业合作社成立于2008年，共有社员108人，是一家集种植、生产、销售、信息服务为一体的合作社。经过近4年的发展，带动了周边5000多户农民按照合作社严格制定的标准种植蔬菜2万余亩。

合作社种植基地管理员王世元说，加入合作社以来最大的感触是种植效益不断提高，收入也明显增加。"没加入合作社之前，我们农户种植品种都很单一，往往今年什么价格高就种什么，一旦市场波动，就难有好效益，有时候还血本无归。"

王世元告诉记者，加入合作社是完全免费的，仅需以劳力和土地入股。合作社会根据市场需求免费向社员发放种苗，及时提供市场信息。在种植季节还会派出技术员给农民培训种植技术，帮助农民管理农田；瓜菜上市时，质检员将第一时间下到田头为农民免费提供农药残留检测。"一条龙服务为农民减轻不少负担，我们只需要付出跟以往一样的劳动量，就能获得很高的收益。"王世元说。

记者在田里见到了合作社社员许洪亮，由于近期低温寡照天气，已经种下一个月的豇豆长势缓慢，许洪亮正在给豇豆施肥。许洪亮说，他丝毫不担心豇豆的销路，因为合作社已经和内地收购商签下订单，还有最低收购保护价。"只会赚不会赔！"许洪亮乐观地说，以往散户种植瓜菜每年只能收入1万多元；现在加入合作社，销路打开了，也就不愁卖了，每年纯收入能达到四

---

① 资料来源：http://www.shandongsannong.com/content-907873700962.htm，2012-02-28。

五万元。

合作社理事长许泉说,把合作社比作农民的"摇钱树"一点也不为过。将附近农户的土地流转到合作社,通过"合作社＋基地＋农户"的运作方式,引导社员进行统一的标准化生产,种植无公害、绿色、有机蔬菜,这在一定程度上就要求农民按照高标准种植,更加重视质量安全。

"我们合作社有6个供港澳蔬菜种植基地,种植标准非常高,这在一定程度上也给农民套上了'紧箍咒'。"许泉说,社员购买农药化肥等农资更加小心,主动学习先进的管理和种植技术,把被动接受质量检测的观念转变为自觉加强质量监管。

"依托农民合作社,农民在技术能力、诚信水准、市场意识等方面都会有长足的进步。"许泉表示。

(五)产品具有特色

建立农产品可追溯体系需要比生产普通农产品更多的投入,因此,建立了农产品可追溯体系的产品价格应该略高于普通农产品价格。但是,从消费者的角度考虑,尽管产品安全,如果这个产品在品质、外观或者口味上同普通农产品没有区别,甚至更差一些,愿意购买的顾客也不会多。因此,按照目前的消费水平和消费意识,安全农产品必须结合品质,具备感官优势和口味优势,不然是不容易实现生产过程中安全成分投入的报酬。为此,在选择农产品可追溯体系合作对象的时候,需要充分考虑产品的特色和品质优势。

三、农民专业合作社的培训

(一)农民专业合作社培训是农民专业合作社持续发展的必然要求

目前我国农超对接项目的开展仍受多种因素限制。如超市采购批量化与当前初期的合作社小规模生产之间存在矛盾;超市采购多样化与合作社产品的单一化之间存在矛盾;超市商品的规格化、标准化、周年供应等特性要求与合作社产品的季节性强、标准化低、市场化水平低存在矛盾;合作社基地建设资金匮乏,融资普遍困难;税收政策不适应农超对接发展要求,已有的扶持政策也亟待落实;农产品种植环节人工成本增加幅度较大,农业专业技术人才及有关服务资源严重不足;农产品标准体系建设滞后等。要解决这些矛盾,需要继续提高农产品生产组织化程度,特别是要加强专业合作社在产销衔接中的重要地位,加大对农产品生产和流通基础设施建设的支持力度,进一步制定和落实税费优惠政策,完善农村融资担保体系,加强农产品的标准体系建设,对农民专业合作社进行培训等。接下来我们重点来讲一下农民专业合作社的培训。

发展农民专业合作组织,关键是解放思想,激发人的创造力。纵观世界,设立专门机构,为合作组织提供教育、培训和包括信息在内的各类服务是国际通行的经验和做法。在农超对接过程中,家乐福、沃尔玛等超市都进行了对农民专业合作社的培训,如家乐福对农产品质量安全、风险控制,以及家乐福农超对接产品的标准、质量管控、对接要求等内容对参加培训的农民专业合作社社员代表进行培训。

要发展农超对接,需要提升农民专业合作社的素质和发展能力。首先需要提高合作社经营管理人员和合作社成员的知识文化素质;其次需要他们拥有共同的合作意识、合作知识以及技能。同时,还要强化对农户的标准生产的培训教育。农产品生产的标准化,在种植环节中一般比较容易实现,但农民意识中普遍有一种随意性,这就需要通过强化培训,变随意生产为标准化生产,其产品自然也就会标准化。在这方面,合作社完全可以请大型超市或大型批发市场负责农产品采购的经理为其进行培训。因此,应该把专门的教育培训作为有机的组成部分纳入合作社活动当中,在培训中提高经营管理人员的经营能力,提高合作社成员的生产技能,提高合作意识和团结精神,提高他们标准化生产的意识,这是农民专业合作社持续发展的必然要求。

教育培训是农民专业合作社发展的有机组成部分,是一项综合性的教育事业。它包括长期学历教育、知识更新短期培训、岗位职业培训、证书培训、专项技能培训等多项内容,其中心是培养农民专业合作社人才,服务农民专业合作社发展,辐射带动农民素质的提高。农民专业合作社主管部门应把发展教育培训事业作为一项重要任务,进行科学规划,协调与教育等部门的工作安排,有计划、有重点、有步骤地开展各项教育培训活动。农民专业合作社也应把教育培训纳入自身重要工作范畴,制订专门的计划,为合作社的发展培养源源不绝的人力资源,不断注入新的活力。接下来以农民专业合作社建立农产品可追溯体系为例讲解有关合作社培训的内容。

(二)农产品可追溯体系建立培训

农产品可追溯体系主要是通过人建立起来的,最需要的不是设备和设施的投入而是人力资源投入。再加上农产品可追溯体系是科学体系,每一个步骤都需要认真、负责去做。因此,要建立可靠的农产品可追溯体系,首先需要做好人的工作。在开始建立农产品可追溯体系的时候,需要对农民专业合作社进行培训。培训分为两部分:一是针对农产品的直接生产者,即社员农户的培训;二是针对农产品加工和包装车间的工作人员的培训。

社员培训首先需要说明建立农产品可追溯的意义。然后,说明生产安全农产品的方法和规定,特别需要强调必须按照制定的标准生产农产品,绝对不准私自使用合作社规定以外提供的农药化肥。其次,要讲明做农产品可追溯体系的各个步骤。再次,还要强调"农事记录",要求社员每日必须把当天同农产品生产有关的工作记录在事先准备好的"农事记录本"上。还要向社员讲明农产品的采摘要求,不同大棚或地块收获的农产品必须存放在不同的筐或者包装袋,每个筐或者袋都必须贴上编码。最后,还要向社员介绍送货的规定。

农产品加工人员培训,首先是说明农产品可追溯体系的意义,以及建立可追溯体系的流程。这需要按照农产品的特点描绘从田间到出厂的流程图。然后说明采用什么方法使得农产品从收货到库房、到分级、到包装、到发货的整个过程中不同农户的不同地块或者大棚的产品不会混淆。其次,还要说明可追溯标识码的特点和使用。最后要说明如何建立农产品可追溯档案。

在对合作社与加工人员的培训前,需要按照农民专业合作社的实际情况和农产品特点,编写培训教材。

2012年6月27日,浙江省人民政府办公厅发布浙政办发〔2012〕73号关于大力培育新型农业经营主体的意见,提出"提升壮大农民专业合作社。深入开展以'运行规范化、生产标准化、经营品牌化、社员技能化、产品安全化'为主要内容的农民专业合作社'五化'创建活动,提高农民专业合作社运行质量。开展农民专业合作社联合社试点,在试点地区允许农民专业合作社以法人身份按产业链、产品、品牌等组建联合社,着力打造一批大社强社。支持农民专业合作社独立或联合其他生产经营组织兴办加工、流通服务业,完善生产设施,扩大产销对接,提升生产经营、市场开拓和组织带动能力。开展农民专业合作社信用体系建设,建立诚信评价体系。鼓励有条件的农民专业合作(联)社兴办农村资金互助社,拓展服务功能。积极支持农民专业合作社联合会为合作社提供农产品展示展销、委托代理财务、联合兴建服务设施、协调信用授信等服务,促进农民专业合作社间的分工与合作。"这些措施对农民专业合作社参与农超对接起到很大的提升和保障作用,农民专业合作社要有超前意识,不断提升本身的素质和发展能力,积极参与农超对接。

相关链接
7-4

浙政办发〔2012〕73 号关于大力培育新型农业经营主体的意见[①]

各市、县（市、区）人民政府，省政府直属各单位：

为进一步提升农业经营者总体素质和实力，加快推进农业现代化建设，根据《国务院关于支持农业产业化龙头企业发展的意见》（国发〔2012〕10号）等文件精神，经省政府同意，现就大力培育新型农业经营主体提出如下意见：

一、充分认识培育新型农业经营主体的意义

新型农业（含林业、渔业，下同）经营主体是指在家庭承包经营制度下，经营规模大、集约化程度高、市场竞争力强的农业经营组织和有文化、懂技术、会经营的职业农民。实践表明，新型农业经营主体是农业先进生产力的代表，是推进农业转型升级和粮食增产、农业增效、农民增收的主要力量。近年来，我省新型农业经营主体数量不断增多，但所占比重仍不高，单个实力不强，农民老龄化、生产兼业化、土地经营零碎化的状况还没有根本改变，制约了现代农业发展。各级政府要充分认识新型农业经营主体在发展现代农业中的作用，切实加强组织领导，采取有效措施，加大扶持力度，加快培育发展新型农业经营主体。

二、总体要求

以科学发展观为指导，全面贯彻实施"八八战略"、"创业富民、创新强省"总战略，以农业规模化、标准化、生态化为基本方向，围绕保障主要农产品基本供给、提高农业综合效益、增进农民利益的基本目标，坚持政府引导、农民主体、分类推进，不断完善农业经营体制机制，形成以家庭承包农户为基础，专业种养大户、家庭农场和合作农场、农民专业合作社、农业龙头企业为骨干，其他组织形式为补充的新型农业经营主体队伍。到 2015 年，力争全省新型农业经营主体经营面积占总承包耕地面积的 50％以上，各类农业产业化经营组织带动农户数占总农户数的 75％以上，农业生产作业主要环节基本实现社会化服务，农业生产组织化、专业化程度和劳动生产率明显提升。

[①] 资料来源：http://www.ccfc.zju.edu.cn/a/zhengcefagui/2012/0731/12004.html，2012-07-31。

三、大力培育各类新型农业经营主体

（一）大力培育专业种养大户和现代职业农民。立足提升传统农民，引入新型农民，着力培育一批骨干农民，推动农业经营主体职业化。支持有文化、懂技术、会经营的农村实用人才和农村青年致富带头人，通过流转土地等多种方式，扩大生产规模。支持高等院校、中等职业学校毕业生以及农业科技人员从事农业创业。支持外出务工农民、个体工商户、农村经纪人等返乡从事农业开发。

（二）支持发展家庭农场和合作农场。鼓励有一定规模的种养大户成立家庭农场，符合登记条件的可以申领个体工商户或个人独资企业营业执照。鼓励农户以土(林)地承包经营权作价入股农民专业合作社或者以林权出资成立公司。支持引导合作农场将股份合作的土地进行整理规划，引进专业种养大户或专门生产经营管理人员，发展标准化、生态化、专业化生产。

（三）提升壮大农民专业合作社。深入开展以"运行规范化、生产标准化、经营品牌化、社员技能化、产品安全化"为主要内容的农民专业合作社"五化"创建活动，提高农民专业合作社运行质量。开展农民专业合作社联合社试点，在试点地区允许农民专业合作社以法人身份按产业链、产品、品牌等组建联合社，着力打造一批大社强社。支持农民专业合作社独立或联合其他生产经营组织兴办加工、流通服务业，完善生产设施，扩大产销对接，提升生产经营、市场开拓和组织带动能力。开展农民专业合作社信用体系建设，建立诚信评价体系。鼓励有条件的农民专业合作(联)社兴办农村资金互助社，拓展服务功能。积极支持农民专业合作社联合会为合作社提供农产品展示展销、委托代理财务、联合兴建服务设施、协调信用授信等服务，促进农民专业合作社间的分工与合作。

（四）支持农业产业化龙头企业做强做优。引导农业产业化龙头企业通过品牌嫁接、资本运作、产业延伸等方式进行联合重组，着力培育一批产业关联度大、带动能力强的大企业。鼓励有条件的农业产业化龙头企业上市。支持农业龙头企业开展技术改造，开发新技术、新产品、新工艺，发展现代种业、农产品加工流通业。鼓励有条件的农业产业化龙头企业和农民专业合作社等申报驰名商标(工商部门认定)和浙江省著名商标、知名商号、中国名牌、中国名牌农产品等，注册地理标志证明商标、集体商标，创建区域品牌。鼓励农业产业化龙头企业推行 ISO、GAP、HACCP、MPS 等认证和水产品对欧盟出口注册、低酸罐头对美国 FDA 注册以及 FSC 森林认证，提高产品质量。

（五）大力发展农业服务组织。加快构建以公共服务机构为依托、合作

经济组织为基础、农业产业化龙头企业为骨干、其他社会力量为补充,公益性服务和经营性服务相结合、专项服务和综合服务相协调的新型农业服务体系。全力抓好基层农业公共服务体系建设,逐步改善服务条件,增强服务功能。发挥农民专业合作社在农业社会化服务中的基础作用,支持其开展农业生产性全程服务和专业化服务。省级粮食生产功能区要建立以农机作业为基础的农机(粮食、植保)专业合作社,实行"一区一社"全程服务;现代农业综合区、台湾农民创业园要统筹建立专门的农业社会化服务组织。支持规模养殖场联合成立农民专业合作社,开展统一饲料供应、兽药配送、排泄物综合利用和屠宰加工等服务。发挥农业产业化龙头企业、供销社在农产品加工仓储、农业生产资料供应和市场建设中的骨干作用,做好农业产前、产后服务。村经济合作社要做好为家庭承包农户的服务。

四、加强对新型农业经营主体的指导和服务

(一)引导土地使用权有序流转。建立县乡村三级土地流转服务体系,开展流转供求信息、合同指导、价格协调、纠纷调解等服务,引导土地依法、自愿、平稳流转。在尊重农民意愿前提下,积极推广委托流转、股份合作流转、季节性流转等方式,推进整村整组连片流转,提高规模经营水平,减少季节性抛荒。深化集体林权制度配套改革,建立完善森林资源交易平台和公共服务平台,促进林权有序流转。

(二)加强农业人才培养。逐步扩大全省现代农业经营领军人才提升班招生规模,在成人高校招生中实行统考单招。完善高等院校毕业生从事现代农业创业补助政策。发展农业职业教育和学历教育,深入实施"千万农民素质提升工程"、农村劳动力培训"阳光工程",加强农业职业技能培训、农业创业培训和农业实用技术普及性培训,提高农业经营主体经营能力。

(三)加强农业科技服务。全面落实农技推广责任制度。鼓励涉农科研机构、高等院校和科技人员面向生产研发、推广技术,并与农民专业合作社、农业产业化龙头企业进行对接,建立长期协作服务关系,实现"一社(企)一顾问",促进农业科技供需对接和成果转化。

(四)加强农产品营销服务。继续办好省农业博览会等农业展会,继续支持骨干农业产业化龙头企业、有条件的农民专业合作社赴国外、境外参加国际农产品食品博览会,巩固出口传统市场,拓展新兴市场。组织开展农产品生产单位(基地)和经销、加工、消费单位对接活动,帮助农业经营主体及时销售、采购农产品,提高农产品流通效率。

(五)完善利益联结机制。引导农业产业化龙头企业采取订单、股份合作、利润返还等多种形式,与农民专业合作社、农户建立紧密利益联结机制。

引导农业产业化龙头企业、基层供销社领办农民专业合作社,支持农民专业合作社兴办农产品加工企业或参股农业龙头企业,实现融合发展。加强对"订单"农业的指导,推广应用规范的合同文本,提高合同履约率。

五、加强对新型农业经营主体培育工作的支持

(一)加大财政支持力度。省财政逐步增加农民专业合作社和农业产业化专项资金,通过贴息、补助、奖励等形式,支持农业产业化龙头企业、农民专业合作社兴建生产服务设施、建设原料生产基地、扩大生产规模、推进技术改造升级、建立科技研发机构等。对获得驰名商标(工商部门认定)、中国名牌、中国名牌农产品等国家级品牌、地理标志产品,注册地理标志证明商标、集体商标创建区域品牌的,省财政按规定给予奖励。对认定为省级农业社会化服务示范组织的,在安排相关专项时给予优先扶持。对进入上市辅导期和列入上市后备资源的农业龙头企业,省级有关部门在发行债券、并购重组、股权融资等方面给予重点支持,符合条件的企业新建项目优先列入省重点工程。现代农业发展、农业综合开发、农业产业化发展等资金优先扶持示范性农民专业合作社和农业产业化龙头企业。支持农业产业化龙头企业与农户建立风险保障机制,对农业龙头企业提取的风险保障金在实际发生支出时,依法在计算企业所得税前扣除。农业产业化龙头企业在调节市场、解决本省农产品卖难问题中起到主要作用的,省财政对符合规定条件的贷款优先给予贴息补助。

(二)落实用地用电政策。认真落实《中共浙江省委办公厅浙江省人民政府办公厅关于积极引导农村土地承包经营权流转促进农业规模经营的意见》(浙委办〔2009〕37号)规定的设施农用地政策。各市、县(市、区)在安排年度新增建设用地计划时,应合理安排好新型农业经营主体的扩建、新建项目用地,各项费用执行最低价。电力部门要保障农业产业化龙头企业、农民专业合作社等新型农业经营主体正常生产用电,农业企业和专业合作社的种植、养殖用电按农业生产用电价格执行;粮食烘干机械用电,按农业生产用电价格执行;其他加工用电,按一般工商业及其他用电价格或大工业用电价格执行。

(三)落实税费优惠政策。对农业产业化龙头企业取得的具有专项用途的财政性扶持资金,根据国家税收有关规定落实优惠政策。对拖拉机不征车船税,对捕捞、养殖渔船免征车船税,直接用于农、林、牧、渔业的生产用地免缴城镇土地使用税。税务部门要为农民专业合作社办理税务登记提供便利。对农业产业化龙头企业发生的资产损失,按规定在计算企业所得税前扣除。企业从事农产品初加工的所得按规定免征企业所得税。对从事农业机耕、排灌、病虫害防治、植保、农牧保险以及相关技术培训业务,家禽、牲畜、水生动物的配种和疾病防治所取得的收入,免征营业税。贯彻鲜活农产品运输"绿色通道"政策,对整车合法运输鲜活农产品的车辆免收通行费;运输农业龙头企业生产、经营的农产品货运车辆(不含空车),凭《绿色通行证》可免费通行省内除高速公路以外的收费公路。

(四)加强农业信贷支持。农村合作金融机构、政策性银行、邮政储蓄银行和商业银行要加强对各类农业经营主体的金融服务。依法开展大型农用生产设施设备、参保渔船、林权、流转后的土地承包经营权、海域使用权等抵押贷款和应收账款、仓单、可转让股权、专利权、注册商标专用权等权利质押贷款。农业发展银行要调整信贷结构,积极支持骨干农业产业化龙头企业参与粮棉油收购调销业务、农产品精深加工和粮棉油全产业链经营、重点农业科技成果转化推广应用,以及纳入国家农业综合开发经营扶持、承担国家及省级规划或财政补贴支持的农产品生产能力建设、农业基础设施建设、农产品物流、农产品批发市场建设等。农村合作金融机构等要继续对各类新型农业经营主体做好信用等级评估工作,加大信贷支持力度。各类政策性农业担保公司要以新型农业经营主体为主要服务对象,及时做好担保工作,省财政对符合条件的农业担保机构给予一定风险补偿。政策性农业保险机构要优化保险服务,引导新型农业经营主体参保,保障农业持续平稳发展。

参考文献

[1] 胡定寰."农超对接"怎么做?.北京:中国农业科学技术出版社,2010.

[2] 肖深根、施晋杰.蔬菜配送与超市经营.长沙:湖南科学技术出版社,2011.

[3] 闫师杰、郝晓玲等.果蔬采后商品化处理技术.北京:中国社会出版社,2009.

[4] 周洁红、许颖.农产品物流管理.杭州:浙江大学出版社,2011.

[5] 齐悦.沃尔玛与物美大卖场物流运作系统比较研究.北京:北京工商大学,2009.

[6] 叶健恒.冷链物流管理.北京:北京师范大学出版社,2011.

农超对接
模式和实践探索